高等职业院校
战略管理研究

刘志国　刘志峰　著◎

電子工業出版社

Publishing House of Electronics Industry
北京·BEIJING

内 容 简 介

随着我国经济社会的快速发展，高等职业教育改革不断深化，高等职业院校实施战略管理显得尤为重要。战略管理思想、方法发端于军事管理，而后广泛运用于企业经营管理，并逐渐向高等教育领域渗透，催生出大学战略管理、高校战略管理等专有名词与管理理念。

高等职业教育兼具"高等教育"和"职业教育"双重属性，它与企业的关系最直接、最紧密，所以天然地亲近战略管理，高等职业院校对接行业企业发展最有力的体现应该包括战略管理。近年来社会各界关于高等职业教育持续发展、跨越发展的讨论，都在丰富提升高等职业院校战略管理理论。与此同时，社会经济结构转型和产业结构升级又在促进和制约着高等职业院校战略管理。复杂多变的环境背景下的高等职业院校战略管理，其核心就是要基于内外发展条件及环境，合理确定战略目标，科学选择战略规划，有效推动战略实施，适时开展战略评价，全面进行战略优化。在战略管理视域中，高等职业院校发展的规范性与灵活性、长期性与阶段性、科学的发展路线与能动的环境适应等统一性得到了充分释放和全面展示。同时，战略管理的科学思想、方法和理论又被有效地凸显出来，使得人们进一步理解与把握到战略管理的本质内涵。

本书主要围绕高职院校管理的战略目标、战略规划、战略实施、战略评价和战略优化等关键环节，探索性地研究了高等职业院校战略管理的基本理论与实践问题。本书适合高等职业院校中高层管理人员、高等职业教育研究人员、相关专业研究生和教育行政管理部门人员阅读参考。

图书在版编目（CIP）数据

高等职业院校战略管理研究 / 刘志国，刘志峰著. —北京：电子工业出版社，2015.4

ISBN 978-7-121-25828-2

Ⅰ. ①高… Ⅱ. ①刘… ②刘… Ⅲ. ①高等职业教育—学校管理—战略管理—研究—中国
Ⅳ. ①G718.5

中国版本图书馆 CIP 数据核字（2015）第 069501 号

策划编辑：赵云峰
责任编辑：赵云峰
印　　刷：三河市鑫金马印装有限公司
装　　订：三河市鑫金马印装有限公司
出版发行：电子工业出版社
　　　　　北京市海淀区万寿路 173 信箱　邮编　100036
开　　本：720×1 000　1/16　印张：11.75　字数：300.8 千字
版　　次：2015 年 4 月第 1 版
印　　次：2015 年 4 月第 1 次印刷
定　　价：58.00 元

序
SEQUENCE

　　20 世纪 80 年代，美国学者凯勒出版的《学术战略：美国高等教育管理革命》一书将战略管理理念和思想引入到高等教育领域，掀起了高等教育如何通过战略管理实现可持续发展的研究热潮，被誉为战略管理在高等教育领域内流行的催化剂。在我国，高校"十一五"发展规划制定时期，一些高等教育专家提出了从战略管理高度来推进战略规划，将战略规划、战略实施和战略评估有机结合起来。近年来，有关高校战略管理研究研讨会的召开，极大地推进了高校战略管理的实践步伐，丰富了高校战略管理的理论发展。在高等教育竞争日益全球化、激烈化和复杂化的今天，战略管理在高校发展中扮演着越来越突出的作用。悉数国外高等教育知名学府，没有一所不得益于对战略管理的高度重视和成功实践。

　　近年来，在教育部积极倡导以及本科院校评估的引导下，各高校普遍制定中长期发展战略目标，科学设计发展规划，强力推进战略管理。当前，在高等职业教育领域，高等职业院校管理正经历着从战略理念到战略规划的过程，尚未全面进入战略管理的实施阶段。相对而言，国家高职示范校、骨干校的战略管理意识较强，战略管理实施得较好。随着高等职业教育竞争的日趋激烈，战略管理将在更高程度上支配着高等职业院校的发展走向。

　　我国高等职业教育已经开始步入战略管理时代。战略管理之所以在高等职业院校竞争发展中具有超乎寻常的作用，这是因为：其一，战略管理明确了高等职业院校的发展方向和依靠力量，有助于高等职业院校破除各种不利影响和制约发展的因素，凝结各方力量推动各项事业持续发展；其二，战略管理符合高等职业院校改革的内在要求。高等职业院校改革是一项系统工程，涉及校企合作办学机制、专业建设、人才培养模式、师资队伍、实训基地、社会服务能力等诸多方面。每一个层面的改革都需要认真研究、细致规划、有效实施和科学评价，而以战略制定、实施、评价和控制为内核的战略管理能够较好地满足这些层面的改革要求；其三，战略管理是高等职业院校解决管理滞后、发展无序的重要途径。高等职业院校面临经费投入与需求、专业分布、人才培养结构与就业岗位、产业结构调整、教师素质与数量、专业及课程结构等方面的失衡问题，这些失衡问题的合理解决需要建立在战略管理的基础上。

客观而言，战略管理还属于高等职业教育领域中的新现象，在解决高等职业院校办学实践存在的问题方面还有待于继续加强研究。尽管我国高等职业教育取得了快速发展，社会认可度逐步提高，对我国高等教育大众化起到了基础性和决定性作用，但仍存在办学条件不足、人才培养质量不高、人才培养模式需要加快改革、教学管理体系有待完善、基础能力建设薄弱以及社会服务功能有待提升等诸多问题。这些问题若得不到合理解决，势必会影响高等职业教育的可持续发展。虽然多年前就有学者呼吁从战略发展的高度审视和解决高等职业教育发展及高等职业院校办学中的问题，但始终没有引起社会各界的普遍关注。目前，学术界对高等职业院校战略管理的研究不足，缺少专门的深度研究成果，总体上是零散的、片面的，不能适应和满足高等职业教育快速发展的实际需求。由于缺乏对战略管理理论的正确认识，一些人将战略管理视为高等职业院校发展过程中可有可无的问题，甚至认为实施战略管理会消耗高等职业院校的办学精力，影响高等职业院校办学质量和人才培养水平的有效提升。可见，高等职业院校战略管理仍然是一个具有很大争议与分歧的问题，人们对其价值作用和内在规律的认识还十分有限，这就决定了深入分析和系统研究该问题的紧迫性和现实意义。

本书对高职教育战略管理理论体系进行了建构性的探索，反映出作者扎实的高等教育管理研究的理论功底，凝结了作者长期从事高等教育管理的丰富的实践经验。书中所论战略管理的原理和方法，是当前研究高等职业院校发展的重要的基础性问题。无论是在研究的广度上，还是研究的深度上，均达到了国内高职教育研究的领先水平。首先，分析了开展高等职业院校战略管理研究的主要意义、内容、方法和思路，阐释了高等职业院校战略管理的概念内涵、基本特征和理论基础等基本原理。其次，对高等职业教育发展的历史进程、基本特征和主要经验，以及高等职业院校内外条件和环境进行了深入细致的讨论，明确了高等职业院校战略管理的现实问题。最后，从战略目标确定、战略选择、战略实施、战略评价和战略优化等五大环节系统论述了高等职业院校战略管理的过程机制，初步构建起高等职业院校战略管理的理论框架。

作者在研究过程中重视将企业战略管理原理融入高等职业院校建设、改革和发展的实践，深入分析高等职业院校办学过程出现的诸多实际问题，探究问题成因，提出解决对策，不乏真知灼见。关于高等职业院校战略管理的研究，一方面，可以丰富高等职业教育理论，为解决高等职业院校发展困境，促进高等职业院校持续发展提供新视野、新思路和新方法；另一方面，所提出的高等职业院校战略管理框架，能够为教育行政管理部门和高等职业院校战略管理决策提供有益参考。

　　本书选题新颖、结构合理、论述充分、逻辑严谨、结论准确，不失为高职教育战略管理时代的一部佳作。高等职业院校战略管理研究尚处于起步阶段，理论上难免存在一些不成熟之处，许多实践问题尚需进一步深入研究和探讨。尽管如此，我为刘志国、刘志峰两位作者在高等职业院校战略管理研究上取得的成果感到欣慰，相信本书的出版将有助于推动高等职业院校战略管理问题的深度研究和广泛探索。当前，我国高等职业教育正值蓬勃发展时期，希望作者以此为基础，进一步加强高等职业院校战略管理的实践分析和理论升华，取得更多高水平的研究成果和管理实绩，为我国高等职业教育的可持续发展贡献力量。

2015 年 1 月 6 日于北京

（朱传礼，原全国产学研合作教育协会会长、原教育部高教司副司长）

我国高等职业教育进入了改革和发展的新时期。展望高等职业教育的发展前景，一个重要的趋势就是仅仅依靠已有的职业教育理论难以有效诠释和解决发展过程中出现的新问题，越来越需要对高职教育中出现的各种问题进行多视角、多层次的分析。这不仅给高等职业教育与其他社会科学理论相互交叉渗透提供了有利契机，同时也将成为高等职业教育理论与实践转向的又一显著特征。正是在这样的背景下，高等职业院校战略管理不断引起社会各界尤其是高等职业教育界有识之士的密切关注。

高等职业教育发展的新时期是以问题为中心的时期，院校数量剧增、招生规模扩大、在校生和毕业生人数增多、生源和办学质量参差不齐、发展特色不明显、竞争力和吸引力不强等问题均困扰着高等职业院校的持续发展。加强高职院校战略管理的理论研究与实践探索，是解决这些问题的有效途径之一。在一个"不确定"是唯一可确定之因素的发展环境中，高等职业院校发展越来越需要多学科理论的支撑，高等职业院校战略管理正代表和反映了高等职业教育发展的这一新趋势。

早在 1997 年，我与东北大学梁焱、孙浩、李绍荣等人，针对现代大学战略管理问题进行过专题研究（中国冶金教育科学"九五"规划课题），研究主要围绕大学管理全面实施战略管理展开，提出了战略管理是大学持续健康发展必然要求的论断，而当时这一问题尚未引起社会的广泛关注。2001 年 8 月，我到秦皇岛职业技术学院担任院长职务，面对一所基础条件很差、发展困难重重的新组建的高职院校，如何利用战略管理理论指导办学实践，实现快速发展，成为我和同事们当时考虑最多的问题。2006 年，我们又围绕河北省高职高专教育发展问题，从战略管理角度进行了专题研究和深入探讨。在十余年办学实践中，我和全院师生员工一起运用战略管理思想指导学院建设和发展，卓有成效地开展工作，取得了显著成绩，这对我的触动很大，于是萌生了专题研究高等职业院校战略管理的念头。2010 年 12 月，学院进入了国家百所骨干高职院校立项建设单位行列，面对艰巨繁重的国家骨干高职院校建设任务，战略管理的理论思想对于解决骨干校建设时期乃至后骨干校发展时期办学问题上的重要性进一步凸显出来。骨干校建设与后骨干校发展是学院未来发展的关键，深入开展高职院校战略管理理论研究和实践探索，已经成为指导和保障学院持续发展的重要课题。

2012 年，学院青年教师刘志峰主持申报河北省高等学校人文社会科学研究项目《高职院校战略管理概念、功能及策略研究》和河北省高等教育教学改革研究项目《高职院校品牌专业的形成机制、培育模式与建设策略研究》，邀请我担任课题学术顾问，指导课题具体研究工作。为保证课题顺利有效推进，在课题学术咨询过程中，我一方面结合十余年从事高职院校管理工作经验，指出高职院校战略管理的重点环节和关键问题；另一方面向课题组推荐了王前新的《高等职业技术院校发展战略研究》（2005）、马树超的《高等职业教育：跨越·转型·提升》（2008）、刘献君的《高等学校战略管理》（2008）、马树超的《中国高等职业教育历史的抉择》（2009）等多部著作，希望课题组能够借鉴已有研究成果，结合国家高职示范校、骨干校建设实际，以问题为引领，提出高等职业院校战略管理研究、品牌专业建设的新思路。《高职院校战略管理概念、功能及策略研究》课题研究成果已顺利通过省教育厅的鉴定并结题，具有一定的理论价值和实践指导意义。《高职院校品牌专业的形成机制、培育模式与建设策略研究》课题研究充分借鉴和发展了前期高职院校战略管理研究的理论成果，已进入结题申报阶段。

2013 年 9 月，中共河北省委人才工作领导小组印发了《关于建立实施高层次人才帮带机制的意见》的通知，确定我为高层次人才帮带导师。根据通知精神和要求，并经过细致考虑，我选择刘志峰为帮带对象，签订了帮带协议。在数次帮带师生互通会上，我们讨论商议并最终确定将高等职业院校战略管理作为 3 年帮带期研究的重点方向。结合省委人才工作领导小组关于高层次人才帮带机制的指导意见，我们在已有研究成果的基础上，结合学院全国文明单位和国家骨干高职院校建设情况，编著了这本书，试图构建关于高等职业院校战略管理相对完整的理论体系，力求探寻出符合高等职业院校发展实际的战略管理思维逻辑和行动路径，以更好地指导高等职业院校发展实践。在这本论著中，我们一方面以企业战略管理理论为指导，建立高等职业院校战略管理的理论基础，另一方面基于高等职业院校办学和发展实际，设计和描绘出可实施的战略管理流程，使高等职业院校战略管理能够尽快付诸实施。

本书共分为十章，第一章主要分析了本书的研究背景、现状、意义、内容、方法和思路。第二章借鉴企业战略管理理论的基本思想，讨论了高等职业院校战略管理的概念内涵、研究范畴、基本特征、主要功能和理论基础等问题。第三章简要回顾和总结了我国高等职业教育发展的历史进程、基本特征和主要经验。第四章从经济环境、社会环境和自然环境三个维度分析了高等职业院校面临的主要外部环境状况。第五章讨论了高等职业院校内部环境结构，主要分析了资源、能力和核心竞争力三个方面。第六章在讨论高等职业院校社会使命的基础上，分析了确定战略目标的基础、原则和具体表现。第七章概括了高等职业院校具体的战略选择类型，主要包括服务型战略、发展型战略、增强型战略和退出型战略等。第八章研究了高等职业院校战略实施的主要过程、基本模式和影响因素。第九章提出了高等职业院校战略评价的重要意义、主要方法和过程环节。第十章分析了高等职业院校战略优化的主要作用、理论基础和基本途径。

全面深入研究高等职业院校战略管理，已经成为我国职业教育发展的一项时代性课题。我们希望有更多的职教同仁参与到这一课题的研究中来，构建并日臻完善有中国特色的职业教育战略管理理论；我们特别期待职业教育战略管理研究的学术成果能够在推进我国高等职业教育持续快速发展的过程中体现出应有的理论与实践价值。

在本书即将出版之际，我要特别感谢省教育厅领导的悉心指导和大力支持，感谢朱传礼先生在百忙之中为本书作序，感谢我的合作者刘志峰副教授在本书的研究和撰写过程中付出的不懈努力。

刘志国
2015 年 1 月 16 日

目　录
CONTENTS

第一章　绪　论

高等职业院校战略管理是随着高等职业院校生存发展实践形成的教育现象，其本质不仅仅表现为高等职业院校发展战略的规划、实施、评价和优化等环节的交替演进，更表现为一种直贴高等职业院校生命力的内在关切，这种关切将随着高等职业院校发展实践的深入越来越突出。实际上，战略管理理论最早出现于企业经营管理领域，随后逐渐被引入到高等教育领域，催生出大学战略管理、高职教育战略管理等专有名词。实践表明，面对日渐激烈的教育竞争态势，战略管理已成为高等职业院校实现有效经营和管理的一个重要手段。忽视战略管理的高等职业院校极易在竞争中失去优势，甚至面临被淘汰的危险。

第一节　问题的提出

20 世纪以来，随着世界经济的迅猛增长、科学技术的飞速发展、信息化进程的日益加快以及区域间沟通联系的不断频繁，人类社会生存模式、活动图式、发展机制和思维方式逐渐趋于多样化。人类社会内部及其与外部环境之间的关系问题，不能简单地归结为某个社会领域和方面，而应更多地表现为多领域、多层面和多要素之间的相互影响、相互作用。作为构成社会系统的子系统——教育系统，尤其是高等职业教育系统，其生存和发展必然会受到自然、社会、经济等环境变化的多层面影响。进入 20 世纪 80 年代，高等职业教育系统不断受到经济竞争、产业转型、科技发展、规模扩大、质量下降、经费不足等生态因素的威胁和困扰，高等职业教育危机开始显现，一系列关于高等职业教育改革的运动随之出现。例如，美国社区学院"2+2"办学模式的确立、德国高等专科学校和校企联办职业学院的发展、英国多科技术学院的兴起，等等。这些改革主要是通过教育结构和目标的合理调整来适应和满足社会经济发展的需要，增强高等职业教育系统与外部环境之间的互动性、协调性和平衡性的。

在我国，高等教育大众化的递进和深入带动了高等职业教育的快速发展。尽管也不乏一个省份具有几十所高等职业院校，一所高等职业院校在校生人数超过万人的教育规模，但较之国外，我国的整体发展水平相对偏弱，集中表现为：发展模式上趋同于普通本科高校，缺少自身特色；培养层次上以专科人才为主，高职本科和硕士人才的培养明显短缺；教育形式上偏重于学历教育，短期型非学历教育的广度不够；教育内容上单一的知识传授和技能培养与社会发展的多样化需求相脱节。这些问题的出现都可以归结为：高职院校忽视对高等职业教育科学发展的宏观把握和自身优势的微观研究，盲目采取一些违反高等职业教育发展规律的策略、手段，破坏高等职业教育发展的内在要求，致使高等职业教育发展处于亚健康状态。

针对上述情况，有的学者指出："高等职业教育要从单纯追求数量扩张的粗放型尽快转变为以注重质量效益为特征的集约型。正视并改善高职教育规模扩张引发的失衡状况，应致力于规模、结构、质量、效益的辩证统一，尤其要注重质量的提升和结构的优化。只有把这四者统一起来，高职教育才能在规模上适应经济建设对技术应用型人才的需要，促进教育结构更趋合理，质量和效益明显提高，才会有科学的、可持续的发展。"[①]在这里实际上揭示了三个重要问题：一是高等职业教育发展方式转变方向的问题，即从粗放型向集约型转变；二是高等职业教育发展方式转变内容的问题，即注重规模、结构、质量和效益的辩证统一；三是高等职业教育发展方式转变目标的问题，即满足经济建设需求，实现科学持续发展。其中，方式转变是引导，内容转变是根本，目标转变是前提。

作为体现高等职业教育价值和功能的重要载体，高等职业院校的发展过程不仅表现为发展方向的不断优化，也表现为发展内容的协调统一，还表现为发展目标的内外兼顾。从某种意义上讲，高等职业院校是发展方向、发展内容和发展目标的有机结合，这就决定了高等职业院校发展及其存在问题的解决不能够仅仅依附于某一个学科或某一种研究方法，而需要多视野、多角度地探索。[②]在这种背景下，战略管理理论逐渐纳入到高等职业教育研究者的视域中，并被作为高等职业院校确立发展方向、做出正确选择的重要依据。也就是说，高等职业院校要实现有效运作和持续发展，必将做出战略性调整与创新——实施战略管理，否则就会影响高等职业院校生存力、发展力和竞争力的提高。

---

① 林苏. 高等职业教育集约化发展的思考[J]. 教育研究，2007，（5）：47.
② 田鹏颖. 社会工程——现代社会把握世界的基本方式[J]. 中国社会科学，2008，（4）：97.

第二节 国内外研究现状

改革开放之初，为了顺应地方经济建设对专门人才的需求，高等职业教育开始在我国兴起，一些大中城市开始创办短期职业大学。职业大学在专业设置上强调职业性、地方性和针对性，旨在为地方经济建设培养专业技术人才。尽管职业大学注重了专业设置与地方经济社会需求的对接，但在课程、教学内容和方法方面仍然沿用学科模式，导致高职教育不重实践、不重应用，缺乏"职业"特色，难以走出传统高专院校"本科压缩饼干"的模式。[①]1999 年，我国实施了高等教育扩招计划，高等职业教育进入了大发展的历史时期，规模迅速扩大，院校数量和在校生人数快速增加，进一步满足了社会对高等教育的需求。与此同时，办学基础薄弱、办学定位不准、办学方向模糊、办学经验不足的问题也随之出现。加之社会对高等职业教育特性认识不够，缺少高等职业教育经营理念和成本意识，财经经费投入不足，使得多数高等职业院校面临办学条件差、办学特色不明显的问题。在此背景下，国内一些学者开始关注高等教育、高等职业院校发展的问题，对高等职业教育的特征、发展方向和途径展开了深入探讨。一些高等职业院校，如深圳职业技术学院、邢台职业技术学院，开始大胆探索办学之路，致力于塑造办学特色。专家学者孜孜不倦的理论探求和高等职业院校积极进取的实践探索，促进了国内高等职业院校发展战略理论研究的深入发展。

以"高职+战略管理"为题名检索词，在中国知网中国期刊全文数据库中进行 2013 年 12 月 31 之前时间段的检索，共搜索学术期刊论文 29 篇。以"高职+发展战略"为关键检索词，共搜索学术期刊论文 145 篇，其中硕士论文 6 篇，核心期刊论文 40 篇，普通期刊论文 99 篇。如果检索词为"大学+战略管理"或"高校+战略管理"，检索到的论文数量较多，达到 253 余篇，其中大学战略管理方面的论文 96 篇，高校战略管理方面的论文 157 篇。概括而言，目前关于高等职业学校战略管理的研究主要有四个特点：一是全面系统研究高等职业院校战略管理的成果较少，高等职业院校战略管理的理论体系尚没有建立起来；二是多数研究者、高等职业院校仅仅停留在发展战略制定层面上，忽视战略实施，没有站在战略管理的高度进行战略规划和战略实施，战略评价也大多流于形式；三是高等职业院校战略管理仍然受大学、高校战略管理的羁绊，尽管高校战略管理对高等职业院校战略管理有着重要的启发意义和价值，但高等职业院校发展有其特殊

---

① 马树超. 中国高等职业教育历史的抉择[M]. 北京：高等教育出版社，2009：21.

之处，其战略管理也不能够完全按照大学战略管理的模式进行，这一点也是造成目前高等职业院校战略管理研究不足的重要原因；四是不同论文对高等职业院校发展战略的提法不一致，存在概念混乱、内涵模糊，甚至概念误用等问题，个别文章的论述有待进一步商榷。同时，研究视角偏窄，没有从整体上构建高等职业院校的发展战略。

近年来，也有一些关于高等职业院校发展战略的著作问世，如王前新的《高等职业技术院校发展战略研究》、马树超的《中国高等职业教育历史的抉择》、《高等职业教育：跨越·转型·提升》等。其中，王前新的《高等职业技术院校发展战略研究》（2005）是为数不多的专门研究高等职业院校发展战略的学术著作，该著作通过对高职院校发展的时空背景及发展中出现的种种问题的分析，得出高职院校要健康、可持续地发展，必须抛弃短视行为，在发展的初期就确立明确而长远的发展战略的结论。高等职业院校只有确立长远的发展战略，构建科学系统的实施战略的框架，以科学的战略思想制定可行的战略目标和战略措施，重点培植学校的核心竞争力，才能具有竞争优势，形成鲜明的办学特色，实现可持续发展。

马树超的《中国高等职业教育历史的抉择》《高等职业教育：跨越·转型·提升》两本著作中，均有关于高等职业院校发展战略的分析和讨论，对于指导高等职业院校发展起到了积极的推动作用。《中国高等职业教育历史的抉择》一书在综合探究篇、专题探讨篇两个部分对我国高等职业教育的发展基础、发展历程、发展走向、发展成就、发展经验和发展挑战进行了深入探讨。这些探讨有助于我们分析和把握我国高等职业教育发展战略的转向和规律，但没有对高等职业院校战略管理进行专门探讨。从目前国内学术论文和著作的情况来看，不难发现：在高等职业院校战略管理的研究方面，国内尚处于起步阶段，开展此方面的研究正是今后学术界努力的主要方向。

国外高等职业教育起步早，发展快，成果丰富，经验成熟，尤其是在高等职业教育办学模式、人才培养模式、课程建设等方面，引领着世界范围内高等职业教育的改革发展，对于推动各国高等职业教育发展起到了重要作用。国外对于高等职业教育战略管理的重视，主要经历了一个从战略到战略规划再到战略管理的演变轨迹。战略、战略规划是战略管理的逻辑起点，三者之间是一个逐步递进的关系，这一点首先表现在商业界和企业领域。战略被企业界和商业界人士重视是在 20 世纪 50 年代，战略规划是在 20 世纪 60 年代，战略管理的提出则是在 20 世纪 70 年代。1976 年，安索夫与德克勒克、海斯共同编著了《从战略计划到战略管理》一书，首次提出"战略管理"一词，认为战略管理是一个为实现战略适应的复杂的社会动力过程，随后掀起了战略管理的研究热潮。战略被引入高等教育领域是在 20 世纪 70 年代末。美国学者凯勒 1983 年出版的《学术战略：美国高等教育管理革命》被视为战略管理在高等教育领域内的催化剂。①

世界高等职业教育的发展轨迹表明，其发展主要是为了实现三大目标：一是为当时的经济发展服务；二是为社会稳定和其他需求服务；三是为实现教育平等或提高教育层次等需求服务。在不同时期，高等职业教育为实现这三大目标有所侧重，但经济目标始终是高等职业教育追求的主要方向。发达国家和地区的高等职业教育发展以经济目标带动社会目标和教育目标的实现，高等职业院校融多功能于一体，并且能够受到很高的社会"待遇"；管理上普遍从分权自治为主转向加强宏观调控，政府成为投资和支持高等职业院校运作的主体；学制上纵向衔接，横向贯通，强调纵身学习，课程灵活多样，实现了"从学校到工作"的转换。②因此，国外高等职业院校战略管理具有三方面特点：一是显著的目标性，突出经济目标，强调经济目标、社会目标和教育目标的有机结合；二是政府是重要的管理主体，即政府不仅是支持高等职业院校运作的主体，也是推动和实施高等职业院校管理的主体；三是战略管理内容的多层面性，国外高等职业院校战略管理不仅侧重于宏观层面的战略制定，更加突出办学模式、专业建设、课程建设、教学实施、师资队伍建设等方面的战略管理，实现了战略管理的宏观统筹与微观落实的有机统一，提高了战略管理的绩效和水平。

第三节　研究意义

以高等职业院校为主要研究对象的理论有多种，但不同理论学派对高等职业院校的研究重点却并不完全相同。由于各理论学派研究基础、逻辑起点不同，因而研究内容、研究方法，甚至是研究结论也存在较大差异。然而，每一理论学派的研究都有助于人们对高等职业院校本质和运作规律的认识与把握。按照研究对象的层次不同，可以将高等职业院校研究理论粗略地划分为两大类：第一类是以高等职业院校构成要素为主要研究对象，包括高等职业院校主体、管理制度、组织结构、办学理念、专业、人才培养模式、课程、师资队伍、社会服务、校园文

---

① 刘献君. 高等学校战略管理[M]. 北京：人民出版社，2008：2.

② 马树超. 高等职业教育：跨越·转型·提升[M]. 北京：高等教育出版社，2008：27.

化等方面的理论；第二类是以高等职业院校整体运作及其与外部环境之间关系为主要研究对象，包括高等职业院校经营管理理论、核心竞争力理论、发展战略理论、战略管理理论等。不同类型的研究对于高等职业院校发展具有不同的意义。前一种研究可以视为基于"小系统观"的高等职业院校微观研究，有助于把握高职院校的内部结构、功能和作用；后一种研究可以视为基于"大系统观"的高等职业院校宏观研究，有助于把握高职院校与外部环境之间的互动机理和作用机制。

一、理论意义

不论是微观层面还是宏观层面的研究，对于高等职业院校的运作发展都具有不可替代的作用意义。尽管微观层面研究是宏观层面研究的基础和前提，微观层面研究离不开宏观层面的正确指导，但是由于高等职业院校构成要素之间存在复杂多样的关系形式，且高等职业院校系统整体具有各构成要素不具备的功能。因此，微观层面研究的综合叠加并不等于宏观层面的研究，实际上微观层面的研究进展并不一定总是与宏观层面的研究发展保持一致，这种不一致往往能够带动宏观层面理论研究的发展与突破。例如，目前高等职业教育校企合作体制机制、课程建设方面的研究备受学术界青睐，对于深化校企合作、提升课程建设水平、提高人才培养质量具有十分重要的作用。如果研究者把精力都集中在某个或某几个方面，势必会影响到高等职业教育其他方面的研究，进而影响到高等职业教育研究水平的整体提升。研究者只有以某个或某几个方面为研究重点和突破口，才会带动高等职业教育研究水平的整体提高。

相比较而言，宏观层面的理论研究更为复杂，需要研究者统筹各种理论和方法，而这一点又往往被研究者所忽视，是造成目前高等职业院校战略管理理论研究缺失的重要原因之一。实际上，战略管理实践不够深入也是导致高等职业院校战略管理理论研究不足的主要原因。近年来，各高等职业院校都开始重视和制定战略规划，特别是国家示范校、骨干校，其专业建设、师资队伍建设和校园文化建设都有专门的战略规划，战略实施成绩也较为显著。但是，从整体上看，我国高等职业院校战略管理的水平较低，难以适应高等职业教育快速发展的要求。正是基于此，我们开展了高等职业院校战略管理理论研究，其理论意义主要表现为以下两个方面：

1. 有助于丰富高等职业教育理论体系。 目前，高等职业教育基础理论研究相对不足。这既与高等职业教育体系构建不完善、实践发展不深入有关，也与高等职业教育尚未引起全社会的普遍重视有关。高等职业教育的理论研究成果尚不丰富，与高等职业教育占据高等教育半壁江山的格局极不对应，加强高等职业教育研究迫在眉睫、势在必行。解决这一问题需要政府职能部门、社会各界和高等职业院校的共同努力，仅仅凭借理论研究者的呼吁与关注很难彻底改变这种困境。值得欣喜的是，国家颁布了高等学校哲学社会科学繁荣计划（2011—2020），提出了未来十年哲学社会科学的主要任务和重点研究内容，其中包括加强哲学社会科学基础研究。2011 年 10 月，教育部在天津组织召开了全国高等职业院校科研工作会议，教育部鲁欣副部长出席会议并作了重要讲话，对于今后我国高等职业院校科研工作起到了积极的推动作用。尽管本项目研究尚存在一定的不足和缺陷，但高等职业教育快速发展的态势迫使我们必须潜心研究高等职业教育理论，不断融入到构建高等职业教育理论体系的生动实践中。

2. 有助于促进高等职业教育理论研究的发展。战略管理研究属于高等职业院校宏观层面的研究，其有效开展既离不开企业战略管理、大学战略管理等理论的指导，也离不开高等职业院校构成要素各层面研究的支持。通过战略管理研究，研究者就能够全面认识和了解高等职业院校整体运作的规律、特点，找出制约和影响高等职业院校生存发展的关键因素，明确高等职业院校未来发展的走向，使得研究更贴近高等职业院校生存发展的实际，更具有高等职业教育的个性和特色。这一点极为重要，但长期没有得到学术界重视。已有研究习惯于微观层面的研究，如高职课程改革和建设、教学方法创新、教师培养、学生素能养成等，摆脱不了传统教育研究的思维模式，使得高等职业教育研究成为大学教育研究的附属品，高职教育办学特色和职业特性体现得不够明显。其主要原因在于缺少对高等职业教育合理准确的定位，即战略定位。加强战略管理研究，能够帮助研究者更加科学、客观地认识高等职业院校的发展，使得各方面的研究更加契合高等职业教育的发展实际和个性特色。

二、实践意义

事实上，高等职业院校发展方向的优化、发展内容的协调和发展目标的明确，都是基于环境变化和要求的一种总体规划、部署和安排，即高等职业院校发展战略。高等职业院校发展战略通过优化与外部环境之间的关系，明确自身的使命、方向和定位，整合内部结构和外部关系，合理配置和利用内外环境资源要素，来保证和推进发展目标的顺利实现。它不仅意味着具有全局意义的目标、计划、任务和策略的选择确立，更在于选择确立过程所表现出的动态特征。在教育竞争日渐激烈的背景下，高等职业院校要获得持续发展，必须具有战略管理能力，提高战略管理水平。未来具有竞争力的高等职业院校需要不断适应环境变化并能够综合利用外部环境，这又有赖于系统全面的战略管理——战略规划、战略实施、战略评价和战略优化。只有这四个层面之间有机结合与动态组合，才能协调内外环境要素，促成高效的战略活动，实现持续发展。

1. 有助于提高高等职业院校的适应能力。高等职业教育作为一个有别于其他教育类型的人才培养模式，在推动经济发展、保持社会稳定、提高劳动者素质、促进高等教育大众化等方面发挥着重要作用。[①]虽然高等职业教育兼具高等教育与职业教育的双重属性，但以高等教育为基础，以职业技术能力和基本素质培养为内容的教育特色，使得高等职业教育具有较强的生存力和发展力，也使得高等职业教育成为高等教育的重要组成部分和职业教育的高等层次。实现人的知识、能力和素质协同发展的价值目标在高等职业教育中得到了充分体现，这种以人为本的教育理念更使得高等职业教育获得了巨大的发展空间和竞争优势。随着改革开放的递进深入，我国社会环境发生了翻天覆地的变化，经济结构不断得到调整优化，产业结构朝着更为合理的方向发展，由此引发了社会人力资源市场供需状态的变化，它要求高等职业教育必须做出适应性选择，以满足社会发展对高素质、高技能人才的多层面需求。然而，快速变化的社会环境和人力资源市场总使得高等职业教育应接不暇，多元化的知识体系和技能结构不断打破高等职业教育已有的培养模式，对自身性质、地位和作用认识不明确常使得高等职业教育的发展选择摇摆不定。于是，教育理念的落后、教育结构的失衡和教育角色的错位成为制约和影响高等职业教育改革的重要障碍。高等职业教育在我国起步较晚，整体发展水平不高，相关理论研究和实践探索有待继续深化，这在很大程度上影响了高等职业教育的适应能力。国外高等职业教育发展的实践表明，社会结构的变革、转型必然伴随着人力资源市场供需状态的变化，作为高素质技术技能型人才培养的重要基地，高职院校如果不能够很好地适应和满足社会变革和转型，非但不能够发挥其应有的作用和功效，反而会弱化自身的适应能力。为此，就需要合理规划高等职业院校的发展战略，系统分析高等职业院校发展的优势、劣势、机遇和威胁，提高适应能力，促进高等职业院校与社会发展的协调互动。

2. 有助于增强高等职业院校的竞争优势。目前，我国的高等职业教育已经

---

① 周宁宁. 论高等职业教育的性质、特征与功能[J]. 职大学报，2008，（3）：118-119.

步入了快速发展期，无论从招生人数、在校人数、毕业生人数上看，还是从学校数量及其所占高校数量比例上看，高等职业教育都呈现出迅猛发展的态势。教育学研究表明，任何教育模式的存在与发展都有其不可忽视的缘由，这种缘由更多表现为教育模式的特色优势，也就是说，一定的特色优势是教育模式存在发展的基础和前提，是其有别于其他教育模式的重要特征。相比较而言，高等职业教育具有多层面的特征：在培养目标上，主要培养高素质技术技能型人才；在入学标准上，主要招收具有高中文化基础和相关专业的知识与技能基础的毕业生；在教与学过程上，主要突出理论应用、注重知识宽度、强调应变能力、人际协调能力、组织和领导能力；在用人部门参与上，主要是广开渠道、协同发展；在培养条件上，主要是教师必须具有技术型人才的素质、设备必须满足实习实训需求。[①]这些特征相互影响、相互作用，共同塑造着高等职业教育的竞争优势。然而，这些特征并不是任意组合、叠加在一起的，而是遵循一定的内在规律和要求，通常需要基于一定的发展目标和愿景来加以整合的。竞争优势是高等职业院校合理存在的基础，是高等职业院校持续发展的根本，也是高等职业院校健康演化的重要保障，各个高等职业院校都将培育竞争优势视为发展战略的核心内容。在此过程中，一些高等职业院校忽视对自身现状和实际的盘点，不注重高等职业教育与高等教育、职业教育的差异性与共同性分析，未从方法论角度把握高等职业教育特色优势的本质所在，也有的高等职业院校缺乏对高等职业教育性质、作用和功能的准确认识，未经系统研究就直接从高等教育模式和职业教育模式中演绎出高等职业教育特色优势的建设模式，企图在较短时间内塑造特色优势。在这种情况下，需要要将塑造特色优势视为一项系统工程，并纳入到高等职业院校发展战略的内容体系之中，进而保证其竞争优势的合理构建与长期保持。

　　3. 有助于促进高等职业院校的内涵建设。 2006 年，教育部颁发《关于全面提高职业教育教学质量的若干意见》（教高 2006[16]号），指出"各级教育行政部门和高等职业技术学院要深刻认识全面提高教学质量是实施科教兴国战略的必然要求，也是高等职业教育自身发展的客观要求。要认真贯彻国务院关于提高教育质量的要求，适当控制高等职业院校招生增长幅度，相对稳定招生规模，切实把工作重点放到提高质量上"。这就要求高等职业教育必须要适应科教兴国战略实施要求，将发展和改革的重点放在内涵建设和提高教学质量上。按照何七荣、韦红星等人的理解，高等职业教育的内涵建设主要包括办学特色建设、专业建设、

---

① 杨金土，孟广平，严雪怡. 论高等职业教育的基本特征[J]. 教育研究，1999，（4）：57-63.

课程建设、教师队伍建设和实训基地建设五个方面。①任何一个方面的缺失和不足，都有可能造成高等职业教育内涵建设水平的下降。高等职业院校既希望得到政府、上级主管部门和相关行业企业的支持，又希望能够在构建内涵、建设长效机制的基础上，通过办学特色、专业、课程、师资队伍和实训基地建设的整体推进，进而增强学校的竞争优势，促进学校的持续发展。但是，由于一些高等职业院校长期禁锢于传统的教育发展理念和模式之中，发展创新的动力和能力不足，加上高等职业院校内涵建设需要经历一个较为长期的复杂过程，不可能在较短时间内产生显著效果。此外，内涵建设成本投入大也使得多数高等职业院校难以接受。实践表明，高等职业院校需要内涵建设，但内涵建设更需要有一个系统、全面的发展战略来加以规划统筹。因此，实施战略管理有助于保证高等职业院校的内涵建设。

4. 有助于推动高等职业院校的外延发展。与内涵建设相对应，外延发展也是高等职业教育主体结构的重要组成部分。随着高等职业教育与外部社会环境互动联系的日益多元化、开放化和紧密化，高等职业教育越来越趋向于外延式发展，对外部环境力量的利用水平将成为衡量高等职业院校发展力和竞争力的重要指标。传统发展理念过多强调高等职业院校内部环境要素的结构整合与功能优化，忽视高等职业院校主体结构的外延发展，既不能够调动社会各方面力量的积极性，也不能够提高高等职业教育的整体实力。事实上，外部环境是高等职业教育实现正常生存发展的动力之源，各类外部环境因子都不同程度地对高等职业院校发展产生影响。忽视外部环境因子，有可能影响到高等职业院校的正常生存和健康发展。外延发展和内涵建设同等重要，只重视内涵建设，而忽视外延发展，高等职业院校持续发展的战略目标就不可能实现。实现高等职业教育的持续发展，必须在内涵建设的基础上推动外延发展。外延发展是以充分利用和挖掘外部环境因子和力量，增强高等职业院校与外部环境的互动性为指向，其核心是实现高等职业院校的体制外创新，优化高等职业院校发展的环境结构，使之与社会发展实际相适应。推动高等职业院校的外延发展，要摒弃盲目扩展的思想和心理，明确高等职业教育的性质、功能和定位，了解外部环境的空间结构和因子特征；掌握利用外部环境因子的方法和途径。在高等职业院校外延发展过程中，构建战略体系，健全战略机制，是有效促进外延发展的重要举措和关键。

5. 有助于提升高等职业院校的绩效水平。管理和经营是高等职业院校运作

---

① 何七荣，韦红星. 高职教育内涵建设再思考[J]. 中国电力教育，2009，（6）：65-66.

模式的两个层次。前者是基于一定教育目标进行的教育计划、组织、领导和控制的过程，后者是基于一定教育目标最优化进行的教育资源排列、组合、配置和结合的过程。教育管理以实现教育过程的正常有序运转为目标，教育经营以实现教育资源利用最优化和绩效最大化为旨归。受传统教育理念的羁绊，多数高等职业院校的运行仅仅停留在管理层面，而非经营层面，这就意味着高等职业院校的资源配置主要以满足和保证教育过程正常运转为目标，且关注的重点在于高等职业院校内部环境。事实上，高等职业院校发展过程的各个环节、步骤和内容都必须考虑外部环境。外部环境对高等职业院校的影响既可以是显性的，也可以是隐性的。从显性层面上看，忽视外部环境影响会弱化高等职业院校的适应能力，进而影响到高等职业院校的持续发展；从隐性层面上看，忽视外部环境就意味着资源配置的相对封闭性。这也正是一些高等职业院校在发展理念、培养模式、投资体制、办学体制和管理机制等方面均落后于现行经济体制的根源所在。作为对高等职业院校发展的总体部署，发展战略并非仅停留在规划层面，而需要在此基础上深入实施、合理评价、全面总结和整体优化，本质上内含着持续性和绩效性的意蕴。从根本上说，持续性和绩效性是高等职业院校战略管理的两个特征，持续性的保证有助于绩效性的提高，绩效性的保持也有助于持续性的推进。

第四节　研究主要内容

本书共十章。第一章为绪论，主要介绍本项目提出的背景，概括国内外研究现状，分析项目研究的理论和实践意义，概述项目研究的主要内容，介绍项目研究的主要方法和研究思路。

第二章首先对高等职业院校战略管理的概念进行了分析，简要介绍了高等职业院校战略管理的研究范畴。在此基础上，重点讨论了高等职业院校战略管理的基本特征，指出了高等职业院校战略管理的主要功能，分析了高等职业院校战略管理的理论基础。

第三章论述了高职院校战略管理的客观依据。高等职业院校作为我国高等教育形式，其战略管理必须依据高等职业教育自身的发展实际。首先，阐述了高等教育在社会发展中的主要作用；其次，回顾了我国职业教育发展历程；最后，总结了我国高等职业教育发展的基本经验。

第四章探讨了高等职业院校战略管理的外部环境。重点探讨了高等职业院校面临的经济环境、社会环境、自然环境以及三者之间的复杂相互作用关系。

第五章探讨了高等职业院校战略管理的内部环境。首先，分析了高等职业院校的基本资源，对高等职业院校拥有的资源进行系统研究，并从资源与能力之间的转化关系切入，探析了高等职业院校的能力。从高等职业院校生存发展的角度看，核心竞争力对于高等职业院校生存发展具有十分重要的意义，主要表现在能够保持高等职业院校的竞争优势，提高高等职业院校的竞争力，促进高等职业院校持续发展。

第六章论述了高等职业院校的社会使命和战略目标。结合已有相关研究成果，概括和确定了高等职业院校的社会使命，明确了高等职业院校的社会使命就在于为社会经济建设和发展培养高素质技术技能型专门人才、开展科技研究、进行社会服务，明确社会使命的重要作用就在于对高等职业院校进行发展目标的战略定位。

第七章论述了高等职业院校发展战略的选择。根据不同时期发展内容和要求的差异，将高等职业院校发展战略分为服务型战略、发展型战略、增强型战略和退出型战略四种，并分析了每种发展战略的主要特点。

第八章论述了高等职业院校发展战略的实施。探讨了高等职业院校战略实施的主要过程，概括了高等职业院校发展战略实施的基本原则，并基于战略实施过程存在的问题、矛盾和风险，提出高等职业院校战略实施控制的概念，研究了高等职业院校战略实施控制的基本理论。

第九章论述了高等职业院校发展战略的评价。探讨了高等职业院校战略评价的作用和意义，研究了高等职业院校战略评价的基本方法，探讨了高等职业院校战略评价的主要过程。

第十章论述了高等职业院校发展战略的优化。结合战略实施和战略评价的实际情况，从提升战略管理水平的角度出发，对高等职业院校发展战略优化的目标、内容和途径进行深入论述。

第五节　研究方法与研究思路

一、研究方法

本项目坚持马克思主义唯物辩证法的基本思想，坚持用发展、联系、整体、系统的观点分析问题。在研究过程中，主要采用理论研究与经验研究相结合、规范研究与实证研究相结合、定性分析与定量分析相结合，理论与实践相结合的科学方法，在具体分析中，主要采用了如下三种研究方法：

一是文献阅读的研究方法。在研究过程中，通过大量阅读国内外文献，充分借鉴前人研究成果，提出相关的概念和理论。

二是系统分析法。本项目将高等职业院校战略管理视为一个动态化、系统化的过程来加以研究，并将高等职业教育学、战略管理学、系统论等理论和方法融合起来，从整体上把握高等职业院校战略管理的本质规律和内容要求。

三是案例分析法。主要以国家示范性、骨干高职院校战略管理的具体实践为案例基础，分析这些高等职业院校战略管理的特点及具体实践过程，在此基础上采取归纳总结法得出相关的研究结论。

本项目力求在研究方法上突破传统职业教育学研究的束缚，借鉴企业战略管理学理论中的研究方法对高等职业院校进行研究，希望能够从一个全新的视角管窥高等职业院校的发展实践，旨在得出较为科学合理的研究结论。从某种意义上讲，本项目是一项不同学科和理论交叉综合的研究项目，不仅综合了企业战略管理、大学战略管理等理论知识，也综合了职业教育学、高职教育学、教育管理学等学科的知识，更多表现为多学科理论知识的综合利用。

本项目在内容编排上并不是机械地照搬企业战略管理理论体系，而是充分考虑高等职业院校运作过程及战略管理的内在逻辑和特点要求，根据战略管理过程设置了项目研究内容。尽管企业战略管理与高等职业院校战略管理存在相似之处，但企业与高等职业院校之间毕竟存在很大差异，所以本项目研究既要突出战略管理的科学性，也要突出高等职业院校的特殊性。

二、研究思路

系统全面地研读国内外已有相关研究成果，从中梳理出高等职业院校战略管理研究的现状及未来走向，结合企业战略管理理论的基本内容，确定本项目研究的基本框架，并根据项目组成员的研究专长，进行合理分工，确定每个研究人员的主攻方向，通过广泛深入研讨及时解决研究过程出现的问题，构建高等职业院校战略管理理论体系。

第二章 高等职业院校战略管理理论概述

　　1976 年，安索夫与德克勒克、海斯共同编著了《从战略计划到战略管理》一书，首次提出"战略管理"一词，并迅速在企业、商业界得到广泛使用。随着社会科学领域的繁荣发展，不同学科之间交叉融合的态势逐渐明显，战略管理的基本思想、观点和方法逐渐向教育领域渗透，特别是在高等教育领域得到了充分应用，催生出了大学战略管理理论。例如，中国人民大学的刘向兵教授、华中师范大学的刘献君教授都是国内最早研究大学战略管理理论的专家，他们为推动我国大学战略管理理论研究和实践发展做出了巨大贡献。

　　作为高等教育的一种类型，高等职业教育同样需要战略管理。近年来，国内一些学者开始关注高等职业院校发展战略的问题，但仅仅停留在战略规划阶段，并没将战略实施、战略优化有机结合起来，形成高等职业院校战略管理的完整过程，制约了高等职业院校战略管理水平的提升。因此，要系统梳理已有研究成果，构建高等职业院校战略管理理论体系。高职院校战略管理是随着高职院校持续发展逐渐出现的，是高职院校不断适应内外环境变化的策略选择，是一个由战略规划、战略实施和战略评价等组成的动态过程，体现开放性、人本性、动态性和差异性等特征，具有确保高职院校持续发展、推动高职院校变革、促进高职教育系统健康运作、促进中高职教育协调发展等功能。①

第一节 高等职业院校战略管理的概念内涵

　　自人类文明产生以来，就一直伴随着"战略"这一智力活动，可以说人类文

---

① 刘志峰. 高职院校战略管理的概念内涵、基本特征和主要功能研究[J]. 教育与职业，2013，（8）：14-16.

明的发展过程就是战略的应用过程。"战略"与"定位"有着密切联系，主要指人们利用整合资源实现的预期目标或方案，统领整个事情发展过程，是方针、政策和任务的总目标。随着人类认识水平的不断提高，人们发现任何组织的运作发展都必须有战略的指引，由此组织战略逐渐被纳入到研究者的视野中。

一、战略的概念内涵

组织战略理论认为，组织发展是一个动态复杂的过程，涉及诸多环境要素，这些环境要素之间相互联系、相互影响，共同决定和影响着组织的生存和发展。然而，这些环境要素并不是在随意发生作用，它需要人们根据组织发展的实际要求进行配置利用。环境要素整合的目标就是促进组织目标实现，保证组织顺利运作。因此，就要确立一个整体目标、计划或行动方案来合理引导环境要素流向和组织发展走势。组织竞争优势的保持，适应环境能力的增强，也离不开具有普遍性和统筹性目标的设置。

人类社会的快速发展，使得组织的生存、发展环境变得更加复杂多变，且呈现出不可预见性的特征，社会内部各种环境因素互动联系的态势日渐紧密，难怪有学者提出了"地球村"的概念，用以描述社会构成层面之间紧密联系的情形。对于组织而言，如何适应复杂多变的外部环境，提升竞争优势，获得持续发展是其必须认真思考的重要问题。在此背景下，战略逐渐纳入到组织管理者的视域中，成为组织谋划发展布局的有效工具和处理与外部环境关系的重要手段。从这个层面上讲，战略体现出组织适应环境变化的灵活性和实现持续发展的目标性，更多表现为一种带有整体性、全局性、规律性的安排和布局。战略由于是随组织发展而发展、变化而变化的，所以它必然会体现出一定的阶段性，这种阶段性与组织发展的阶段性相一致，由此使战略具有了动态演化的特征，呈现出前后承接的状态，贯穿于组织发展的整个过程。

近几个世纪，政府应用战略思想来管理政府和社会；第二次世界大战以后，商业、企业领域开始运用战略，形成大量且具有特色的战略思想。[1]杰克·特劳特在《什么是战略》一书中，将战略理解为"生存之道""建立认知""与众不同""打败对手""选择焦点""追求简单""领导方向""实事求是"等。正是在商业和企业领域的渗透应用，战略的思想内涵得到了丰富和提升，有学者将这种现象归结为企业经营环

---

[1] 刘献君. 高等学校战略管理[M]. 北京：人民出版社，2008：5.

境变化的结果。[①]因此，战略也更多被赋予了协调企业与外部环境之间关系，解决企业盈利和生存发展问题的使命。单纯根据目标进行决策已经很难适应企业经营环境的变化、挑战和威胁，企业只有给自己一个独特、有利的定位，才能很好地应对环境变化，规避生存、发展过程中的各种风险，获得持续快速发展。可以说，战略在不同的研究领域具有不同的概念内涵，很难给其一个统一确定的界定，但透过众多理解，可以看出，战略是组织制定的攸关全局发展的计划、目标和任务。

二、战略管理理论的发展流变

作为组织对客观存在的定位选择，战略是基于组织持续发展由彼此存在相互影响、相互作用关系的计划、目标和任务形成的有机系统。在这个系统中，各个环节彼此关联、互动协调，使得战略呈现出动态性和过程性特征，使得相关的管理成为实现战略绩效的必要条件。可以说，战略从本质上就是一个需要多层面、全方位管理的具有特定结构并表现一定功能形态的系统，由此形成了战略管理。战略是战略管理的基础和前提，战略管理是战略实施及绩效取得的保证和条件。战略管理主要包括战略规划、战略实施、战略评价和战略优化等环节，其根本目标就是提高组织的环境适应能力，增强组织结构优化水平，促进组织持续发展。经过近半个世纪的发展，战略管理已经从专业概念发展成完整的理论体系，出现了战略规划学派、环境适应学派、战略定位学派、资源基础论与核心能力学派、动态能力学派等研究学派[②]，这些学派之间相互学习、彼此借鉴，共同推动了战略管理理论的发展演变。

1. 战略规划学派。代表人物有安德鲁斯、安东尼、安索夫等，典型著作有1962年钱德勒的《战略与结构》、1965年安索夫的《公司战略》和安德鲁斯的《商业政策：原理与案例》。战略规划学派的核心思想是匹配思想，认为战略就是将企业的资源、能力与外部环境的机会相匹配，确定企业的市场定位、增长方向和竞争优势，以实现企业的目标和意图，从而降低因环境变化带来的盈利能力降低的风险。战略规划学派提出了战略制定的基本理论框架，为战略定位理论、资源能力理论的发展奠定了基础。传统的战略规划理论适用于企业面临稳定的环境，并且环境可预测的状况。随着环境的变化，传统的战略规划理论向权变规划

① 商迎秋. 企业战略管理理论演变与战略风险思想探析[J]. 技术经济与管理研究，2011，（3）：65-69.

② 商迎秋. 企业战略管理理论演变与战略风险思想探析[J]. 技术经济与管理研究，2011，（3）：65-69.

理论发展，也就是向环境适应思想演变。

2．环境适应学派。 20 世纪 70 年代，企业经济环境的最大特征是环境变化的突发性。以 1973 年的石油危机为代表的突发环境，开始动摇战略规划的垄断地位。企业发展战略规划无法应对现实中普遍出现的环境巨变与激烈的国际竞争，最根本的一点是对未来的无法预测。环境的不确定和不连续，动摇了规划学派的可预测的根基，以环境不确定为基础的适应学派应运而生。适应学派的核心思想是：环境的变化是不确定的，企业要不断调整其战略以适应环境的变化，战略调整包括战略方向和战略能力的调整。适应学派的代表人物是奎因、明茨伯格、伊丹敬之、西蒙（P.G.Simon）、查菲、柯林斯（J.C.Collins）与泼拉斯（J.I.Porras）等。适应学派中有许多分支，包括自然选择论与适应进化论、改良论、远景论、文化论等。环境适应学派更多关注的是企业如何适应环境的不连续和不确定，管理不确定性因此变成了企业的核心能力。

3．战略定位学派。 定位学派沿袭了战略规划学派的大部分前提条件及其基本模式，但它也从另外两个方面增加了一些内容。在形式上，定位学派强调了战略制定过程和战略内容本身的重要性。在性质上，定位学派特别重视战略内容，从单纯地注重这一领域中的规定内容扩展到了实际调查。战略定位学派制定战略的思想是被动地适应现有的环境结构，而不是主动地创造新的产业环境，并由于对内部资源和能力之于战略成功所起的作用重视不够，随着环境的演变，越来越受到质疑，并被后来的资源基础论和核心能力学派所取代。

4．资源基础论与核心能力学派。 资源基础论认为，即使在一个吸引力差、利润不高、经营风险大的行业里经营，企业也可以依据拥有的独特的资源与能力赢得竞争优势。资源基础论的战略实质是将企业的资源和能力与外部的机会相结合，仍然沿用战略规划学派的理论框架。哈默尔（G.Hamel）与普拉哈拉德（C.K.Prahalad）的《公司核心竞争力》奠定了战略管理的核心能力理论基础。核心能力理论强调现实中企业的战略大多是选择有吸引力的行业和培养别人无法模仿的核心能力两者的结合。战略定位学派侧重于从外部环境中寻找战略定位，通过差异化和低成本来建立竞争优势。资源基础论和核心能力学派并没有跳出战略规划学派的企业资源能力与外部环境机会相匹配的思想框架，但具有了不拘泥于被动适应环境而去主动创造商机，不保持竞争优势而是创造竞争优势的新特点。

5．动态能力学派。 随着环境的变化，以资源和能力为基础构筑竞争优势的理论受到威胁，资源的惯性和能力的刚性使企业面临着资产和能力价值降低的风险。提斯、皮萨罗和肖恩（1997）在《动态能力与战略管理》一文中提出了动态能力

（Dynamic Capabilities）理论，他们秉承了演化经济学家熊彼特的创造性毁灭的思想。动态能力指整合、构建和重置公司内外部能力的能力，以适应快速的环境变化。克服能力中的惯性和刚性是动态能力理论的灵魂。为利用"过剩"能力并适应外界变化，必须用创造性破坏来打断原来连续的成长过程，因此，动态能力理论将重点放在了企业学习与产生能力的机制上。企业通过建立一种有效的组织学习机制，不断重构企业的能力，谋求企业长期的、动态的竞争优势，即可持续竞争优势，增加战略柔性，使其在环境变化时，能够迅速做出调整。组织过程、位置和路径是动态企业能力理论框架中包含的三个关键性要素。动态能力理论的本质是企业对环境的持续不断的适应。由于能力培养需要一个过程和能力自身的惯性特征，使得企业的这种适应是相对的，并非是绝对的，因而同样面临着能力适应风险。

三、高等职业院校战略管理概念的提出

与企业相类似，高等职业院校也是包含若干个人的有机整体，具有较强的思维性、能动性和选择性，需要在不断发展、适应环境的过程中，合理选择与构建适合自身实际的战略目标，并对其进行有效管理，即战略管理。高等职业院校战略管理是对高等职业院校战略制定、战略实施和战略评价进行有效管理的活动，是保证高等职业院校发展战略顺利有效实施所采取的行动方案。高等职业院校战略管理既反映高等职业院校在特定时期的战略发展目标，也反映高等职业院校在特定环境中的战略发展定位，还反映高等职业院校未来发展的战略指向。战略管理在思维上注重将战略制定、战略实施和战略评价视作一个有机结合的动态过程；在目标上注重保证高等职业院校发展战略的顺利有效实施，提高高等职业院校发展战略实施的绩效水平；在内容上注重发挥高等职业院校竞争优势，弥补高等职业院校发展劣势，识别高等职业院校发展机会，化解高等职业院校生存发展危机，探寻高等职业院校发展空间，实现高等职业院校持续发展。

高等职业院校生存发展离不开特定的环境条件，这些环境条件包括它所处的经济、社会、文化、科技和自然等外部环境，也包括它所拥有的师资、学生规模、管理队伍、组织结构、教育设备、教学设施、校园文化等内部环境。高等职业院校在不断适应和适度改变内外环境过程中，逐渐构建起有利的环境结构，进而保证生存发展所需物质、能量和信息的充足，增强竞争优势和发展特色。而这又有赖于高等职业院校管理，如教学质量管理、师资队伍管理、学生管理、后勤管理、财务管理、安全管理等。虽然这些方面也存在于其他的组织形态之中，但高等职业院校管理却是一种有别于企业管理、商业管理的特殊管理，这种特殊性

主要由高等职业教育的内容特征和发展要求所决定。因此，企业和高等职业院校的战略管理之间也存在差异性，主要表现为：企业战略管理的研究主体在理论上是企业，实践中是同一类型的企业，高等职业院校战略管理的研究主体在理论上和实践中都是高等职业院校；企业战略管理的研究主体具有较强的主动性，高等职业院校战略管理的研究主体的主动性明显弱于企业；企业战略管理的实施主要由外部市场竞争环境和企业能动性选择所决定，高等职业院校战略的实施主要由人才培养需求和高等职业院校主动性选择所决定；企业战略管理相对不稳定，会随着市场竞争环境变化而发生变化，高等职业院校战略管理相对稳定，时效性较长；企业战略管理主要以实现经济目标为旨归，高等职业院校战略管理主要以实现社会目标和人本目标为旨归。

第二节　高等职业院校战略管理的研究范畴

本项目组参照企业战略管理、大学战略管理理论的研究方法，分析了高等职业院校发展战略研究的主要成果和学术观点，结合高等职业院校生存发展的特点和要求，尝试性地构建出高等职业院校战略管理的研究范畴，主要包括如下八个方面：

1. **高等职业院校战略管理特点研究。** 高等职业院校战略管理特点研究是整个高等职业院校战略管理研究的基础，它一方面研究高等职业院校战略管理的本质规律和内在要求；另一方面从高等职业教育功能和特性的角度，研究高等职业院校战略管理与企业战略管理、大学战略管理之间的区别，探讨高等职业院校战略管理的特殊性，主要涉及复杂多元竞争环境下高等职业院校的适应表现、能动特征、战略取向和竞争行为，深入探讨高等职业院校战略管理的价值旨归问题。

2. **高等职业院校战略管理构成研究。** 高等职业院校战略管理构成研究主要从一般战略管理理论出发，结合高等职业院校发展实践的要求，从动态过程维度来探讨高等职业院校战略管理的构成环节。高等职业院校战略管理过程可以划分为战略定位、战略规划、战略实施、战略评价和战略优化五个环节，这五个环节之间相互影响、相互作用，共同形成高等职业院校战略管理过程。每个环节具有相对独立性，都有特定的要求和内容，对它们的研究是高等职业院校战略管理最基本和最重要的研究内容。

3. **高等职业院校环境系统研究。** 高等职业院校环境系统研究主要研究高等职业院校外部环境、内部环境以及二者之间的相互关系。环境系统既是高等职业院校生存发展的必要条件，也是高等职业院校进行战略定位和战略选择的重要基础。不同的环境背景决定高等职业院校不同的战略定位和战略选择，特别是高等职业院校内部环境，是战略定位和战略选择的先决条件。该研究将给战略定位、战略选择、战略实施、战略评价和战略优化研究提供了重要的理论支持。

4. 高等职业院校战略定位研究。高等职业院校战略定位研究着眼于高等职业院校特定时期、特定环境下的发展实际，以及高等职业院校未来发展的趋势，为高等职业院校进行战略定位提供方法、思路、技术和措施支持。

5. 高等职业院校战略选择研究。高等职业院校战略选择研究站在高等职业院校未来发展的角度探讨高等职业院校如何选择发展战略，实现战略选择与发展实际、发展趋向的相互匹配和相互发展。

6. 高等职业院校战略实施研究。高等职业院校战略实施研究从实施过程的角度分析战略实施的基本原则、存在问题、解决途径，为高等职业院校战略推进提供理论指导。战略实施是战略管理的重要部分，忽视战略实施，高等职业院校的战略定位和战略选择就会失去应有的价值意义，战略评价和战略优化也无法正常进展，所以必须要突出战略实施研究的重要性。

7. 高等职业院校战略评价研究。高等职业院校战略评价研究主要从作用、意义的角度来探讨高等职业院校在进行环境系统分析、战略定位、战略选择，特别是战略实施过程中出现的问题，并借助科学有效的评价方法做出合理准确的评价结论，为高等职业院校战略继续深入地实施提供重要依据和参考。

8. 高等职业院校战略优化研究。高等职业院校战略优化研究主要研究高等职业院校如何结合战略评价的结论，采取有效方式来解决战略实施过程存在的主要问题，进而提高战略实施绩效，增强战略管理整体水平，使得战略管理更加适应和切合高等职业院校竞争发展的需要。

第三节　高等职业院校战略管理的基本特征

高等职业教育作为一个以"职业人"培养为主要目标的教育系统，职业知识的运转、职业技能的养成和职业素质的提高始终是其最基本内涵，这也使得高等职业教育战略管理表现出多层面的特征。

1. 开放性。高等职业教育战略管理的开放性可以从空间结构、时间发展和内容层次三个方面得到理解：在空间结构上，它与外部环境存在广泛联系，是高等职业教育与外部环境关联互动、相互作用及其过程的表现；在时间发展上，它会随着高等职业教育的发展演化而不断发生内容和形式的变化；在内容层次上，它主要表现为高等职业教育与外部环境之间物质循环、能量流动和信息传递的多元开放，以及高等职业教育系统内部各个环节之间的关联互动。高等职业教育作为教育系统的重要组成部分，既与其他教育形态存在广泛联系，也与社会经济、政治、文化、科技等密切相关，可以将高等职业教育以外的社会环境视为高等职业教育的"生境"。各类环境因素都不同程度地作用和影响着高等职业教育的生存发展，并制约着高等职业教育内部结构和功能形态的变化。这就使得高等职业教育战略管理必须要关注外部社会环境及其变化状态。从高等职业教育内部系统来看，各种构成要素之间存在相互影响、相互制约的关系，任何一个构成要素质量上的残次或者数量上的不足，都可能影响到其他构成要素的运作发展，进而影响要素结构关系的有序稳定。高等职业教育战略管理要在综合协调各构成要素之间关系的基础上，不断提升内部要素关系的平衡性与整体性。

2．人本性。高等职业教育的基本功能是为社会培养它所需要的高素质技术技能型人才。正是通过人才培养，高等职业教育才不断实现对外部环境的影响。然而，高等职业教育与外部环境之间的关系是相互作用的，外部环境也在很大范围上影响着高等职业教育的生存发展，高等职业教育必须适应外部环境才能实现持续发展。这种适应主要表现为高等职业教育人才培养的质量、数量、规格要适应和满足社会环境的需求，尤其要适应高等职业教育所在区域社会、经济发展的需求。　高素质技术技能型人才既是高等职业教育的客体和对象，也是高等职业教育的主体。与其他要素相类似，高素质技术技能型人才也同样参与了高等职业教育的运作及其自我培养的动态过程。为此，高等职业教育战略管理一方面要立足于社会环境需求，选择有助于提高高等职业教育适应性的内容和体系，不断促进高等职业教育与社会环境的有机协调与互动融合，另一方面也需要全面调动高职学生的积极性，充分发挥高职学生的聪明才智，使其能够有效参与到战略管理的过程中，为高等职业教育战略管理不断输入新的动力和活力。值得一提的是，高等职业教育战略管理的人本性不能够完全借助固定标准和模式进行评价，其评价方式和手段具有较强的模糊性和不易操作性，使得高等职业教育战略管理的绩效评价难以用固化的模式和方法进行，它必须充分考虑高职学生的实际特点和发展要求。

3．动态性。外部环境和内部结构不仅是高等职业教育战略管理的基本关注点，也是高等职业教育战略管理的重要依据和根本条件。动态性是外部环境和内部结构所共同拥有的特征，相比较而言，外部环境的动态性更明显、更强烈，而内部结构的动态性主要是在高等职业教育不断适应外部环境变化的过程中体现出来。作为高等职业教育战略管理的制定者、决策者和实施者，要紧密关注外部环境的变化趋势和内部结构的调整方向，通过不断调整战略内容和结构，进一步优化战略目标和方向，实现战略管理绩效的最优化。同时，高等职业教育内部结构的变化也是高等职业教育战略管理的基本参照，内部结构的变化主要是指高等职业教育不同发展时期的结构变动。按照生命周期理论，可以将高等职业教育的发展过程划分为初创期、发展期、成熟期和衰退期四个阶段，每个阶段的教育内部结构都具有差异性，这种差异性决定了高等职业教育战略管理内容、重点和难点的不同。在初创期，要着重保持高等职业教育系统的生态平衡和物能运转，预防和化解外界干扰，增强高等职业教育系统的自交稳定性；在发展期，要以初创期积累的基础、条件为根本，进一步明确发展方向和目标，切实增强高等职业教育的竞争优势和特色专长，不断推进高等职业教育的持续发展；在成熟期，要以巩固高等职业教育的核心竞争力为重点，不断完善高等职业教育的结构体系和功能机制，提升高等职业教育的社会适应能力和社会价值地位；在衰退期，要以化解高等职业教育衰退威胁，吸收新的社会环境因子和开辟新的发展空间为根本，努力实现高等职业教育功能价值的转型升级。可见，战略管理会随着高等职业教育生命周期的更替演进不断实现内容转变和重点转移。

4. **延展性**。作为一种直贴高等职业教育生命形态的内在关切，战略管理是一个巨大的能动场，特别是其中的导控、统摄效应具有极强的辐射力和延展力，它通常表现为一种动态递进、循环往复的过程，会深深地作用和影响高等职业教育生存发展的各个方面，产生形式不同和程度有别的战略效应。作为高等职业教育所固有的生存法则和发展逻辑的重要体现，战略管理是高等职业教育与内外环境及要素、因子相互融合的集中反映，是高等职业教育根据未来内外环境变化态势，对自身的生存价值、发展理念和目标定位的重新审视。战略管理形成于高等职业教育的发展过程，又引领高等职业教育的发展方向，是高等职业教育实现遗传的生物基因，是高等职业教育持续发展的内驱动力和根本保障。延展性主要是指高等职业教育战略管理体系的"各生态要素能够在时间流程上实现承先启后、在结构功能上彼此一致，"[①]延展性也可称为遗传性、复制性和再生性。延展性揭示了高等职业教育战略管理在生存发展过程中不仅要保持已有的竞争优势和特色，维系高等职业教育在教育系统、社会系统中的价值地位和作用，也要不断适

① 贺祖斌. 高等教育生态论[M]. 桂林：广西民族大学，2006：41.

应内外环境变化，调整内部结构，优化功能机制，通过对资源因子生态链的重组和发展空间的更新，实现持续发展和创新。从这个意义上讲，高等职业教育战略管理是一个稳定性和动态性、绝对性和相对性、继承性和发展性等特征相互交织的动态过程。

第四节　高等职业院校战略管理的主要功能

与企业管理相类似，高等职业院校管理也经历了一个从内涵到外延的发展过程。20 世纪 80 年代初，为了满足和适应地方经济社会发展和生产建设对专业人才的需求，我国开始发展高等职业教育，尽管发展初期出现"不重实践、不重应用，缺乏'职业'特色，难以摆脱传统高职院校'本科压缩饼干'模式制约"等问题，但对于如何办好高等职业教育、培育高等职业教育办学特色已经引起了教育界人士的普遍关注。20 世纪 90 年代末，随着高等教育的扩招，高等职业教育步入了大发展的历史时期，高等职业教育规模迅速扩大，高职院校数量、招生规模和在校生人数呈现逐年增加趋势，但多数高职院校在教学上仍然强调学科型教育，沿用本科教学模式、计划和课程体系的现象仍较为突出和严重，甚至出现高职教育就是"理论型本科""学术型教育"的错误思想。在此背景下，教育部出台一系列关于推进高等职业教育教学改革的方针政策，旨在提高高等职业教育办学质量和人才培养水平。一些高等职业院校积极响应教育部号召，着力开展教育教学改革，探索高职教育办学特色、创新人才培养模式，在办学模式、专业建设、教学质量等方面取得了显著成效，但人才培养模式的职业性和实践性特色仍不突出。进入 21 世纪，国家着力发展高等职业教育，通过出台相关文件，启动国家示范性、骨干高职院校建设计划，深化与推动高等职业教育人才培养模式改革，提升高等职业教育办学质量和人才培养水平。

从 20 世纪 80 年代至今，高等职业教育发展环境不断发生着变化，特别是国家示范性高职院校建设计划的完成，使得一些高等职业院校成为高职教育发展模式的示范、深化改革的示范和学校管理的示范。这些院校开始将战略管理的思想和方法应用到教育教学管理中，用于解决学校的管理问题，提高学校竞争优势和特色竞争力。对于高等职业院校而言，战略管理问题的提出是高等职业教育发展环境变化的结果，体现出高职院校的注意力逐渐从学校的内部环境向学校的外部环境和内外环境关系层面转移的趋势。此外，持续发展也是高等职业院校战略管理重点关注的焦点。面临国家示范性、骨干高职院校的竞争、普通高校应用型本科教育的实施以及生源数量的锐减，普通高职院校也逐渐意识到战略管理对解决生存发展问题的重要作用。尽管目前战略管理还没有成为所有高等职业院校的常态化工作，但这并不否认高等职业院校战略管理的作用和意义。概括而言，高等职业院校战略管理至少可以带来如下几方面的功能效应。

一、确保高等职业院校持续发展

长期以来，高等职业教育被视为高等教育的附属品，教学实践也习惯按照传统学科模式进行，注重理论知识的传授，忽视实践技能的培养，造成"职业性""实践性"特色的不明显。在院校管理层面，尽管多数院校积极倡导管理理念的创新，但在具体操作中却仍然沿用大学管理的模式和方法，偏重于高等职业院校内部管理机制的正常有序运作，难以有体现高等职业教育特色的管理实践。许多管理者认为，高等职业院校管理不需要考虑学校外部环境实际和变化，尤其是不需要关注学校内外环境之间的关系态势，只需要关注学校运作的管理，保证教学管理、人事管理、财务管理、后勤管理、学生管理、安全管理等环节不出现问题、不发生事故。甚至有的院校不注重管理绩效的考核与奖惩，使得很多人认为学校管理不属于普通教职工的职责范围，是学校领导和各级管理者考虑的事情。实践表明，没有好的学校管理就不可能有好的办学质量，基于高素质专门人才培养的考虑，高等职业院校应该注重学校管理，以更好地服务教学工作的中心地位。

随着高等职业教育的快速发展，高等职业教育竞争日益加剧，尤其是国家示范性、骨干高职院校建设计划的先后实施，高等职业院校层次化发展的趋势开始显现，能否保证学校健康持续发展成为摆在各院校面前亟待思考的重要课题。在这种情况下，许多高等职业院校开始重视学校长效化管理，通过完善管理制度、创新管理方式、优化管理机制、整合管理资源等途径，来着力提升学校管理水平，使得学校管理成为保障办学质量的重要基础，实现二者相互促进、相互提升。实际上，学校长效化管理还必须依靠发展战略的合理制定。发展战略不仅指明了学校的办学理念、办学指导思想和发展目标，也提出了学校实现发展目标的方式手段和策略措施，成为学校各项事业发展的主要依据。战略制定结束以后，便会进入战略实施阶段，并根据战略实施情况开展战略评价、战略优化，再进行新的战略制定，依次循环往复，便构成了高等职业院校战略管理过程。在战略管理过程中，管理者必须让所有教职工明确战略管理的意义，认识到战略管理既是一项全员参与、长期复杂的系统工程，也是一项惠及全院师生员工、攸关学院未来发展的重要工程，因而必须确保管理过程的顺利推进。

二、推动高等职业院校变革

在发展过程中，大多数高等职业院校会面临为什么要进行变革、如何进行变革、变革的指向在哪里等问题的思考。这些问题处理得好坏决定着高等职业院校能否达到预期目标并取得实效。改革开放以来，尤其是进入高等教育扩招时期，高等职业院校的生存发展环境不断发生变化，集中表现为：国家关于高等职业教育改革和发展的政策文件和舆论导向发生变化；社会经济建设对高素质技能型专门人才需求的数量、质量和规格发生变化；社会公众对高等职业教育的认识以及接受高等职业教育的需求发生变化等。这些维度层面的变化决定了高等职业院校必须适应环境变化要求，在明确办学定位和社会角色的基础上，以提高教学质量为中心，着力培养高素质技能型专门人才，积极开展科学技术研究，面向行业企业开展技术服务，不断增强发展动力，推进内涵建设，确保学校实现持续健康发展。简言之，高等职业院校要积极主动地进行变革，通过变革获得发展。据此，可以将高等职业院校变革理解为高等职业院校根据内外环境变化，以满足生存、发展和竞争需要为目的，以提高高等职业院校运作效能为出发点，优化学校内部结构，创新学校管理方式的管理活动。

作为一项复杂的系统工程，高等职业院校变革包括校企合作体制机制建设、专业建设、人才培养模式建设、师资队伍建设、实训基地建设、社会服务能力建设等。

（1）校企合作体制机制建设。以区域经济发展、行业升级、企业转型需要为指向，在地方政府的积极引导下，通过出台相关鼓励政策，优化制度环境，紧密结合行业协会、骨干企业、学院和学生四方利益协调的切入点，在利益互惠共赢的基础上，成立"政行企校"的合作机制，不断深化内部管理制度改革，提升校企深度合作水平，增强办学活力。

（2）专业建设。主动适应地方经济建设和发展需要，立足于地方产业定位，针对地方经济发展特点，加快专业及专业群的建设发展。根据地方经济社会发展的需求特点和高素质技能型人才规划的具体内容，瞄准地方高素质技能型人才市场的供需变化特征，校企合作讨论专业设置和布局态势，商议专业设置、调整的指导思想和总体意见，保证专业建设发展的科学化与合理化。

（3）人才培养模式建设。以"四个合作"为主线，深化工学结合人才培养模式改革。通过深入开展专业调研，把握人才需求特点，了解职业岗位任职要求，明确人才培养目标和规格，校企共同制定人才培养方案。引入行业企业技术标准、职业资格标准，根据企业生产过程和工作流程，开发基于工作过程的专业课程体系和教学内容。依托校企合作平台，探索工学交替、任务驱动、项目导向、顶岗实习、案例教学等教学模式，创新教学形态，努力实现教学做一体化、理论实践一体化，提高学生职业能力。

（4）师资队伍建设。以适应人才培养模式改革需要为导向，整合合作企业各种可利用资源，优化师资队伍结构，加强双师型教师队伍、兼职教师队伍、专兼结合的教学团队建设，提升教师队伍整体实力和教学水平，满足高素质技能型专业人才培养要求。

（5）实训基地建设。以优化办学条件、增强办学特色、提高教学质量为指向，按照教育规律和市场规则，坚持投资主体多元化、筹资渠道多样化、建设形式灵活化的原则，密切联系行业企业，校企合作共建实习实训基地，不断改善实习实训基地条件，提高人才培养质量。

（6）社会服务能力建设。主动适应区域经济发展，培养区域发展急需人才。围绕产业发展布局，开展专业调研，在专业设置和人才培养模式方面提前布局，提高社会服务的针对性。面向行业企业开展技术服务、技能培训，主动参与企业技术创新和研发，为企业职工和社会成员提供多样化的继续教育服务，支持企业在岗人员技能更新。面向新农村建设，提供农村劳动力转移培训、技术推广和农村新型合作组织建设管理咨询等服务。面向西部地区做好对口支援建设与发展工作，为中职毕业生在岗接受高等学历教育创造条件。

上述六个方面之间相互联系、相互影响，共同组成高等职业院校变革的内容体系，每个层面的建设水平都会影响到高等职业院校变革的绩效水平。由于高等职业院校变革涉及的层面、环节和要素较多，且历时较长，通常需要高等职业院校统筹规划，不断增强协调整合能力，而这又可依附于战略管理来实现。没有战略管理作为高等职业院校变革的支持，很难实现对高等职业院校变革过程的合理控制和有效管理，也很难对高等职业院校变革的阶段性工作和成效做出客观准确的评价。高等职业院校变革过程实际上就是战略管理的过程，二者在最终实现目标层面具有一致性，都是基于高等职业院校持续健康发展这一出发点而进行的。实施战略管理对于高等职业院校变革具有十分重要的意义。战略管理不仅影响高等职业院校变革动机形成，也影响高等职业院校变革过程进行。高等职业院校变革能否顺利进行，既取决于高等职业院校推行变革的决心和能力，也取决于高等职业院校对变革方略的有效管理。对变革方略的有效管理有助于促进高等职业院校变革的形成。高等职业院校变革是一个利益重组的过程，必须要合理规划、统筹协调，否则难以有效顺利地开展。

三、促进高等职业教育系统健康运作

在自然界，任何生物物种的生存演化都必须依附于特定的环境条件，这些环境条件是影响生物物种正常生存和持续演化的限制性因子，任何环境条件的或缺、不足和残次，都有可能引起生物物种结构、形态的改变，甚至会导致生物物种功能的衰退。各种环境条件之间相互影响、相互作用，形成具有一定结构关系和功能形态的环境系统。生物物种通过与外部环境系统进行物质循环、能量流动和信息传递来不断获得生存发展。与生物物种相类似，高等职业教育也处在一个由诸多环境要素构成的生态系统中，但高等职业教育是包含若干个人的有机整体，具有更强的思维、判断和选择能力。任何形式的高等职业教育，不论其规模大小，都应当有与之相适应的环境系统，并能在特定环境系统的基础上确定发展目标和方向。环境系统中资源因子的丰度和效度决定了高等职业教育的生存力、发展力，同时也决定其竞争力。对高等职业教育而言，环境系统对其起着基础性、制约性，继而是保障性的作用，高等职业教育越想深入发展，越要取得竞争优势，就越需要营造良好的环境系统。

高等职业教育正是在营造和优化环境系统，并与环境系统不断进行交流互动的过程中形成具有特定结构和表现明确功能的生态系统的。基于生态系统的概念内涵，高等职业教育生态系统可以理解为：高等职业教育在适应内外环境过程中形成的关系及结构的总和，是高等职业教育对环境适应的过程、结果和状态，具体体现为高等职业教育与内外环境之间物质循环、能量传递和信息流通的动态过程。高等职业教育生态系统不仅是高等职业教育存在和运作的环境态势，也是高等职业教育生存发展指向和环境影响高等职业教育方式、机理的有机结合与能动体现。在确定生态系统的基础上，高等职业教育明确了系统内部组成和外部环境，以及内外环境要素之间的关系结构和运作方式。尽管高等职业教育生态系统是伴随高等职业教育生存发展的演化过程逐渐形成的，但它会随着高等职业教育社会使命及其发展规律的变化而不断发展，引导高等职业教育朝向有利于加快经济发展方式转变、推动产业结构升级、推动新型工业化发展的方向不断发展。

作为一个复杂的有机系统，高等职业教育生态系统包括演变、结构和功能三个维度。演变维度主要以系统构成要素为基础形成排列组合关系。要满足和适应高等职业教育生态系统运作要求，高等职业教育必须集中力量选择、整合和优化系统构成要素及相互之间关系。可见，高等职业教育生态系统是一个与高等职业教育生存发展紧密关联的要素以彼此之间的作用角色互补形成的有机体。然而，高等职业教育生态系统并不是构成要素的简单叠加和杂糅拼凑，而是构成要素之间关系的协调互动和有序平衡，这也从根本上决定了高等职业教育生态系统的结构性和空间性。这样，便形成了以构成要素关系为基础的高等职业教育生态系统的维度层次，即结构维度。高等职业教育生态系统的结构不仅是对构成要素及体系的准确识别和合理选择，也是对构成要素之间结合、排列和组合方式的动态调整，因此动态调整系统内部结构应该适应社会环境要求，并成为高等职业教育生态系统实现持续发展的重要条件和保障。关于高等职业教育生态系统的功能维度，主要解决高等职业教育应该在国民教育体系中扮演什么样的角色，培养哪一类型人才，如何培养人才的问题。目前，面对社会快速发展和变化，高等职业教育要做出能动性选择，通过专业调整、课程建设、人才培养模式改革、师资队伍建设等来主动适应和促进社会发展，使得高等职业教育真正成为培养高素质技能型人才的摇篮，发挥出高等职业教育应有的社会功能。高等职业教育发展历史始终与生态环境、因子和条件紧密结合，并伴随高等职业教育生态系统的结构调整和功能组合。

如果生态系统的结构和功能维度能够实现正常有序的物能循环和信息流动，则表明生态系统处于相对平衡的状态，其自控调节机制能够化解内外干扰因素的影响。当内外干扰因素的作用力超过了系统自控调节机制，就会导致系统结构失调和功能紊乱，进而引起整个生态系统的失衡。[①]同样，高等职业教育生态系统也存在生态失衡的现象，集中表现为高等职业教育经费的投入与需求的失衡、高等职业教育生态区域分布失衡、输出人才结构与社会就业岗位及产业结构调整的失衡、传统文化观念及社会文化导向失衡、高等职业教育教师素质与数量失衡、高等职业教育专业及课程结构失衡等六个方面，[②]这些失衡现象既严重影响了高等职业教育生态系统的正常有序运作，也在很大程度上制约了高等职业教育生态系统的功能发挥，必须要采取有效措施来弱化系统失衡的负向影响，实现系统新的平衡与稳定。实现高等职业教育生态系统的平衡离不开政府的积极引导、社会各方的协力支持、高职教师主体性的有效发挥、高职院校资源的合理配置以及教育教学模式的改革创新，可以通过实施战略管理对这些方面进行有效整合，进而形成合力保证高等职业教育生态系统的持续健康发展。高等职业院校战略管理的

---

① [美]奥德姆（E. P. Odum）. 生态学基础[M]. 孙儒泳，等，译. 北京：人民教育出版社，1981：34-35.

② 李援越，吴国蔚. 高等职业教育生态失衡的分析与对策[J]. 黑龙江高教研究，2011，（1）：101-104.

过程本来就是高等职业院校协调内外环境之间关系的过程，其中在外部层面主要协调与政府、社会各方力量的关系，在内部层面主要协调教育教学资源。作为高等职业教育生态系统的构成主体，各高等职业院校如果都能有效实施战略管理，必然会使系统的结构、功能和效益处于一种动态平衡的状态。从这个意义上讲，高等职业院校战略管理能够促进高等职业教育生态系统的稳定运作。

四、促进中等和高等职业教育协调发展

2011 年 8 月 30 日，教育部出台了《关于推进中等和高等职业教育协调发展的指导意见》（教职成[2011]9 号）（以下简称《意见》），旨在全面落实《国家中长期教育改革和发展规划纲要（2010—2020 年）》关于到 2020 年形成现代职业教育体系和增强职业教育吸引力的要求。《意见》指出：

（1）转变经济发展方式赋予职业教育新使命。"十二五"时期，国家以科学发展为主题，以加快转变经济发展方式为主线，把经济结构战略性调整作为主攻方向，促进经济长期平稳较快发展和社会和谐稳定。要求职业教育加快改革与发展，提升服务能力，承担起时代赋予的历史新使命。

（2）发展现代产业体系赋予职业教育新任务。"十二五"时期，加快发展现代农业，提高制造业核心竞争力，推动服务业大发展，建设现代产业体系，迫切需要加快建设现代职业教育体系，系统培养数以亿计的适应现代产业发展要求的高素质技能型人才，为现代产业体系建设提供强有力的人才支撑。

（3）构建终身教育体系赋予职业教育新内涵。把保障和改善民生作为加快转变经济发展方式的根本出发点和落脚点，把促进就业放在经济社会发展的优先位置，构建灵活开放的终身教育体系，努力做到学历教育和非学历教育协调发展、职业教育和普通教育相互沟通、职前教育和职后教育有效衔接，为形成学习型社会奠定坚实基础，要求必须把职业教育摆在更加突出的位置，充分发挥职业教育面向人人、服务区域、促进就业、改善民生的功能和独特优势，满足社会成员多样化学习和人的全面发展需要。

（4）建设现代职业教育体系赋予职业教育新要求。当前职业教育仍然是我国教育事业的薄弱环节，中等和高等职业教育在专业、课程与教材体系，教学与考试评价等方面仍然存在脱节、断层或重复现象，职业教育整体吸引力不强，与加强技能型人才系统培养的要求尚有较大差距。教育规划纲要明确将中等和高等职业教育协调发展作为建设现代职业教育体系的重要任务。这是构建现代职业教育体系，增强职业教育支撑产业发展的能力，实现职业教育科学发

展的关键所在。①

转变经济发展方式、发展现代产业体系、构建终身教育体系和建设现代职业教育体系的现实要求，迫切需要以科学发展观为指导，探索系统培养技能型人才制度，增强职业教育服务经济社会发展、促进学生全面发展的能力，推动中等和高等职业教育协调发展。中等职业教育和高等职业教育分属现代职业教育体系的不同层面，二者在办学特色、人才培养规格、作用发挥等方面具有明显差异。中等职业教育是高中阶段教育的重要组成部分，重点在于培养技能型人才，发挥基础性作用；高等职业教育是高等教育的重要组成部分，重点在于培养高端技能型人才，发挥引领作用。现阶段，中等职业教育要以保证规模、加强建设和提高质量为工作重点，拓展办学思路，整合办学资源，深化专业与课程改革，加强"双师型"教师队伍建设；高等职业教育要以提高质量、创新体制和办出特色为重点，优化结构，强化内涵，提升社会服务能力，努力建设中国特色、世界水准的高等职业教育。中等和高等职业教育必须明确发展重点和节奏，优化整合资源，实现优势互补，推进合作共赢，形成有效合理，不断增强职业教育办学特色，提高服务经济社会发展的人的全面发展的能力。具体而言，就是要适应区域产业需求，明晰人才培养目标；紧贴产业转型升级，优化专业结构布局；深化专业教学改革，创新课程体系和教材；强化学生素质培养，改进教育教学过程；改造提升传统教学，加快信息技术应用；改革招生考试制度，拓宽人才成长途径；坚持以能力为核心，推进评价模式改革；加强师资队伍建设，注重教师培养培训；推进产教合作对接，强化行业指导作用；发挥职教集团作用，促进校企深度合作。

《意见》强调：要加强保障，营造中等和高等职业教育协调发展的政策环境，特别是各级政府部门，必须强化责任，加强统筹规划管理。省级政府相关部门应加大对区域内职业教育的统筹，支持和督促市（地）、县级政府履行职责，促进职业教育区域协作和优质资源共享。地方各级政府相关部门要遵循职业教育发展规律，把握中等和高等职业教育办学定位，推进职业教育综合改革，完善政策措施，合理规划职业教育规模、结构和布局，改善办学条件，提高行业企业和社会参与职业教育的积极性，支持行业、企业发展职业教育，促进现代职业教育体系建设。同时，各地要加大投入力度，健全经费保障机制；重视分类指导，促进学校多样化发展；推进普职渗透，丰富学生发展途径；完善制度建设，优化协调发展环境。实现中等和高等职业教育协调发展，除了营造良好的政策环境之

---

① 教育部关于推进中等和高等职业教育协调发展的指导意见. 教职成[2011]9 号文.

外，还必须依靠中等和高等职业院校主体能动性的充分发挥，特别是高等职业院校，要通过实施有效的战略管理，将提高质量、创新体制和办出特色提升到战略高度，强化内涵建设，提升社会服务能力，实现与中等职业教育的相互促进和相互发展。

第五节　高等职业院校战略管理的理论基础

高等职业院校战略管理的形成具有一定的理论基础，主要"涉及哲学、政治经济学、科学社会主义、社会学、系统学、管理学、决策科学、未来学、思维科学、预测科学、战略科学等多门学科"。没有特定的学科理论作基础、借鉴和参考，高等职业院校战略管理很难形成理论框架、内容结构和研究范畴，也很难准确回答高等职业院校战略管理是什么、为什么实施、如何实施等问题。

系统梳理组织管理学的发展脉络，不难发现作为典型组织形态的高等职业院校也同样存在发展战略的选择、制定、实施和评价等现象，可以用"战略管理"这一专业术语来加以概括和总结。随着战略管理在高等教育领域的渗透应用，大学战略管理理论开始兴起，并引起学术界的普遍重视。在高职教育快速发展的背景下，人们逐渐意识到高等职业院校也需要战略管理，"需要"是因为战略管理有助于高等职业院校持续健康发展，是直贴高等职业院校生命形态的内在关切，"存在"是因为战略管理一直伴随着高等职业院校发展实践，只不过没有引起应有的关注和足够的重视。高等职业院校战略管理的理论基础集中概括为如下六个方面。

一、系统理论

系统理论是研究系统一般模式、结构、原理和规律的科学，这门学科基于各种系统的分析，总结共同特征，并借助数学方法描述系统功能，从而确立具有普适性的系统原理和模型，具有较强的逻辑性和数学性。追溯人类系统思想的出现比较久远，将其作为一门学科应归功于美籍奥地利人、理论生物学家 L.V.贝塔朗菲。贝塔朗菲于 1932 年发表了"抗体系统论"观点，提出了系统论思想，1937年提出了"一般系统论"原理，为系统理论的学科建立奠定了坚实的理论基础。尽管贝塔朗菲于 1937 年就提出了一般系统论思想，但反映该思想的《关于一般系统论》论文直到 1945 年才公开发表，真正引起学术界关注则是在 1968 年。

1968 年，贝塔朗菲出版了《一般系统理论基础、发展和应用》一书，被学术界誉为系统理论学科的代表作，系统理论学科的学术地位也被正式确立。

从学科内容上看，系统理论认为一般系统都具有整体性、关联性、等级结构性、动态平衡性、时序性等基本特征，这些特征是系统结构关系和功能形态的外在表现，构成了系统的基本思想和观点，成为人们利用系统方法分析解决问题的基本原则。从核心思想上看，系统理论突出系统的整体观念，强调任何系统都是一个有机整体，各部分的机械组合或简单相加不能够形成系统，系统的整体功能也是各部分或要素孤立状态下没有的性质，即"整体大于部分之和"；认为系统各构成要素不是孤立存在的，这些要素在系统中都有固定的生态位，即"处于一定位置上，起着特定作用。"要素之间存在着相互影响、相互作用的关系，构成一个有机整体。从基本方法上看，系统理论将研究对象视为一个系统，分析系统的要素、结构和功能，研究要素、系统、环境之间的关系机理和变动规律，探讨系统优化的基本原则和策略。

按照系统理论观点，任何组织都是一个由特定要素组成的具有稳定结构关系并表现一定功能形态的系统。高等职业院校作为组织的重要形态，同样可以视为一个系统。实际上，高等职业院校本身就是一个有机系统，其运作发展就是高等职业院校系统功能的重要体现。可以说，系统理论与高等职业院校生存发展紧密相关。因此，系统理论的基本思想、观点和方法对于高等职业院校战略管理同样具有理论指导意义。

二、战略管理理论

战略管理是管理学理论体系的重要组成部分，从 20 世纪 60 年代以来已经由一个专业名词逐渐发展成为一门学科，在世界范围内备受商业界、企业界人士的关注。尽管战略管理是一门独立的学科，但其研究范式具有多样化的特征，学科体系也在各学派的理论争鸣中不断建构起来。从以钱德勒、安德鲁斯和安索夫为代表的研究学者提出企业战略构想以来，战略管理理论经历了战略规划学派、环境适应学派、战略定位学派、资源基础论与核心能力学派、动态能力学派的发展演变。各学派的理论观点和局限性已在本章第一节中简要介绍，此处不再赘述。

三、大学战略管理理论[①]

20 世纪 70 年代，美国开启了战略管理在大学的应用研究，拉开了大学战略管理的研究序幕。认真总结可以发现，国外关于大学战略管理的研究成果主要体现在两个方面：一是战略规划在高等教育领域可行性的研究；二是大学战略规划实施过程的研究。

第一方面具有代表性的成果主要有：美国学者申德尔和哈顿发表的论文《战略计划与高等教育：概念、问题和机会》（1972），第一次将战略规划用于高等教育领域。

哈克·雷沃尔等所著的《学校经营管理：一种规划的趋向》（1973），从教育经济与管理的角度，论述了规划在学校经营管理活动中的重要性，学校经营管理人员必须面对的种种领导问题和矛盾，校长和教师参与学校经营管理的途径与方法。

哈佛大学霍斯默所著的《学术战略》（1978），完整地提出了战略计划直接用于高等教育的理论，形成了战略管理的学术思想，该研究为大学组织运用战略规划、实施战略管理奠定了理论基础。

科利尔所著的《战略规划思想对高等学校的适用性》（1981），指出战略规划是大学管理决策的指导思想，战略规划本身就是战略形成和战略执行的过程，运用大学的优势和资源来适应大学的外部环境是战略规划的核心思想。该研究主要分析了战略规划运用到高等学校管理的可行性，进一步论证了大学战略规划的特征和重要作用，促进了大学战略管理理论体系的完善。

乔治凯勒所著的《大学战略与规划：美国高等教育管理革命》（1983），对美国大学实施战略管理变革的环境进行了深入分析，深入探讨了战略管理技术在美国高等教育领域的应用，证明了战略规划对大学科学管理的指导价值，被认为是战略管理在高等教育领域内流行的"催化剂"。

相比较而言，国内战略管理研究起步晚，研究主要集中在大学战略管理的基本特征、作用、实施中存在的问题及解决策略等方面，如梁众的《现代大学的战略管理》（1999）、刘向兵和李立国的《大学战略管理导论》（2006）、刘献君的《高等学校战略管理》（2008）等，从不同层面探讨了大学战略管理的基本理论、方法、存在问题和操作途径。

---

① 张庆辉. 生态学视野中的大学战略管理[D]. 华中科技大学博士论文，2010：9-14.

1. 概念层面。刘献君教授认为大学战略管理的实质是使组织能适应、利用环境的变化，提高组织整体的优化程度，注重组织长期、稳定的发展，具有复杂性、灵活性、差异性等特征，主要包括战略规划、战略实施和战略评估。

2. 作用层面。刘向兵和李立国认为，战略管理基于高校本身的能力与外部环境，为高校未来发展的远景提供战略性的、前瞻性的思考，为学校的发展指引战略方向；通过战略管理可以将有限资源用于战略性、关键性的发展领域，建立有效的组织结构，使组织结构与战略相匹配，并促进大学组织变革，建立以结果为导向的管理体制。

3. 研究范畴层面。张捷认为大学战略管理的基本问题包括高校战略管理和企业战略管理、战略管理与面对现实、战略管理与资源依赖方式、战略规划与战略实施、战略管理与战略营销、战略管理与跨越式发展、战略管理与大学领导群体、战略管理与大学利益相关者、战略管理与大学管理文化、战略管理与大学经营诸关系等十个方面。

4. 存在问题层面。赵文华教授认为，我国高等学校目前缺乏编制和实施高校战略规划的体制性内源力，对战略规划的有效性缺乏理性判断与客观信任，高校战略规划的编制与实施的组织建设滞后，对高校战略规划的理论与实践缺乏必要的研究。别敦荣教授也指出，高校发展战略是围绕高等教育核心价值，在现实状况与长远利益的视野下所选择的根本发展路径，战略决定高校发展样态，我国大多数高校长期处于一种无战略发展状态，导致发展模式失当，要建设高等教育强国，高校必须创新发展模式，走战略发展之路。

5. 实施层面。刘献君教授认为战略实施中要抓住分解目标、任务，明确各自责任；优化资源配置，保证战略重点；调整组织结构，推动战略实施；完善相应的制度、机制，加强执行力；加强战略领导，推进战略管理等关键环节。

近年来大学战略管理研究也引起了一些青年学者的关注，如何超、邹晓平、魏海荃、周巧玲、张庆辉等多位博士，他们尝试从复杂理论、实证研究、比较研究、生态学视角来研究大学战略管理问题，推动了大学战略管理研究的不断发展。

四、教育经济学理论

第二次世界大战结束以后，科学技术的迅猛发展及其在生产领域的广泛应用，使得生产岗位对从业者素质和能力的要求越来越高，特别综合职业素质在从业者职业发展中的作用越来越明显，如何提高职业素质成为各国普遍关注的话题，当人们把注意力都集中在教育上，教育也就逐渐从经济的"边缘"来到了经济的"中心"，由此经济与教育之间的紧密关系也被提升到前所未有的水平。社会经济发展离不开教育发展，教育主要通过人才培养、科技研究、社会服务等对社会经济发展产生推动作用；教育发展离不开社会经济发展，社会经济主要通过产业结构优化升级直接诱发人力资源结构变化，再引起人才素质改变对教育理念、内容、形式及评价方式的带动作用。对于教育与经济关系的深入探讨引起了世界各国政府和学者的关注，大家关注的焦点主要为受教育程度与经济增长之间的关系，也正是这种关注，催生了一门新的学科——教育经济学。

　　教育经济学在某种意义上讲是教育学与经济学相互结合的产物，其研究对象是"教育对社会经济增长贡献"[①]。也正是基于此，教育经济学确立了自己的学科地位。随着教育经济学的不断发展，其理论体系日趋丰富，研究内容不断扩宽，研究对象趋于多元，加上教育学与经济学两个学科各有其独自的研究对象和研究视野，以及同一问题由于研究视野不同可能会得出不同的结论，常常造成学术争论甚至是学术分歧。尤其是对于学科研究对象的争辩，往往此起彼伏，直至今日学术界关于教育经济学的概念理解仍然存在较大分歧。在著名教育经济学家王善迈看来，目前学术界关于教育经济学研究对象的认识主要存在三种观点：一是相互关系说，即研究教育与经济之间的相互关系；二是成本效益说，即研究教育投入与产出、成本与效益；三是资源配置说，即研究稀缺教育资源如何实现最优化配置。综合这些观点，王善迈教授将教育经济学理解为：主要运用经济学理论和方法，研究教育与经济的相互关系及其变化发展的规律，研究教育领域中经济投入和产出规律的科学。[②]

　　除了具有独特的研究对象之外，教育经济学还必须有一定的理论基础。欧美国家将人力资本理论和价值理论作为教育经济学的理论基础，其研究逻辑起点为教育可以带来价值增值，其理论体系结构是"投资——生产——利润"，将教育过程与物质生产过程作为一个过程，因此研究内容也主要包括教育投资、教育经济效益、教育经济收益等方面。[③]随着经济社会的不断发展和教育服务贸易的快速增长，教育经济学的研究空间得到了进一步扩展，学术界关于教育经济学研究的基本内容达成初步共识，杨克瑞和谢作诗两位学者在《教育经济学新论》一书中提出了教育经济学"五位一体"的结构体系，即以"教育经济原理"为主干、

---

① 杨克瑞，谢作诗. 教育经济学新论[M]. 北京：人民出版社，2007：5.

② 王善迈. 关于教育经济学研究对象与方法的思考[J]. 北京师范大学学报（社会科学版），2006，(1)：29-30.

③ 杨克瑞，谢作诗. 教育经济学新论[M]. 北京：人民出版社，2007：8.

以"教育财政"和"学校效能"为实践两翼，以"学科概论"和"教育发展"为前后支点，这一结构基本上遵循了"关系——原理——投资——效能——发展"的逻辑关系。

在教育经济学理论视域下，高等职业院校战略管理可以归结到"学校效能"和"教育发展"两个部分，这就是说战略管理能够从"学校效能"和"教育发展"两个部分找到教育经济学的理论支持。学校效能就是学校通过办学能够产生经济效能。战略管理作为学校办学实践的重要体现，其本身需要资本投入，也会形成产出；资本投入表现为人财物信息的投入，产出表现为学校管理水平、教育质量和办学实力的提升。所以，学校效能是高等职业院校战略管理的理论基础。高等职业院校进行战略管理，其根本目的在于促进高等职业院校改革发展，这一点与"教育发展"的基本着眼点相一致。与经济发展一样，教育发展需要对其未来的发展规模和水平做出科学预测，能够利用教育经济学基本原理分析规划一个国家和地区的教育发展状况，以及各级各类教育的发展规模等。[①]高等职业院校战略管理实际上就是高等职业院校对其未来发展的科学规划，体现了高等职业院校对发展方向、发展规模、发展内容、发展重点以及发展特色的整体谋划。

五、组织行为学理论

人的生存发展需要依附于特定的环境条件，特定不仅是对环境条件数量、质量和规格的限定要求，更是对环境条件时空范围的具体明确。也就是说，环境条件是一定时空范围内的，不是没有边界的，现实中这种边界性更多表现为特定的组织环境。不同的组织环境拥有的环境条件可能有所差异，同一组织在不同的发展时期拥有的环境条件也可能存在数量、规模和结构方面的差异，这种差异一方面可能由组织自身发展所决定，另一方面也可能是组织适应人的需求的集中表现。从个体的角度看，组织既是人生存发展的环境基础，也是人行为和态度表现的主要场所，然而，组织中的个体并不是独一无二的，而是由许多彼此存在关系的个体组成的，每个个体必须遵守组织的规章制度、文化习惯和约定俗成，也就是说人在组织中的行为并不是随意的、杂乱无章的，"而是可以被描述、解释和

① 杨克瑞，谢作诗. 教育经济学新论[M]. 北京：人民出版社，2007：11.

被控制的"[1]，丰富的社会科学知识为这种描述和解释提供理论支持，由此形成了组织行为学。

组织行为学是专门研究人在组织中的行为和态度表现的学科，其中心思想是组织内部个体之间的相互作用如何影响组织系统。在理论学者看来，通过构建个体之间相互作用的模式来完成组织任务和实现组织目标是组织结构的基本功能。构建个体相互作用模式，明确这种模式对组织系统的影响，既需要系统分析和研究个体与组织之间的需求动机关系，也需要清楚组织作为一个子系统是更大系统的组成部分，它与外部系统发生着各种各样的关系，存在着物质、能量和信息的交换。从这个角度来看，分析外部环境是研究组织及其成员行为和态度不可忽视的重要内容。只有从更大范围的环境系统中才能真正了解人在组织中的各种行为表现。组织行为学最早产生于西方国家，尽管在其引入（我国）初期遇到一些坎坷和阻力，但这种境遇随着改革开放的深入和现代化建设的全面推进逐渐被破除，尤其是大量社会组织的快速兴起，更加速了冷遇的消除。

多数社会组织都面临"人"的因素、"人的管理"的问题，组织行为学的地位作用开始受到社会各界的关注，相关研究开始增多，一系列学术论文、专著不断涌现，组织行为学也成为管理学专业学生的必修课程之一。高等职业院校战略管理体现组织行为学的中心思想，其过程符合组织行为学理论的部分基本内容。高等职业院校管理者在实施战略管理过程中需要不断适应内外环境变化，更新理念，调整思路，改进行为方式，塑造文化氛围，进而影响战略管理其他成员的思想观念和行为方式，最终到达战略管理目标，提高高等职业院校的竞争力和发展力。可以说，高等职业院校战略管理活动的主体——人具有意识性、能动性和主体性，不同主体之间的关系具有复杂性、多元性和开放性。战略管理过程及有效推进必须考虑个体、个体之间关系、个体与外部环境关系等方面。组织行为学是高等职业院校战略管理的重要理论基础，正确运用组织行为学理论有利于高等职业院校战略管理理论创新和实践发展。

六、高等职业教育发展论

国内学术界最早提出并系统论述"高等职业教育发展论"的是江苏技术师范

---

[1] [美]斯蒂芬·P·罗宾斯. 组织行为学精要：全球化的竞争策略（第 6 版）[M]. 郑晓明译. 北京：电子工业出版社，2002.

学院的王明伦教授。王明伦教授在 2004 年出版了《高等职业教育发展论》，该著作在遵循教育发展规律和市场需求规律的基础上，从高等职业教育发展指向、发展定义、发展规模、发展结构、发展质量、发展体制、发展评价、培养目标、课程、人才培养模式、发展前沿等方面展开论述，探索构建高等职业教育发展理论体系，为我国高等职业教育发展理论研究提供了新思路。近年来，关于高等职业教育改革和发展的研究不断呈现增长趋势。截至 2013 年 12 月 13 日，以"高职教育"为关键词在中国知网检索，发现 13 940 篇论文；如果再加上"发展"为关键词的检索，则有 2814 余篇。通过研读梳理发现，大多数论文是对高等职业教育微观层面的研究，如办学体制机制、人才培养模式、专业和课程建设、教育教学方法改革、师资队伍建设、实习实训基地、社会服务、国际交流等。从宏观层面系统研究我国高等职业教育发展的文章几乎没有，最多行文中有所提及，即便文章题目带有"高职教育发展"的字样，但文中所谈并非宏观层面的战略研究。

2008 年，教育部组织力量编撰了《中国高等职业教育改革十年回顾》一书，从高等职业教育基本理论问题研究、人才培养研究、师资培养研究、专业建设研究、课程与教学论研究、文化研究、行政管理研究、政策研究、发展研究以及比较研究等方面，系统梳理和总结了我国高职教育改革和发展十年的成果和经验。2008 年，马树超、郭扬合著出版了《高等职业教育：跨越·转型·提升》一书，被视为目前我国高职教育中最有价值也是比较权威的关于高等职业教育发展的重要成果之一。该成果系统分析了我国高职教育发展的背景、特征和现状，特别是在发展水平、发展特色和发展模式等方面进行了全面总结和提炼，并在准确概括高职教育发展特征和存在问题及发展趋势的基础上，提出了今后发展目标、发展思路和发展战略的政策建议。同时，也为高等职业教育发展论的研究提供了理论框架。[①]

1. 我国高职教育发展的宏观背景。大力发展高职教育是在面临经济全球化挑战的世纪之交，我国经济社会迅速发展的迫切要求，是把我国巨大的人口压力转化为人力资源优势，推进教育公平与社会和谐的迫切要求，在满足经济社会和人民群众双重需求的大背景下，我国高职教育实现了跨越式的发展。

2. 我国高职教育发展的基本特征。我国高职教育规模快速发展，社会认可度逐步提高，对我国高等教育大众化起到了基础性和决定性作用；初步形成了与

---

① 马树超，郭扬. 高等职业教育：跨越·转型·提升[M]. 北京：高等教育出版社，2008.

经济社会发展要求相适应的高职教育专业结构，为加快我国工业化进程提供了重要的技术应用型性人力资源；高职教育的区域分布趋向协调，并且逐步形成了公办与民办院校相互促进、共同发展的局面，为推进区域统筹与社会和谐发展作出了贡献；基本具备了高职教育发展前期的教学设施条件，初步形成了一支理论联系实践、专兼职相结合的师资队伍，为进一步发展奠定了基础；各地改制院校办学趋于开放式、多元化，推进了人才培养模式的转型，弥补了原来以学科性为主体的高等教育结构单一的不足；"国家示范性高职院校建设计划"启动并取得初步成果，为全国高职教育的持续健康发展发挥了示范和引领作用。

3．我国高职教育发展的重要经验。经济发展与人民群众的迫切需求是高职教育快速发展的根本动力；发展特色与思路逐渐清晰是高职教育保持正确发展方向的坚实基础；管理体制适应市场发展要求是高职教育在新形势下持续健康发展的重要保障；有关政策措施的逐步完善是对高职教育不断深入发展的有力支持；教学改革不断深化、理论联系实际的特色日趋明显是高职教育进入内涵发展阶段的前提条件。

4．我国高职教育发展存在的主要问题。在规模快速扩大的同时，高职教育的办学条件急需改善，人才培养质量有待进一步提高；高职教育的人才培养模式需要加快转型，多元化的目标、结构和教学体系有待进一步完善；高职院校的基础能力建设有待进一步强化，社会服务功能更有待进一步发挥。

5．我国高职教育发展目标和发展战略的选择。加快建立中国特色的高职教育体系是未来十年的发展目标。在发展战略上要实施"资源优先"战略，走提高质量效益优先于规模发展之路；实施"均衡发展"战略，进一步协调各区域间的发展，尤其要注意中西部地区高职教育事业的健康发展；实施"重大工程建设效益拓展"战略，强化示范性院校建设的效应，带动高职教育整体水平提升；实施"人才培养过程全面开放"战略，树立现代"大职业教育"观，努力实现高职教育的国际化和终身化。

6．我国高职教育发展的重点和难点。加强高职院校班子建设，提高领导能力成为重中之重；突出职业道德教育，强化高职教育人才培养目标的特色；推行工学结合，强化高职教育人才培养模式的特色；加快专业建设和课程教学改革，强化高职教育人才培养过程的特色；注重"双师"结构和实践教学资源建设，强化高职教育人才培养条件的特色。

7．我国高职教育发展思路和对策建议。加快完善发展政策法规，优化发展环境，强化绩效监控，为建设中国特色高职教育体系提供保障；落实国家高职教育助学奖学金制度，提高高职院校的吸引力，并着力改善技能人才的社会地位和经济待遇；加强高职院校运行机制的开放性，积极调整高职教育专业布局结构；加快实训基地建设，调整重大建设项目布局结构，完善质量管理机制；完善教师培养培训制度，增加来自企业的兼职教师，促进师资队伍水平提高；重视研制工学结合的专业教学资源库，优先扶持制造类专业高职教育开展工学结合的试点；将实施"双证书"制度作为高职院校教学改革的切入点，推进高职教育人才培养质量的全面提高。

第三章 高等职业院校战略管理的现实基础

作为高等教育发展中的一个类型，高等职业教育具有高等教育的属性；作为职业教育的最高层次，又具有职业教育的属性。高等职业院校战略管理是随着高等职业院校办学实践逐渐形成的教育行为，高等职业院校是高等职业教育功能体现和发挥的重要载体，其结构体系与运作机制会体现出高等学校的一些基本属性。因此，讨论高等职业院校战略管理既离不开对高等教育发展的地位作用的细致分析，也离不开对高等职业教育的发展历史和主要成就的系统总结。

第一节 我国高等职业教育发展的历史进程

关于我国高等职业教育的发展历程，学术界认为主要包括从"教育与实业相结合"到实业学堂的"学术化"、从"大职业教育主义"理念到"失业教育"的实际、从"教育与生产劳动相结合"到"学科模式"的形成、"高等职业教育"概念的出现与"本科压缩饼干"模式的窠臼、"示范建设"起步与"校企合作、工学结合"模式的推行五个阶段[①]。有的学者认为应该分为从举旗起步到法律地位确定、从规模扩展到发展方向定位、从示范引领到全面质量提升三个阶段[②]。综合各方观点，我们将我国高等职业教育的发展历史分为萌芽期、确立期、发展期、转型期四个阶段。特别是 1999 年以来，我国高等职业教育步入快速发展的轨道，取得了举世瞩目的发展成就，为高等职业教育持续健康发展、现代职业教

---

① 马树超，郭扬. 中国高等职业教育历史的抉择[M]. 北京：高等教育出版社，2009：15-23.

② 上海市教育科学研究院，麦可思研究院. 2012 中国高等职业教育人才培养质量年度报告[M]. 北京：外语教学与研究出版社，2012：1-4.

育体系建设、中国特色高等职业教育建设提供了现实基础和重要保障。

一、萌芽期

社会存在是社会历史、社会发展的产物，高职教育的形成同样也有其特定的时代背景和现实依据。实业救国思想的出现以及洋务运动的兴起，是高等教育雏形产生的社会依据。洋务运动实际上是一种实业救国的运动，实业救国离不开实业人才的支持，进而催生出实业教育的形成发展。当时的实业教育并不是社会发展的产物，整个社会尚未形成支持实业教育、发展实业教育的环境氛围。1904 年，清政府颁布了《壬寅—癸卯学制》，以制度的形式确立了实业教育，使得实业教育成为并列于普通教育体系的教育类型，包括初等、中等和高等三个层次。1913 年，中华民国政府公布《实业学校令》，规定实业学堂以教授农、工、商必须之知识技能为目的，并将实业学堂分为完全的普通实业教育和简易的普通实业教育两种。随后，又公布了《实业学校规程》，将实业学堂改为实业学校，分为农业、工业、商业、商船及补习学校数种。1922 年，《学校系统改革案》明确提出："旧立设置之甲等实业学校，酌改为职业学校……"1917 年，黄炎培先生联合教育界和实业界人士在上海成立了中华职业教育社，开启了职业教育发展的历史新篇章。1922 年，民国政府教育部在对《壬子学制》进行广泛讨论、细致修改的基础上，颁布了《壬戌学制》，正式确立了职业教育的地位，但受当时时代条件的限制和各方面因素的影响，高职教育处于发展的雏形阶段。1949 年新中国成立，为快速摆脱抗日战争和解放战争对社会经济的重创影响，加快恢复社会经济发展，国家选择了以计划体制为基础的优先发展重工业的工业化道路，迫切需要各级各类的专业人才。我国开始引入苏联的中等专业学校教育和技工学校教育的模式，积极鼓励企业举办技工学校，培养技能型人才，推动了职业教育发展。然而，受本科教育思想、模式的影响，这一时期的普通高等专科教育主要沿袭本科教育的人才培养模式，在课程体系、教学内容和教学手段等方面也没有体现出职业教育的特点。

二、确立期

1978 年，党的十一届三中全会做出了改革开放的战略决策，各地方社会建设呈现蓬勃发展之势，专业人才短缺的问题也日渐突出。为了这一问题，一些地方开始兴办职业大学。在此背景下，我国高职教育开始兴起，由于这一阶段的职业大学在课程体系设置、教学内容组织和教学方法使用等方面没有很好地体现出职业特色，培养出的人才也偏理论轻实践，与普通本科教育的差异不明显。1985年，中共中央发布了《关于教育体制改革的决定》，明确提出大力发展职业技术教育要以中等职业技术教育为重点，发挥中等专业学校的骨干作用，同时积极发展高等职业技术院校，要改变专科、本科比例不合理的状况，着重加快高等专科教育的发展。1994年，全国教育工作会议进一步明确了发展高等职业教育的主要途径和方式。1996年，国家颁布了《中华人民共和国职业教育法》，指出职业学校教育分为初等、中等、高等职业学校教育，规定高等职业学校教育根据需要和条件，由高等职业学校实施，或者由普通高等学校实施。高等职业教育和高等职业学校的地位首次得到了法律上的明确。1998年，《中华人民共和国高等教育法》颁布，进一步明确了高等职业教育在高等教育体系中的法律地位。

三、发展期

1999年，中共中央国务院出台《关于深化教育改革全面推进素质教育的决定》，指出高等职业教育是高等教育的重要组成部分，要大力发展高等职业教育。同年，实施高等教育扩招计划，高等职业教育也迎来了大发展时期，从2000年到2010年，高职年招生人数从130万人增至310万人。在规模化发展背景下，多数高等职业院校忽视内涵建设，出现教学质量不高的问题。2004年，教育部出台了《关于以就业为导向深化高等职业教育改革的若干意见》，明确要求高职教育要坚持科学定位，明确高等职业院校办学方向。2005年，国务院发布了《关于大力发展职业教育的决定》，提出加强示范性职业院校建设、实施职业教育示范性院校建设的计划，大力提升示范性院校培养高素质技能型人才的能力。2006年，教育部出台了《关于全面提高高等职业教育教学质量的若干意见》（教高[2006]16号），进一步明确了高职教育的类型、使命和作用，提出了提高高等职业教育教学质量的具体意见和努力方向。教高[2006]16号文的出台，一方面从制度上确定了高职教育的类型属性和层次归属，解决了长期困扰高职院校发展的根本问题，另一方面体现出规模发展背景下提高教育质量的重要性和紧迫性，为高职院校提高教学质量提供了纲领性指导，有利于高职教育健康发展和科学发展。

四、转型期

2010年，教育部和财政部联合启动了国家骨干高职院校建设计划，继续推进示范性高等职业院校建设计划实施工作，通过扩大国家重点建设院校数量，加快高等职业教育改革与发展，全面提高人才培养质量和办学水平，更好地发挥高职院校在培养高素质高级技能型专门人才，促进就业和改善民生，构建终身教育体系和建设学习型社会等方面的重要作用。2010 年，《国家中长期教育改革和发展规划纲要（2010—2020 年）》颁布，指出到 2020 年形成适应经济发展方式转变和产业结构调整要求、体现终身教育理念、中等和高等职业教育协调发展的现代职业教育体系。2011 年，教育部出台《关于推进中等和高等职业教育协调发展的指导意见》（教职成[2011]9 号）、《关于支持高等职业学校提升专业服务产业发展能力的通知》（教职成[2011]11 号）、《关于推进高等职业教育改革创新引领职业教育科学发展的若干意见》（教职成[2011]12 号）等重要文件，旨在推动体制机制创新，促进高等职业学校办出特色，全面提高高等职业教育质量。2012 年，教育部出台《关于全面提高高等教育质量的若干意见》（教高[2012]4 号），明确提出要大力提升人才培养水平、增强科学研究能力、服务经济社会发展、推进文化传承创新，全面提高高等教育质量。作为高等教育重要类型之一的高职教育，要在全面提升教育质量的基础上，围绕中国特色现代职业教育体系构建，实现转型发展。

第二节 我国高等职业教育发展的基本特征

在高等教育扩招的背景下，我国高职教育步入了快速发展的历史轨道，尽管没有固定、现成的经验或模式可以借鉴，但在不断探索实践的过程中，取得了举世瞩目的成绩，对于推动经济社会转型、产业结构优化升级、满足人民群众对高等教育的需要起到了不可替代的重要作用。研究高等职业院校战略管理，需要从整体上了解我国高等职业教育发展现状，这种现状可以从基本特征、主要经验等方面进行了详尽论述①。

1. 发展速度相对较快。 高等教育大众化的快速发展，带动了高职教育的不断发展；高职教育发展的迅速崛起，又进一步推动了高等教育大众化的深入递进，对于满足经济社会发展对人才的需求起到了积极作用。扩招以前，我国高等教育处于精英教育阶段，精英教育在培养精英人才方面的突出作用不可否认，但由于高等学校办学整体条件和水平的不足，以及受部分高校急功近利办学思想的

---

① 马树超，郭扬等. 高等职业教育：跨越·转型·提升[M]. 北京：高等教育出版社，2008：3-11.

不利影响，精英教育更多成为了一种选拔精英而非培养精英的教育，这既不利于高素质人才的培养，也不利于科教兴国战略的实施和国家竞争优势的提升。在此背景下，1999 年党中央和国务院作出了高等教育扩招的战略决策，使得高等教育入学率、招生规模和在校生人数逐年递增。与此同时，高职教育也表现出快速发展的良好势头，在院校数量、学生规模等方面都取得了突飞猛进的增长。2012年具有招生资格的高职院校为 1288 所，是 1998 年的 2.9 倍，占普通高等学校总数的 52%。据《中国职业教育发展报告(2002—2012 年)》显示，高职占普通高等教育招生数的 47.67%，高职就业率达到了 87%以上。目前，高职教育占据了普通高等教育的"半壁江山"，对于推进高等教育持续健康发展起到了重要作用。

2. 发展对接相对较好。高职教育兼具高等教育和职业教育的属性。高等教育的属性要求高职教育提高人才培养质量、科技研究水平、社会服务能力、文化传承能力；职业教育的属性要求高职教育必须用跨界的思考来谋划和推进自身发展。经济社会进步、产业结构调整和劳动力市场发展，不断对劳动者素质和技能提出新的要求，需要高职教育坚持以服务为宗旨，以就业为导向，走产学研合作的发展道路，以提高质量为核心，以增强特色为重点，以合作办学、合作育人、合作就业、合作发展为主线，创新体制机制，深化教育教学改革，不断提高人才培养质量。近年来，高职教育为社会输送了大量优秀的高素质技能型专业人才，仅 2011 届高职学校毕业生就达到了 329 万，很好地满足与适应了生产、建设、服务和管理第一线的工作需要，在推进工业化、城镇化和社会主义新农村建设中发挥了不可替代的作用。据《中国职业教育发展报告（2002—2012 年)》显示，2011 届高职学校毕业生半年后的就业率为 89.6%，与本科毕业生的就业率基本接近，实现连续两届的较快增长。可见，高职教育基本上形成了与经济社会发展实际相适应、对接的专业结构和教育教学体系。

3. 发展分布相对协调。2012 年具有招生资格的高职院校数量 1288 所，分布全国 31 个省份或直辖市，其中北京 24 所、天津 26 所、河北 58 所、吉林 21所、内蒙古 33 所、山西 48 所、辽宁 47 所、甘肃 22 所、上海 31 所、广西 39所、浙江 47 所、安徽 74 所、福建 53 所、江西 50 所、西藏 3 所、河南 73 所、湖北 56 所、湖南 72 所、广东 81 所、新疆 22 所、重庆 36 所、四川 52 所、山东74 所、云南 37 所、黑龙江 43 所、江苏 82 所、陕西 36 所、贵州 24 所、青海 5所、宁夏 8 所、海南 11 所。从高职院校的区域分布可以看出，除了个别西部省份的院校数量偏少以外，绝大多数省份的高职院校数量在 30 所左右，全国高职院校分布率为 41.5%，很好地满足和适应了各地方经济社会发展对高素质技能型专业人才的需求。同时，高职院校也与所在省份或直辖市的普通本科院校、独立学院形成了良好的互动补充关系，既有利于地方高等教育体系的形成发展，也有利于区域经济社会的协调发展，对于降低地区经济社会发展水平差异有着重要作用。

4. 发展条件基本完善。一般而言，高职教育的发展条件包括外部条件与内部条件两个方面，外部条件主要指经济环境、政治环境、科技环境、文化环境和教育环境等，内部条件也可称为办学条件，主要指高职院校办学必须具备的最基本的物质和人力资源，物质资源是指高职院校的占地面积、校舍建筑面积、教学与科研设备设施、图书资料等；人力资源主要指高职院校的师资队伍、教育教学管理队伍、后勤服务队伍等。2004 年，教育部正式启动了高职高专院校人才培养水平评估工作，旨在通过评估来引导高职院校准确定位，加强教学基本建设，深化教育教学改革，突出办学特色。尽管评估的重点主要是高职院校的办学水平和教育质量，但办学条件也是评价的主要对象。评估结果为优秀、良好的学校约占高职院校总数的 70%，多数高职院校的办学条件相对较好，比较符合教育部制定的《普通高等学校基本办学条件指标（试行）》的要求，能够满足和保证教育教学的正常有序开展。

5. 发展方式日趋开放。《教育部关于推进高等职业教育改革创新引领职业教育科学发展的若干意见》（教职成[2011]12 号）强调，高职院校要创新校企合作办学体制机制，增强办学活力；推进工学结合人才培养模式改革，增强学生可持续发展能力。目前，多数高职院校注重校企合作办学体制机制建设，探索人才共育、过程共管、成果共享、责任共担的紧密型合作办学体制机制，逐渐深化内部人事管理制度改革，积极落实教师密切联系企业的责任，引导和激励教师主动为企业和社会服务，开展技术研发，促进科技成果转化，努力实现与企业的互利共赢和协同发展。在推进人才培养模式改革方面，多数高职院校以合作育人、合作管理、合作就业、合作发展为主线，与相关企业合作开展专业调研、课程体系设置、教学内容组织、教育质量评价、科技研究和实习实训基地建设，着力提高高素质技能型专业人才培养质量，增强专业人才的实践能力、创业能力和创新能力。尽管校企合作办学模式、工学结合人才培养模式改革尚处于摸索阶段，但这并否认高职教育发展方式日趋开放的发展趋势。

6. 发展成效逐渐凸显。高职教育功能主要体现在人才培养、科技研究、社会服务和文化传承四个方面，这四个方面也集中体现了高职教育的发展成效。从人才培养上看，高职教育近三年为全国近 850 万家庭实现了高等教育学历"零"的突破，满足了贫困、西部和少数民族地区人们接受高等教育的需求，2011 届高职学生毕业半年后平均月收入为 2482 元，实现了两届连续上升，表明高职教育培养出的专业人才能够很好地满足和适应经济社会发展特别是行业企业的需要；从科技研究上看，高职教育面向企业产品生产开展技术研究，帮助中小企业解决生产技术难题，特别是涉农高职院校贴近三农、服务三农，促进了农业科技发展。一些具有行业办学背景的高职院校也十分注重行业领域技术的研发和创新，在行业发展中日益发挥着技术引领作用；从社会服务上看，高职教育面向社会开展就业培训和技术指导，面向企业开展继续教育、员工培训，面向新农村建设开展技术服务和农技人员培训等，很好地满足了社会各层面的服务需求；从文化传承上看，高职教育日益承担起促进地方精神文明建设、繁荣地方文化发展的重要任务，尤其是校企合作文化的形成，有利于丰富文化发展形态，为文化建设作出积极贡献。

第三节　我国高等职业教育发展的主要经验

经过萌芽期、确立期、发展期、转型期四个阶段的递进发展，我国高等职业教育在发展速度、发展对接、发展分布、发展条件、发展方式和发展成效方面体现出相对稳定的特征。梳理历史，分析特征，有助于从整体上把握我国高等职业教育发展的主要经验。

1. 顺应经济社会的发展和国民接受高等教育的需求是高等职业教育发展的重要出发点。社会发展是一个复杂综合的动态过程，它需要各方面条件的有机结合与支持。在影响社会发展要素体系中，人力资源要素始终起着根本性作用，没有人力资源要素作保障，社会发展目标的实现只能成为一句空话。随着市场竞争的日渐激烈，各行业之间的竞争日益集中在人力资源层面，所以经济社会要实现持续发展就必须从国家战略层面进行人力资源的合理规划，人力资源的开发归根结底要通过教育来实现，特别是高等教育，在培养高素质专业人才方面发挥着举足轻重的作用。扩招以前，我国高等教育的毛入学率仅为 6%左右，难以满足经济建设和社会发展的客观要求，为此，党中央和国务院促进高等教育大发展的战略举措，带动了高职教育的快速发展。高职教育招生规模的不断扩大，既满足了各行各业尤其是中小企业生产、建设、管理和服务第一线的人才需要，也满足了广大学生接受高等教育的需求和积极性。正是因为高职教育顺应了经济社会的发展和国民接受高等教育的需求，才实现了持续发展。

2. 党中央和国务院适时作出支持高职教育发展的政策文件是高等职业教育发展的重要支持。长期以来，对于高职教育类型归属的争议一直困扰着高职教育的发展，高职教育是属于高等教育还是职业教育，引发了社会各界的广泛讨论。这一问题的出现实际上是由高职教育对办学目标、发展思路和特色优势不清晰所致。一方面高职院校积极探索与总结高职教育办学的基本规律和经验做法，另一方面教育部广泛征求社会各方人士的意见建议，将有效的意见建议以政策文件的形式固定化，并转化为促进高职教育发展的具体措施。2004 年，教育部出台《关于以就业为导向深化高等职业教育改革的若干意见》（教高[2004]1 号），明确高职教育要坚持科学定位，明确办学方向。2006 年，教育部出台《关于实施国家示范性高等职业院校建设计划加快高等职业教育改革与发展的意见》（教高[2006]14 号）、《关于全面提高高等职业教育教学质量的若干意见》（教高[2006]16 号）等文件。2010 年，国务院公布《国家中长期教育改革和发展规划纲要（2010—2020 年)》，提出构建现代职业教育体系的战略目标；教育部出台《关于进一步推进"国家示范性高等职业院校建设计划"实施工作的通知》（教高函[2010]8 号）。2011 年，教育部出台《关于推进中等和高等职业教育协调发展的指导意见》（教职成[2011]9 号）、《关于支持高等职业学校提升专业服务产业发展能力的通知》（教职成[2011]11 号）、《关于推进高等职业教育改革创新引领职业教育科学发展的若干意见》（教职成[2011]12 号）等文件。2012 年，教育部出台《关于全面提高高等教育质量的若干意见》（教高[2012]4 号）。这些文件的出台对于明确高职教育发展目标和改革方向，保证高职教育持续健康发展起到了纲领性作用。

3. 深化办学模式和人才培养模式改革是高等职业教育发展的重要基础。办学模式决定办学活力，人才培养模式决定人才培养质量。办学模式是人才培养模式的基础，它决定着人才培养模式的选择与实施，人才培养模式是办学模式的集中体现，影响着高职教育教学的实施开展以及绩效取得。近年来，高职教育坚持以服务为宗旨，以就业为导向，走产学研合作的发展道路，不断深化校企合作办学模式的改革创新，构建紧密型校企合作体制机制，突出办学的政府主导、行业指导和企业参与作用，不断提升了高职院校的办学活力。在校企合作办学体制机制运作下，高职院校积极推进工学结合人才培养模式改革，校企合作开展专业建设、开发课程体系、编写专业教材、实施教育教学，提高了校企合作的育人水平，增强了高职学生的实践能力、就业能力、创造能力和创新能力。同时，突出行业企业在教学质量评价中的主导地位，保证了高职教育人才培养质量。

4. 加强管理体制创新是高等职业教育发展的重要保障。高职教育发展离不开管理体制的创新，传统的教育管理体制突出政府办学的主导地位，严重影响了高职院校办学积极性和主动性的发挥，不利于高职教育资源的合理流动和配置使用，在很大程度上影响了高职教育的办学活力。1999 年，高职教育发展权利和责任由国家转交给省级政府，由地市级政府统筹管理，使得高职教育服务地方经济社会发展能力、行业企业参与高职教育办学的积极性、高职院校办学的主动性得到了进一步提高。面对政府管理体制的变化以及办学模式和人才培养模式的改革，多数高职院校突出教学工作的中心地位，开始创新内部管理体制，优化组织结构，深化人事制度改革，实现人力资源合理配置和流动，不断提高内部管理的科学性和高效性，切实增强了高职院校的生存力、发展力和竞争力。

5. 准确合理的办学定位是高等职业教育发展的重要前提。 按照所处层次，职业教育的行业体系可分为初等、中等、高等职业教育和短期技术培训四种类型，每个层次都具有多样性特征。每一个层次又可以根据各自的内容特点和教育目标进一步细分。按照国民教育体制和培养方式，职业教育的行业体系则可分为学历教育和非学历教育两个大类。学历教育主要是指初等、中等和高等职业教育中的以发放文凭为标志的正规教育，非学历教育为各级各类的短期技术培训。可见，职业教育行业是一个由初等、中等、高等以及短期职业教育构成的不同层次、类型纵横交错且错落有致的生态系统。各层面的职业教育形态存在竞争，尤其是同属一个层次的职业教育的竞争态势更加激烈。对于高等职业教育而言，不仅面临初中等职业教育的竞争，也面临高等教育的竞争，一些高等职业院校既缺乏对职业教育生态系统的宏观把握，也缺乏对自身特色的微观研究，企图短时期内实现跨越发展，进而出现角色混乱或错位现象。在国家各级教育行政部门的正确引导下，在行业企业不断深度参与办学的背景下，我国高等职业院校逐渐明确了办学定位，服务地方经济社会发展成为多数高等职业院校定位的立足点，一些国家示范、骨干高职院校将建设国家一流的高职院校作为办学的主要目标。从高等职业院校内部来看，各构成要素的准确定位也是其有序高效运作的重要前提，即每个构成要素都有其特定的生态位，所有构成要素各安其位、各司其职、各尽其力，才能保证高等职业院校内部结构稳定和功能正常发挥。

6. 增强竞争力和品牌力是高等职业教育发展的重要动力。 我国高职教育在经历"规模发展"和"跨越转型"两个阶段之后，正进入"提升质量、强化特色"的发展时期。高职教育处于从经济大国向经济强国、人力资源大国向人力资源强国迈进的时代，面临服务经济发展方式转变、现代产业体系建设的形势要求。高职教育全面提升人才培养质量的问题日渐突出，以深化改革、突出质量为指向的竞争力和品牌力建设成为高职教育持续发展的核心。围绕竞争力和品牌力建设，国家示范性、骨干性高等职业院校建设计划启动，遴选了 200 所高等职业院校进入建设计划。示范性高职院校建设在专业示范、教学示范的基础上，形成高等职业教育模式转型的示范，进一步探索具有高等职业教育办学特点的管理平台运行机制、实施教学系统化和基础课系统化建设、教育评估评价新模式、深化工学结合人才培养、改善高等职业教育发展的投入环境、企业参与机制以及区域协调发展等深层次问题。骨干性高等职业院校进一步探索课程体系改革，完善新的高职教育人才培养模式，形成新的管理体制和运行机制，建立服务区域职业教育与社会培训的公共平台，发挥带动区域经济发展的示范性作用和对全国高等职业院校改革发展的辐射带动作用。从整体上提升办学质量和教育水平，引领全国高等职业教育改革和发展。①示范性、骨干性高等职业院校建设本质上就是增强高等职业教育竞争力和品牌力的重要举措，对于促进高等职业教育发展切实起到了推动作用。进而"促进高等职业教育更好地为国家经济发展方式转变服务，为现代产业体系建设提供充足的高端技能型专门人才支撑，为促进就业、改善民生、建设人力资源强国做出新的贡献。"②此外，教育部和财政部在 2011 年联合启动了"支持高等职业学校提升专业服务能力"项目，也是高等职业教育培育竞争力和品牌力的有效举措。

---

① 马树超. 中国高等职业教育历史的抉择[M]. 北京：高等教育出版社，2009：69-70.

② 教育部财政部关于支持高等职业学校提升专业服务产业发展能力的通知. 教职成[2011]11 号文.

第四章 高等职业院校外部环境分析

在企业和商业界，企业外部环境发生变化，导致企业盈利能力下降，使得企业必须考虑未来盈利和持续发展，实施战略管理成为企业做出适应性选择的最佳方式。同样，高等职业院校战略管理的出现也主要是由于我国高等职业教育进入快速发展时期，外部环境的急剧变化和教育竞争的日渐激烈所致。加之高等职业教育改革的不断深入和高等职业院校办学活力的逐步增强，高等职业院校进行战略管理不仅有了可能，也有了条件，高等职业院校战略管理的时代已经来临，并且这种趋势将随着高等职业教育的纵深发展而日趋明显。因此，要进行高等职业院校战略管理的研究，首先必须分析高等职业院校的外部环境，即高等职业院校外部环境的组成、结构和特点。高等职业院校所处的外部环境是一个动态、复杂、多元的环境系统，这个环境系统也是人类社会赖以生存和发展的大系统。

按照俄国早期马克思主义者普列汉诺夫的理解，社会系统包括五个层次结构：一是生产力的状况；二是被生产力所制约的经济关系；三是在一定经济基础上生长的社会政治制度；四是一部分由经济直接决定，一部分由生长在经济上的全部社会政治制度所决定的社会中人的心理；五是反映这种心理特征的各种思想体系。根据普列汉诺夫的社会层次结构观点，结合高等职业院校的发展实际，可以将高等职业院校外部环境划分为经济环境、社会环境和自然环境等，这些不同环境之间相互联系、有机结合，时刻以各种方式和途径对高等职业院校产生多层面的影响，甚至是负向影响。

第一节 高等职业院校经济环境分析

经济环境是高等职业院校生存发展的基础性环境，主要由经济发展水平、社会收入水平、经济关系和经济体制等构成。在外部环境系统中，经济环境对高等职业院校办学理念、发展思路、发展策略等的选择影响最为直接和深刻。

一、经济发展水平

通常是指一个国家或地区经济发展的规模和速度，其表现指标主要包括国民生产总值、国民收入、经济发展速度、经济增长速度等。社会对经济发展水平的关注更多是将它与人的发展结合起来，二者之间的关系形态至少表现为两种情景：一是相互依存、相互促进，即人的发展有助于经济发展水平的提高，经济发展水平的不断提高又能够很好地促进人的全面发展，彼此之间的发展都离不开对方的支持，二者的有效结合往往能够促进社会生产力进步，特别是人及其发展往往是促进社会发展进步的积极性因素；二是人的发展在一定程度上会受到经济发展水平的制约，提高经济发展水平在一定时期会受到人的因素的制约。

以人为构成主体的高等职业院校，其生存发展始终受所在国家或地区经济发展水平的制约和影响。经济发展水平不同，人们的收入水平、消费理念、消费需求和消费结构会不同，对高等教育的认识和需求也会不同，高等教育的发展水平也会有所不同。例如，以高等教育消费为例，经济发展水平较高的地区，人们对高等教育的需求相对较高，择校也侧重于重点大学、名牌大学，专业选择时也倾向于热门专业；而经济发展水平落后的地区，维持和解决正常生活问题已经使得多数家庭捉襟见肘，对于高等教育消费只能望而却步，即便考上大学的学生，也往往选择农业类、师范类和职业类院校，选择的专业也倾向于学费低的专业或传统类专业。高职类院校招生实际情况表明，生源主要来自农村和城镇。

在高等职业院校发展方面，由于多数高等职业院校是公办地方部门所属的学校，所以高等职业院校发展经费也主要以地方财政投入为主，以 2008 年各地区高等职业教育生均预算内教育经费情况来看，前三名与后三名的比值是 4.2，其中，生均预算内教育经费最高的是北京的 18 858.6 元，最低的是湖北省 2696.2 元，二者相差 16 162.4 元。高职生均预算内教育经费全国平均数是 5343.3 元，东部地区平均数为 6859 元，中部地区为 3947.1 元，西部地区为 4843 元。从平均数来看，东部领先，比全国平均数高 28.4%，中部地区的平均数偏低，比全国平均数低 35.4%，西部地区的平均数也低于全国平均数。此外，从 2008 年各地高职生均预算内事业费和公用费用的地区差异分析情况来看，各地间差异也比较明显，东部地区领先，明显高于中部和西部地区。[①]

---

① 马树超. 区域职业教育均衡发展[M]. 北京：科学出版社，2011：102-104.

二、社会收入水平

通常是指一个国家或地区国民的整体收入水平。经济学家通常将社会收入水平与社会消费水平联系起来，这是因为在没有通货膨胀的情况下，社会收入水平越高意味着社会消费水平也就越高。当社会成员将收入用于购买生活需要的商品或服务时，其也就成为消费者。所以，社会收入水平实际上也是消费者收入水平，在这里，消费者既包括个人消费者，也包括单位或集体消费者。理解社会收入水平可以从国民生产总值、人均国民收入、个人可支配收入、个人可任意支配收入、家庭收入等方面切入。[①]

（1）国民生产总值。是指一个地区的国民经济在一定时期内以货币表现的全部最终产品价值的总和，是最重要的宏观经济指标。它能够反映一个国家的经济水平、经济发展速度和经济实力。国民生产总值的计算方法主要三种：一是生产法或者部门法，是从各部门的总产值中减去中间产品和劳务消耗，得出增加值，各部门增加值的总和就是国民生产总值；二是支出法或最终产品法，主要指个人消费支出、政府消费支出、国内资产形成总额、出口与进口的差额之间的总和；三是收入法或分配法，是指将国民生产总值看作各种生产要素所创造的增加价值总额。从理论上说，这三种方式得出的结果应该是一致的。国民生产总值越高，社会成员对教育的需求和用于教育的消费就越强；国民生产总值增长较慢，必然会影响到社会成员在教育方面消费力的提高。

（2）人均国民收入。主要指一个国家在一定时期内按人口平均的国民收入占有量，它能够综合反映一个国家的经济发展水平、经济实力、人民生活水平和富裕程度。人均国民收入的增长通常会带动教育消费的增加。

（3）个人可支配收入。通常是指一个国家所有个人在一定时期内实际得到的可用于个人开支或储蓄的收入，是个人收入减去直接缴纳的各项税款和非税性负担的余额。它被认为是消费开支的最重要的决定性因素。

（4）个人可任意支配收入。是指个人可支配收入减去维持生活所必需的支出和其他固定支出所剩余的收入。这部分收入是消费者可任意支配的收入，是影响消费者需求构成最活跃的因素，这部分收入越多，人们的消费水平就越高，对于高档消费的机会也就越多，高等教育消费也不例外。

（5）家庭收入。是指家庭成员在一定期限内合法所得的各种货币和实物收入

[①] 梁嘉骅，等. 企业生态与企业发展[M]. 北京：科学出版社，2005：78.

的总和。家庭收入直接影响家庭消费，一般而言，家庭收入高，家庭消费需求大，消费水平也就高；家庭收入低，家庭消费需求小，家庭消费水平也就低。

三、社会经济关系

社会经济关系是建立在社会生产力基础上的生产关系，是指人们在一定社会中，依据对生产资料的占有与否而发生的人与人之间的联系，以及由对生产资料占有关系所引起的社会产品分配关系。在生产关系中，生产资料所有制起主导地位，人与人之间的关系和产品分配关系也具有不可忽视的作用。在不改变生产资料所有制关系的背景下，通过调整人与人之间在生产中的关系以及产品分配关系，有助于缓解社会矛盾、阶级冲突和利益摩擦，进而维系社会或组织稳定。经济关系对人的动机和行为的产生、转变有着双重层面的影响，合理的经济关系有利于人们形成正确的行为动机和行为方式；不合理的经济关系则容易诱发社会矛盾和阶级冲突，导致各利益团体之间的利益摩擦。对于不合理的经济关系，政府通常会采取一定的措施加以调整，使其转化为合理的经济关系，进而缓解利益团体之间的矛盾冲突。

劳资关系也是社会经济关系的重要表现。所谓的劳资关系是指劳工和资方之间的权利和义务的关系，这种关系是基于劳资双方签订的劳动契约成立的。在狭义层面仅指劳工和资方之间的冲突与合作，在广义层面还包括劳资双方为了价格与权力相互竞争的理论、技术和制度。劳资关系所涉及的范围较为广泛，在手工业时代基本表现为和谐状态，但从工业革命以后，劳资双方的壁垒逐渐明显，劳工问题也日趋严重。劳资关系的状态关系着生产秩序、社会秩序的稳定以及国家的安全。如果劳资关系不和谐，通常会诱发劳资纠纷，导致工人罢工、生产停滞，甚至工厂关门或倒闭，严重时会扰乱生产环节，导致社会动乱。因此，构建和谐协调的劳资关系有着十分重要的意义和作用。现实中，社会经济关系大量表现为领导者与被领导者的关系、管理者与被管理者的关系。由于领导者、管理者与被领导者、被管理者在生产、经营和管理中的分工和责任不同，所以收入分配和社会地位也表现不同，这种不同极易导致观念、心理和行为方面的差距，进而影响彼此之间关系的有序稳定。①

---

① 邱柏生. 高校思想政治教育的生态分析[M]. 上海：上海人民出版社，2009：11-14.

四、经济体制

经济体制是一定区域内制定并执行经济决策的各种机制的总和，属于经济运行中的制度安排范畴。它可称为国家经济组织的表现形式、资源配置的具体形式或制度模式。经济体制的不同体现社会制度的不同，社会制度的不同决定经济体制的不同。从功能表现上看，经济体制确定经济行为主体的权利范围，对整个社会的经济活动起协调作用；确定经济主体共同遵守的行为规范，对经济当事人不符合社会整体效率的行为发挥约束作用；确定利益分享规则，对经济主体行为发挥激励功能；确定信息交流结构，对经济运行发挥信息功能。从评价标准看，评价经济体制优劣的标准主要是看资源是否得到了合理配置和利用，社会需求是否以最少的资源得到了最大的满足。从构成上看，经济体制是资源占有方式和资源配置方式的有机组合，任何经济体制都由三类制度构成，即资源占有制度安排、资源配置制度安排和经济运行支持系统。从类型上看，经济体制包括计划经济体制、市场经济体制、计划—市场经济体制、市场—计划经济体制等多种类型。不同的经济体制背景下，社会资源配置的方式也不同，对高等教育发展的影响也不同。以大学毕业生就业为例，在计划经济体制下，我国高等教育主要采取高度集中的计划管理模式，高等学校的规则和制度建设在某种程度上是上级行政主管部门通过高等学校而强制形成的，高校的招生和毕业生的就业分配也基本上以计划方式进行。可以说，计划模式渗透在"高校招生——人才培养——就业分配——用人单位接纳"的每一个环节。大学毕业生就业主要采取"统包统分"模式，具体指由"中央制订计划，省级主管部门负责布置监督落实，学校付诸实施的毕业生分配"构成基本的工作格局，遵循"统筹安排、集中使用、保证重点、照顾一般"的工作方针，按照"国家统一计划、抽成调剂，分级安排"的工作方法。在计划经济体制下，高校几乎不用考虑学生就业问题。然而，随着改革开放的递进深入，我国逐步建立和完善社会主义市场经济体制，大学生就业模式也由"统包统分"向"自主择业""自主创业"转变，以市场为导向的就业制度就取代了"计划、分配、派遣"的就业制度。

五、经济制度和政策

马克思主义认为，社会生产包括生产力和生产关系，生产力决定生产关系，生产关系对生产力具有反作用。所谓的经济制度就是制度化的生产关系，主要由社会生产力发展的状况所决定。作为社会的经济基础，经济制度虽然需要一定的政治制度作保障和支持，但它决定社会的政治制度、法律制度和社会意识形态。经济制度有优劣之分，先进的经济制度能够推动社会经济发展和社会进步；落后的经济制度则会阻碍社会生产力发展和社会进步。先进经济制度取代落后经济制度的过程就是社会经济形态演替的过程，所以经济制度也是区分不同经济形态的标准。按照马克思主义关于人类社会发展阶段的学说，人类社会依次经历了原始公社经济制度、奴隶制经济制度、封建制经济制度、资本主义经济制度和社会主义经济制度五种经济制度。我国的经济制度是以社会主义公有制为主体，多种所有制经济共同发展的经济制度，这种经济制度的建立有利于发展社会生产力，增强综合国力，提高人民生活水平。对于高等职业教育而言，正是我国经济制度的合理建立及其优越性的发挥，使得国家能够基于经济社会发展的需要，统筹协调和安排高职教育资源，促进高职教育公平，实现高等职业教育大众化发展，缩小区域间人才资源存量差异，更好地满足经济社会发展和国民接受高等教育的需求。

经济政策是指国家在一定时期内为实现特定的经济目标而制定的策略和措施，主要包括财政政策、国家经济发展战略、国民收入分配政策、货币政策、价格政策和贸易政策等。制定经济政策必须保持科学性、合理性，正确的经济政策能够很好地促进经济发展，实现预期经济目标；错误的经济政策非但不能产生推动作用，促进经济发展，反而会给经济发展带来严重破坏。落实经济政策必须保持连续性和灵活性，连续性强调经济政策执行和落实的持续不断；灵活性突出经济政策要能够根据经济发展形势的实际需要做出适当调整。

第二节 高等职业院校社会环境分析

社会环境是指一定时期社会发展的环境状态，主要由政治环境、法律环境、教育环境、文化环境、科技环境和社会心理环境构成，这些层面的环境因子相互作用、相互影响，并通过各种方式直接或间接地影响高等职业院校。

一、政治环境

政治环境是高等职业院校运作活动的政治关系、政治体制、政治局势、公共政策、国际关系等构成的环境。政治关系是构成政治环境的基础，是人们在社会生活中基于特定的利益要求形成的社会关系，主要以政治强制力量和权力分配为特征。作为一种特殊的社会关系，政治关系是政治角色之间的相互关系，是个人、集体等政治角色在政治活动中形成的相互关系。政治关系是社会政治活动的产物，形成后会产生较强的能动效应，规范和制约着人们的社会政治活动。政治体制是政府的组织结构和管理体制及相关法律和制度，主要包括领导体制、行政体制、人事体制、选举体制、政治参与体制等。政治体制确立以后，政府就形成了行为规范和工作方式，政治行为的科学性、合理性、有效性也就有了评价标准。政治体制在不同的历史时期、不同的国家地区都不尽相同。政治局势是国家或地区的政治稳定状态，它关系着整个国家或地区的社会稳定。稳定的政治局势有利于经济发展、社会进步和人民生活水平提高，为高等职业教育发展提供良好的环境背景和基础；动乱的政治局势往往会滋生社会矛盾和社会冲突，诱发社会秩序紊乱，不利于经济社会发展，高等职业教育也会受到不利影响。

公共政策是国家根据经济社会发展需要颁布的方针政策。一定时期内，政府制定的公共政策会涉及社会诸多方面，如财政政策、金融政策、货币政策、物价政策、能源政策、人口政策、环境政策、教育政策、科技政策等。这些政策的出台都会直接或间接地影响到社会经济生活，给社会个体或组织发展提供重要依据。从公共政策对教育的影响来看，国家出台的教育规划、文件和政策，地方各级教育行政部门要全面贯彻落实，各级各类学校也必须认真遵照执行。近 20 年来国家出台关于高等职业教育的一系列政策法规，对于正确指导和有效保障我国高等职业教育的持续发展起到了重要作用。国际关系是国际社会之间的外交事务和关系，是超越国家界限建立起来的一种特殊社会关系，包括国家之间的政治、经济、军事和文化等关系。近年来，随着国际关系的不断扩展，我国不断与其他国家发展经济合作和贸易关系，教育层面互动往来的态势不断明显，高等职业教育的合作交流更是如此。例如，目前多数高等职业院校已经开展了国际交流合作，并成立外事办、外交处等机构，专门负责与其他国家教育部门、机构的交流合作。因此，国际关系的稳定与否直接影响着高等职业院校国际交流合作工作的顺利有效开展。

二、法律环境

法律是国家制定和认可的，并以国家强制力保证实施的各种规范的总和。法律是个体和组织行为活动的基本准则，任何个体和组织从事社会活动时都必须以法律为依据，一旦超出法律规定的范围就会受到法律的制裁。对于高等职业院校而言，其教育教学活动除了要遵循受教育者成长规律和高等职业教育规律之外，还需要遵守国家颁布的有关教育、高等教育、高等职业教育方面的法律法规。随着国际交流合作的深入递进，高等职业院校还需要了解和掌握国际性的法律法规和惯例准则。当前，我国高等职业教育进入了快速发展时期，加快法律法规和政策制度的建立和完善已成为摆在政府面前亟待解决的重要任务。法律法规是高等职业院校从事教育教学活动的重要依据，一旦高职教育进入持续快速发展阶段，原有的法律法规和政策就需要进行调整，或者及时制定新的法律法规和政策，否则就会影响高等职业教育的发展。

为此，马树超、郭扬等学者提出了启动高职教育立法工作的倡议，认为我国在高职院校的办学方向、管理体制、教育教学与人才培养、师资建设、软硬件资源配置等方面已经有了较好的政策积累，具备了一定的制订法律的基础。目前，高职教育招生数已经超出高等教育招生数的一半以上，规模持续增长，特色和质量如何保障，需要完善相应的法律法规。建议加快研制全国高职教育发展的五年规划，强化绩效监控和评价，建立高职教育绩效报告年度公布制；组建高水平的高职教育科研团队，研制与发布高职院校专业教学标准；深入探索行业企业参与高职教育办学的政策制度环境，确保人才培养质量和特色；明确规定企业参与职业教育的责任，以及实施校企合作、工学结合培养人才的途径和方式，将企业参与职业教育的鼓励性政策与不履行职业教育义务的惩罚性政策法规化；加快改革高职教育投入政策，为高职教育发展提供经费保障，建议逐步推广部分地区已经实施的生均财政拨款制度；加强对学生参加企业劳动培训的保护工作，保障学校与学生的权益。

三、教育环境

作为社会环境的组成部分，教育环境是社会人才培养和人才成长的基础环境。特别是区域的教育水平，通过影响高等职业教育管理者和教师的素质来影响高等职业院校战略管理。由于教育环境、背景的不同，高等职业院校管理者会形成不同的思维取向和价值理念，进行战略管理的方式、方法也会有所不同。一般而言，教育环境成熟的地区，教育种类相对丰富、教育层次较为系统，有助于高等职业院校管理者形成对各类教育模式本质的全面认识。高等职业院校管理者能够在综合各类教育模式特点和优势的基础上，合理制定和有效实施发展战略，战略管理绩效水平也相对较高。可见，教育环境的完善程度直接影响高等职业院校管理者的思想水平、心理结构，影响高等职业院校战略管理的目标选择和内容设置，以及战略管理的绩效水平。同样，教育环境相对成熟的地区，高等职业院校教职工的素质相对较好，实施战略管理也能够得到多数教师的广泛理解和普遍支持，会形成有利于高等职业院校战略管理的环境。此外，高等职业院校教师的素质也是影响高等职业教育战略管理的重要因素，直接关系战略管理的绩效取得，教师素质不仅体现在人文素质方面，更体现在教师的业务能力和职业精神方面，后两个方面与教育环境紧密联系。教师业务能力不高、敬业精神不足，都会影响到高等职业院校战略管理的实施。

高等教育环境是教育环境的重要组成部分，高等职业院校战略管理必然会受到高等教育发展整体状况的制约和影响。20 世纪 90 年代末的高校扩招带动了我国高等教育发展的大众化。经过几年的连续扩招，我国高等教育的毛入学率从 1998 年的 9.8%，增加到 2005 年的 21%，普通高校的招生人数也由 1998 年的 108.36 万人，增加到 2005 年的 504 万人，基本完成了高等教育从精英教育阶段向大众化教育阶段的转变。[1]2020 年前后，我国将实现高等教育普及化，而上海、北京等大城市已经率先实现了高等教育普及化。[2]高等教育扩招"消除了长期困扰我国教育和社会经济发展的各类高校中与高等学校的制度性分割和互补衔接、互补沟通的弊端，扩展了高等教育人才培养的途径，适应了我国未来高等教育办学体制改革的趋势，并奠定了与学习化社会相适应的终身教育体系的制度性基础。"[3]同时，也带来了高等教育的教育理念、内部结构、角色定位、功能地位的变化。特别是扩招后显露出高等学校生存空间、办学条件、基础设施等教育资源的稀缺与不足，成为影响高等学校正常生存和健康发展的重要因素。在解决教育资源不足的过程中，高等教育水平不断得到提升，高等教育理论也日趋丰富，为高等职业教育发展提供了有益借鉴和指导。

四、文化环境

文化通常被理解为社会发展过程逐渐形成的思维模式、价值取向、行为习惯和理念信仰，以及人类社会创造的精神产品。文化作为一个有机整体，其核心是人们对于世界的认识、理解和观念，其内层是社会组织根据社会运作目标对人的思想、观念进行规范和调整形成的法律制度和道德规范，其外层是社会化价值观

① 程伟. 中国经济转轨中高等教育变革的特征[J]. 辽宁大学学报（哲学社会科学版），2006，（5）：2.

② 马树超，郭扬. 中国高等职业教育的历史选择[M]. 北京：高等教育出版社，2009：7.

③ 贺祖斌. 高等教育生态论[M]. 桂林：广西师范大学出版社，2005：69.

念引导下的个体的行为及其效果。[①]这三个层面相互联系、相互影响，组成文化环境系统。文化环境是由社会价值观念、生活方式、风俗习惯、伦理道德、语言文字等形成。它主要包括两个部分：一是社会成员所共有的基本核心文化；二是随着时间变化和外界因子影响而容易改变的社会次文化或亚文化。[②]不同区域的文化环境具有差异性，不同文化环境作用和影响下的高等职业院校战略管理的内容、模式和方法也会有所不同。事实上，文化环境主要是通过影响主体的思想、行为来影响高等职业院校战略管理的过程及其绩效的，它要求高等职业院校在实施战略管理的过程中，必须充分考虑和研究文化环境的结构和特点，并据此来做出战略管理行为选择。与经济环境相类似，文化环境也具有较强的辐射力和影响力，且各构成因素之间的关系较为复杂，不容易被有效识别和把握，这与文化环境生存形态的特殊性紧密相关。在构成文化环境诸多要素体系中，价值观念对高等职业院校战略管理的影响最为明显和突出。价值观念是人们对社会现象、生活和事物的态度、评价和看法。不同的文化背景塑造着不同的价值观念，不同的价值观念影响着高等职业院校战略管理的内容的不同层次，决定着高等职业院校战略管理的实施方式，对于不同文化环境下的高等职业院校，应该选择不同的战略管理体系。随着文化环境的日益多元化和国际化，高等职业院校战略管理应该有机综合不同的文化环境因子，并将其与战略管理目标协调统一。

五、科技环境

马克思主义哲学认为，科学技术是人类认识和应用客观规律改造和保护客观世界的知识和能力的结晶。人类发展史上，社会生产力的发展和社会文明的进步，离不开科学技术的重要发现、发明及广泛应用。随着人类社会的不断发展和科学技术的迅猛发展，科技应用逐渐渗透到社会各个领域，成为促进经济社会发展的重要动力。从科学技术对高等职业院校的影响和作用来看：

（1）科学技术的发展极大地促进了高等职业院校教育教学、经营管理方式的变革。科学技术的发展使得教育教学过程的要素，特别是教育教学方式、手段的重要变化，提高了教育教学质量和水平。同时，也使得高等职业院校经营管理的现代化水平获得了提高，计算机技术在高职教育领域的应用就是最有力的佐证。

---

① 南佐民. 区域创新文化环境建设中的层次机制[J]. 宁波大学学报（人文科学版），2003，（4）：37-40.

② 梁嘉骅，等. 企业生态与企业发展[M]. 北京：科学出版社，2005：83.

（2）科学技术的发展推动了高等职业院校师生的工作、学习、生活方式的变革。现代教育技术的发展及应用改变了传统的教育教学方式，提高了师生的工作水平、学习效率和生活质量。

（3）科学技术的发展促进了高等职业院校大学文化的发展。科学技术的不断发展及其在高等职业教育领域中的广泛应用，不断推动高等职业院校大学文化的发展。高等职业院校定期举办的大学生科技节活动，既提高了学生科技发明创造的素质和能力，也营造了良好的科技文化环境。

（4）科学技术的发展推动了高等职业院校师生员工思维方式的变革。科学技术以尊重实践、崇尚理性、开拓创新为灵魂，推动人们价值观念和思维方式的更新，启迪人们弘扬科学精神和民主精神。[1]师生员工思维方式的变革，有助于工作学习能力和效率的提高。同时，也利于高等职业院校战略管理的顺利实施。

广义层面上，科技环境是人类科技活动以及与科技活动相关的因素组成的环境。与科技活动相关的因素包括语言文字符号、物质资源、知识信息、规章制度和习俗惯例等，这些因素一方面为科技活动的开展提供物质基础和保障，另一方面为科技活动提供行为准则，使其能够和谐有序地进行。根据已有观点，科技环境大致包括科技水平、科技力量、科技体系、科技政策和立法、科技知识、科技产品、科技市场等。科技水平是科技研究水平、科技成果先进程度和科技成果推广应用效果，是构成科技环境的首要因素。科技力量是一个国家或地区科技研究、开发和应用的实力。科技体系是指一个国家科技系统的结构、运行方式及其与国民经济其他部门之间关系状态的总称。科技政策和立法是指国家用于支持和发展科技方面的政策措施和法律法规，它是科技工作管理和事业发展的重要保障。科技知识是高等院校、科研机构、企业研发部门等机构创造的科技信息和成果。科技产品是指进行物化并最终转化为现实生产力的科技知识。科技产品具有多种类型，按照所在行业分类，可分为农业科技产品、工业科技产品、国防科技产品等。科技市场是科技知识及其产品的价值交换的场所，其主体主要是科技知识及其产品的生产者和需求者。科技市场的正常有序运作离不开从事知识产权交易、科技产品交易、信息咨询服务、创业投资等辅助业务机构的支持。[2]

① 教育部社会科学研究与思想政治工作司. 马克思主义哲学原理[M]. 北京：高等教育出版社，2003：185.

② 田先钰. 论科技生态系统、结构、动力机制与干预[J]. 科技管理研究，2007，（1）：52-55.

六、社会心理环境[①]

社会心理环境是社会生活中个体心理、群体心理及其在相互影响和相互作用过程中形成的特殊社会环境。作为一种复杂的环境系统，社会心理环境是社会个体、群体心理在相互作用和相互影响过程中形成的社会产物，能够对社会个体心理、群体心理活动产生多层面的制约和影响，这种制约和影响的过程也是社会心理环境转为个体心理、群体心理的过程，往往会引发个体心理、群体心理的活动。作为一种特殊的社会存在，社会心理环境是社会个体、群体与社会环境之间的主观与客观的统一，其形成和发展主要以社会发展、物质生产和社会生活等客观环境为基础。作为社会意识形态的一种表现，社会心理环境与社会个体、社会群体日常的社会交往和生活紧密相关，更多表现为一种无形的、弥漫而普遍的心理活动，以及一定的社会心理定势和心理效应。从特点上看，社会心理环境具有整体系统性、导向内聚性、复杂多元性和动态发展性，整体系统性是指社会心理环境的表现形式具有一定的集合性，不是单独社会个体的心态表露或某种成见的反映，而是一定群体或社会阶层对社会存在达成某种同感共识的显示。导向内聚性是指社会心理环境是一种隐性的精神力量，对社会个体、社会群体的行为具有导向功能，其所形成的环境氛围和集体舆论支配着群体成员的行为，进而增加群体的凝聚力，形成强大的吸引力和向心力。复杂多元性是指随着现代社会的深刻变化和科学技术的广泛运用，社会结构不断深入调整，社会阶层和利益主体高度分化，形成了多种价值观念和社会心理环境。动态发展性是指社会心理环境会随着社会不断发展和进步呈现出动态发展的趋势。

社会心理环境是一个多层次、多种类的立体交叉的有机系统，其构成因素较为复杂。按照影响范围的不同，社会心理环境可分为外部心理环境和内部心理环境，外部心理环境是群体之外的社会环境，包括社会的政治经济形势、社会风气、社会思潮、社会传统和风俗习惯等；内部心理环境是个体生活于其中的群体内部的社会环境，包括群体成员的共同目标、群体规范、群体舆论、士气和人际关系等。按照载体形式的不同，社会心理环境可分为社会环境、社区环境、单位环境和家庭环境。按照形成内容的不同，社会心理环境的形成因素包括社会感觉、社会知觉、社会印象、社会情绪、社会需要、社会动机、社会愿望、社会态度、社会风气、社会思潮等，这些因素有

---

① 邱柏生. 高校思想政治教育的生态分析[M]. 上海：上海人民出版社，2009：65-68.

机综合形成一个大的社会心理环境。按照性质的不同，社会心理环境可分为积极健康型和消极病态型两种，积极健康型有助于社会个体、群体的健康成长和社会秩序的合理稳定，而消极病态型则会制约社会个体、群体正常的生产生活，不利于社会环境的健康稳定。从社会心理环境对高等职业教育的影响来看，二者之间存在互动关系，即社会心理环境会对高等职业教育产生明显的影响，如国际形势、社会矛盾、现实问题等都会影响高等职业教育主体——教师、学生等的心理和行为；高等职业教育通过强化师生的思想政治教育和大学文化建设来促进社会心理环境的发展演化。此外，社会心理环境的优劣、综合利用也会影响到高等职业教育的内容选择和效果取得。

第三节　高等职业院校自然环境分析

在外部环境中，自然环境对高等职业院校发展的影响也是不容忽视的，具有客观性，不以人的意志为转移。要想科学说明自然环境的制约因素问题，必须进行动态、全面的考察。需要高等职业院校细致了解自身所处的自然环境，避免自然环境带来的不利影响，最高程度地利用自然环境的有利方面，结合自然环境变化合理设计发展计划。从宏观层面上看，自然环境是人类诞生和人类社会发展的基础条件，主要由大气圈、岩石圈、水圈和生物圈四个部分组成，其中大气圈是指包围地球的空气层，岩石圈是指由固态无机的岩石构成的地壳，水圈包含地表上的海洋、湖泊、河川及冰川等部分，生物圈则由上述三种圈中的所有生物组成，包括人、动物、植物及各种微生物。

从微观层面上看，自然环境是指某个地区的自然资源、地形地貌、气候条件和水文地理等。对于高等职业院校而言，自然环境可以描述为来自于自然界或具有自然性质的对高等职业院校生存发展具有影响作用的因素组成的环境系统，主要包括两个方面，一是高等职业院校所处地区的自然资源，二是高等职业院校所处地区的地理环境。自然资源是高等职业院校所处地区能够给学校生存发展提供的物质环境，如森林、土地、矿产、水资源等。在自然资源中，土地资源、水资源等关键性因素对高等职业院校占地面积和规模发展的作用较大，甚至对高等职业院校扩招以后教育教学基础条件的改善和提高有重要影响。高等职业院校发展既离不开政府支持和院校努力，更离不开自然资源。没有一定的自然资源作基础，高等职业院校实现持续发展也就成为一句空话。所谓"办学条件"不足，通常是高等职业院校教育教学所用土地资源的短缺所致，难怪一些新办的高等职业院校在选址时首先考虑的就是占地面积。由于自然资源分布具有明显的地域特征，因此高等职业院校在扩大办学规模或进行异地办学时必须了解该地的自然资源情况。

在高职院校丛林中，因自然资源而获得有利发展条件的学校不胜枚举，如辽宁林业职业技术学院，该校拥有丰富的自然资源——实验林场，该实验林场始建于 1958 年 9 月，地处辽宁省清原满族自治县西南部，场部设在南口前镇海阳村，拥有两个经济实体，主要承担着教学、营林生产、科研三大任务。林场总经营面积 4008 公顷，总蓄积 53.3 万立方米，有林地面积 3719 公顷，森林覆盖率93%；人工林面积 2312 公顷，蓄积 34.6 万立方米；天然林面积 1398 公顷，蓄积18.7 万立方米，并专门设置为教学服务的 431 公顷实验林。经过几代人的辛勤耕耘和奋斗努力，林场成为了全国林业行业的明珠。此外，林场还拥有一座 6350平方米的实习实训楼，满足了学生教学实训与住宿生活的需要，实训楼内设各类实验室和教室 22 个。每年可接待 5000 多人次的教学实训，成为集教学、生产、科研、服务、休闲于一体的多功能教学基地，是全国林业高职院校中最大的实习实训基地。也正是基于此，辽宁林业职业技术学院形成了"前校后场、产学结合、育林树人"的办学特色，毕业生就业率连续多年保持在95%以上，并被确立为辽宁高校毕业生就业分市场。①

地理环境是指地区的地形地貌和气候条件，也是高等职业院校发展必须考虑的重要环境，会对高等职业院校发展产生诸多影响。地理环境对高等职业院校发展的影响不总是间接的，而经常是直接的。例如，位于沿海开放城市的高等职业院校，享受的政策支持和优惠较多，容易吸引高素质人才到校工作，同等的办学条件和实力情况下，学生更乐于选择就读，开设的旅游类、海洋生物类、服务类等专业具有内陆地区同类院校无可比拟和复制的地理优势，更有利于专业建设和人才培养。随着高等教育竞争的日渐激烈，自然环境对高职院校的影响会日渐突出和明显。经过规模化发展，我国高职教育进入发展平稳期，高职院校将面临更为激烈的竞争。2013 年，全国具有高考招生资格的高职院校共有 1266 所，部分省市的高职院校面临完成招生计划困难的问题。加之，本科院校实施应用型本科教育和三本院校大量扩招，大大挤占了高职院校的生存空间。据专家预测，未来十年，中国 18 岁到 22 岁的人口将减少近 4000 万，到 2018 年，河北省生源将只有 2009 年的 50%。面临全国范围内生源普遍减少的大趋势，一些地理位置不优

---

① 参见：辽宁林业职业技术学院学院简介[EB/OL]. http://www.lnlzy.cn/.

越的高职院校，其生存发展必然备受考验。

　　较之自然资源，地理位置对于高职院校发展的影响也较为明显。国内有许多高职院校由于地理位置优越而获得快速发展。秦皇岛职业技术学院坐落于著名避暑胜地北戴河海滨，优越的地理位置为该院持续发展和跨越发展提供了重要基础。2007 年，该校在教育部第一轮人才培养水平评估中获得"优秀"成绩；2008 年，该校被确定为河北省示范校，进入河北高职院校前十强；2010 年，该校被确立为百所国家骨干高职院校立项建设单位；2011 年，该校被中央精神文明建设指导委员会确定为全国文明单位，通过教育部第二轮人才培养工作评估。近年来，在招生形势严峻的背景下，该院连续三年超额完成招生计划。2011年，超招生计划 243 人，实际招生 3342 人；2012 年计划招生 3100 人，实际招生 3136 人；2013 年计划招生 3120 人，实际招生 3187 人。近年来，该院毕业生就业率保持在 90%以上，毕业生"双证"获取率超过 90%。

第五章 高等职业院校内部环境分析

内部环境是高等职业院校生存发展的基础，也是高等职业院校实施战略管理的依据。分析内部环境的目的在于了解高等职业院校的发展状态，明确高等职业院校的优劣势，把握高等职业院校的发展走势。内部环境主要指高等职业院校拥有的"资源"和具备的"能力"，资源是指能够被高等职业院校利用且能产生效益的要素；能力是指高等职业院校获取、配置和利用各种资源要素并实现持续发展的表现。"资源"和"能力"互为基础、互为转换，高等职业院校获取、配置和利用资源必须基于一定的能力，而能力的培育和提升则又以一定的资源为基础。资源主要指与高等职业院校生存发展紧密相关的人财物资源的综合；能力主要指高等职业院校的人才培养能力、科技研究能力和社会服务能力的综合。随着高等职业教育竞争态势的日渐激烈，高等职业院校之间竞争也由资源、能力等维度的竞争转变为核心竞争力的竞争。因此，核心竞争力也成为高等职业院校能力新的表现形态之一，成为分析高等职业院校内部环境不可或缺的重要方面。

第一节 高等职业院校资源分析

一、高等职业院校资源的概念和特征

按照逻辑序列，资源是由物质演绎而来，物质与存在相统一，资源则与需求相对应。据此，可以将资源理解为满足人类需求的物质，这也是狭义层面资源的定义。随着人类社会的进步发展，人类需求不断呈现出多样化的特点，资源概念的外延也逐渐扩大，突破了物质范畴而向非物质范畴延伸，构成了广义层面资源的内涵。教育作为人类社会特有的现象，其运作发展离不开教育资源的支持，主要包括与教育活动紧密相关的人财物资源的总和，如教学设备、图书资料、土地面积、建筑设施、师资队伍、资金、专业等。高等职业教育作为组成教育体系的重要类型之一，同样需要一定的教育资源做基础和保证，这种基础性和保证性更

多体现在高等职业院校运作和发展过程中。相应地，高等职业院校资源可描述为一定社会时期存在的，能够被高等职业院校获取、配置和利用并产生社会、人本、教育效益的要素。高等职业院校是承载高等职业教育功能的重要组织，也是培养高素质技能型专门人才、开展科技研究和提供社会服务的特殊机构，对于提高劳动者素能，促进经济社会发展起到了积极作用。

高等职业院校资源属于资源、教育资源的特殊形态，除具有资源、教育资源的一般特性以外，还具有稀缺性、功能性、特殊性、综合性、过程性等特征。

（1）稀缺性。资源具有价值性，通常被社会个体、社会组织所关注，尤其是同一地区的社会个体之间、社会组织之间，为了能够享有和利用更多资源，必然展开激烈的资源竞争，加之特定时期内资源的形成具有时间性和过程性，以及社会需求扩大的存在，使得资源呈现出稀缺性。同样，高等职业院校资源也具有稀缺性，一方面，表现为高等职业院校教育不能够完全满足高等职业院校持续快速发展的需求；另一方面，表现为高等职业院校提供的高职教育、社会服务不能够完全满足社会、行业企业的需求，尤其是优秀高质的高等职业教育尚不能很好地适应经济社会建设和发展的需要，这也是国家大力号召提升高等职业教育质量的重要原因。

（2）功能性。尽管高等职业院校发展受外部环境的制约和影响，但并非是被动的，而是双向互动的，即高等职业院校也能够产生对外部环境的影响，主要通过人才培养、科技研究、社会服务和对外交流来实现。国外教育经济学家将这种影响称之为高等教育的正向外部效应。高等职业院校资源的功能性在宏观层面上表现为提高国民素质，促进经济社会发展；在中观层面上表现为增强高职院校的办学实力和竞争优势，保证高职院校持续快速发展；在微观层面上表现为丰富高职学生的知识结构，提升高职学生的职业能力，增强高职学生的职业竞争力。

（3）特殊性。高等职业院校资源是高等职业院校教育活动的基础和保障，高等职业院校教育活动主要是高素质技能型专业人才培养，其人才培养方案、规格、标准、模式的选择必须建立在社会调查、行业企业参与的基础上，特别是要与实际的工作过程、岗位职责、任职要求相匹配。实际上，职业领域的任职要求在一定时期具有特定性，且不同职业类型的职业要求又存在差异性，这就决定了高等职业院校不同专业领域资源选择和配置的特殊性。

（4）综合性。高等职业院校资源的价值性具有多层面性，既表现为促进经济社会建设和发展，也表现为促进和保证高等职业院校持续快速发展，还表现为提升受教育者综合素质和能力。不同的价值层面需要不同的资源及其配置方式，然而，高等职业院校运作是一项整体化、系统化的动态过程，不仅需要各层面健康有序的运作，也需要各层面之间的相互协调和有机配合，这就需要在资源配置和利用时必须突出综合性，唯有此才能实现高等职业院校正常高效地运作和发展。

（5）过程性。主要表现为资源结构过程性、利用过程性和收益过程性三个方面。资源结构过程性是指高等职业院校资源结构的形成需要经历一个长期过程，不可能在短时期内实现，这是由不同资源性质、特点等方面存在差异所决定的；利用过程性是指高等职业院校资源利用能力和水平的提升不是短时期内能够实现的，高等职业院校对每一类型资源潜质的挖掘和利用也需要经历一段时间；收益过程性是指高等职业院校资源从投入到产生预期效益是一个复杂过程，甚至存在资源投入的风险，即没有实现预期收益。

二、高等职业院校资源的主要类型

1. 人力资源。高等职业院校是高素质技能型专业人才培养的重要场所，对于满足经济社会发展和行业企业需求发挥着重要作用。要保证和提高人才培养质量，必须具有优秀的师资队伍。为此，多数高等职业院校特别重视师资队伍结构的优化，尤其是"双师型"教师队伍的建设。人才培养主体的高素质和对象的高层次决定了高等职业院校人才聚集的特征。除师资队伍、学生之外，高等职业院校人力资源还包括领导队伍、科研队伍、管理队伍、工勤队伍等。其中，师资队伍和科研队伍是人力资源的主体，领导队伍和管理队伍是人力资源的关键，工勤队伍是人力资源的重要补充。师资和科研队伍的整体水平代表着高等职业院校教学、科研和社会服务的整体水平，领导和管理队伍的整体水平代表着高等职业院校领导、管理和决策的整体水平，并影响师资和科研队伍的健康成长。高等职业院校发展在根本上取决于人力资源，没有一定的人力资源做基础和保障，高等职业院校很难实现持续发展。一定数量的人力资源是基础，但还要对其进行合理配置，将最优秀的人力资源安排在最适合、最需要的工作岗位，实现人才资源最优化使用，进而提升人力资源的效能，为高等职业院校发展提供智力保证。高等职业院校之间的竞争归根结底是人力资源的竞争。高等职业院校人力资源具有价值性、流动性和规划性特征。价值性是指人力资源是高等职业院校的重要资本，是高等职业院校生存发展的依据，能够给高等职业院校带来竞争优势；流动性首先是指人才资源会随着高等职业院校发展需求实现内部流动，表现为内部不同部门、不同职位之间的流动，同时，高等职业院校人才资源还与外部环境存在着广泛互动，既可由高等职业院校流出，也可由外部环境流入。正是在与外部环境互动过程中，高等职业院校人才资源才不断实现自身价值的保持和提升。规划性是指高等职业院校要在统筹考虑自身发展实际和未来发展走势的基础上，结合外部人力资源市场的特点，合理规划人才资源，注重人才资源年龄、学历、专业、技能、职称、薪酬等方面结构的优化。通过规划实现人才资源结构优化，通过结构优化实现人才资源合理利用，通过人才资源合理利用实现高等职业院校持续发展。

2. 财力资源。 财力资源主要指高等职业院校运作和发展需要的资金。相对于人才资源、物力资源等，财力资源既是高等职业院校拥有、享有或使用这些资源的基础，也是这些资源实现价值效能的前提。从人才引进、教学设备采购、教育设施购置到人才培养过程开展，以及教育教学管理活动的进行，每个环节的正常有序运作都离不开一定财力资源的支持和保证，否则就会陷入停滞状态，进而影响高等职业院校的正常运作。简言之，高等职业院校运作和发展的每一个环节都必须以一定的财力资源为基础。目前，对于多数高等职业院校，财力资源的短缺仍然是发展过程面临的主要问题，这既与办学体制有关，也与办学思路有关。从办学体制来看，现有高等职业院校多数靠国家投资来维持运作，政府投资成为高等职业院校资金的主要来源，主要用于高等职业院校日常教育教学活动的各项开支；从办学思路来看，高等职业院校普遍存在"等、靠、要"的思想，"等"政府拨款和扶持，"靠"政府运作和发展，"要"政府接济和帮助，忽视自身主体能动性的发挥，既不愿意主动与行业企业联系，更不愿意打开办学思路，借助社会各方力量，增强办学活力。按照来源分类，高等职业院校财力资源可分为内部积累型和外部市场型两种。内部积累型主要靠高等职业院校在发展过程中逐渐积累形成的非货币形态的财力资源；外部市场型主要指高等职业院校借助外部市场吸引办学资金、增加财力资源的方式。这两种类型都是高等职业院校获取财力资源的主要渠道，二者相互协调、相互补充，共同构成高等职业院校财力资源的结构体系。高等职业院校办学规模的扩大和竞争优势的提高，既离不开高等职业院校内部财力的有效积累，也离不开外部市场的全面支持。随着高等职业教育办学体制机制的改革，高等职业院校发展将越来越受到外部市场因子，特别是行业企业的影响。对于某个地区的高等职业院校之间，由于一定时期行业企业规模、数量的有限，为获得行业企业的资金支持必然展开激烈竞争。高等职业院校要想在如此激烈的竞争中赢得一席之地并获得持续发展，就必须不断拓宽资本途径，而这又主要借助外部市场加以解决。

3. 物力资源。 物力资源主要指以实物形态存在的高等职业院校资源，包括高等职业院校的土地、地面建筑物、教科研设备、管理设施、后勤设备等。高等职业院校物力资源一方面由财力资源转化积累形成，另一方面接受行业企业、社会组织捐赠积累形成。随着"政行企校"合作机制的建立完善，高等职业院校与行业企业之间的合作日趋紧密，行业企业不断参与人才培养过程。高等职业院校利用人力资源和场地优势，积极吸纳行业企业的技术和设备资源，校企合作共建校内生产性实训基地，这既可以有效满足实训教学需要，也可以丰富高等职业院校物力资源。然而，物力资源存在形态、形成方式的多样化也带来了教育产权问题。教育经济学认为，教育产权就是围绕教育财产形成的权利关系。在多数人看来，高等职业院校基本上都属于公立学校，职业院校的教育产权归属国家，根本不存在教育产权纷争问题，但这又与高等职业教育办学形式多元化的发展态势相背离。实际上，从我国实行市场经济体制以来，办学体制出现新的发展格局，逐渐形成以国家办学为主、社会广泛参与办学的模式，出现公办学校、私立学校、民办学校、联办学校和股份合作制学校等多种办学形式共存的局面，教育投资体制呈现多元化趋势[①]，高等职业院校物力资源及教育产权也形成了多元化的结构形态。在高等职业教育体制创新的背景下，特别是随着"教育产业集团办学"模式的兴起，高等职业院校物力资源社会化的趋向将越来越突出和明显，其产权归属问题也将得到越来越多的重视。

4. 专业资源。 专业是根据学科分类和社会职业分工需要划分的学业门类，是高等职业院校组成教学基本单位，进行专门知识教学活动的依据。高等职业院校依据经济社会发展需求和自身办学实际，设置和调整专业，经过合理定位和长期建设，一些在教育目标、培养模式、师资队伍、课程体系、教学资源和培养质量方面有别于其他学校且具有较高社会声誉的专业就成为特色专业。特色专业往往具有明显的专业优势、竞争优势和辐射优势，能够带动高等职业院校专业办学水平的整体提升。因此，专业也是高等职业院校的重要资源，是高等职业院校资源特色的生长点。专业优势越强、特色专业优势越明显，高等职业院校资源的优势就越强、越明显。除了注重特色专业培育之外，高等职业院校还必须突出专业结构的建设和优化。专业结构受高等职业院校内外环境诸多因素的制约和影响，特别是经济结构变化的影响最为主要。经济结构决定专业结构的设置调整，影响专业结构的改革优化，这主要是由高等职业教育人才培养规格和类型所决定。高等职业院校进行专业结构调整时，必须着力研究区域经济社会发展特点，重点考虑地区的经济结构、产业结构和技术结构。今后，高等职业院校专业发展主要以服务和面向第二、第三产业的专业为主，兼顾社会主义新农村建设和农村产业、

---

① 杨克瑞，谢作诗. 教育经济学新论[M]. 北京：人民出版社，2007：242.

技术转移需要的专业人才培养。

5. 信息资源。在信息生态学的视域中，高等职业院校是信息生态系统核心构成要素——信息人的特殊形态，主要以信息（知识）的获取、储存、加工和传递为目标。在外部层面，高等职业院校既表现出相对独立性，也与环境中其他信息人存在着广泛联系。高等职业院校的信息活动必然有一定的轨迹可循，其信息活动所特有的价值取向、模式结构、运行机制、形成机理等内部生态因子，与经济环境、政治环境、教育环境、文化环境等外部生态因子共同组成了高等职业院校特有的信息资源。严格地讲，信息资源是高等职业院校以信息（知识）收集、整理、创新和共享为主导，通过与外部环境的物质循环、能量流动和信息传递以及其他信息人的交流互动形成的资源地位和作用。信息资源既是高等职业院校发展完善化、成熟化、健全化的推动结果，也是高等职业院校与外部环境信息交流纵深化、扩大化、全面化的互动结果。在此过程中，信息资源内部结构之间相互作用并与外部环境发生联系，从而获取高等职业院校发展和人才培养所需的信息（知识）和信息流（知识流），以及选择信息（知识）生成、信息（知识）创新的方向。通过汲取外部信息（知识），拓展信息（知识）空间，高等职业院校实现了与外部环境的广泛联系，传递了有价值的知识信息。信息资源之所以是构成高等职业院校资源的重要部分，一方面是由于信息传递需要随时保持与外部信息源、信息链、信息网络的联系；另一方面是由于信息资源体系的构建能够克服高等职业院校信息创新过程中不可回避的弊端，增强高等职业院校与外部环境的有效互动，实现信息（知识）的发酵增长与有效转移。在未来信息产业化发展过程中，高等职业院校将发挥信息开发、信息加工、信息服务和信息固化的作用，这些作用不仅体现在人才培养方面，更体现在科技研究和社会服务方面，信息资源的拥有状态将直接决定和影响高等职业院校功能角色的发挥。[①]

6. 文化资源。文化资源是以高职院校环境和教育教学设施为基础，以高职院校师生的思想观念、心理素质、价值取向和思维方式为核心，以具有高职院校特色的人际关系、行为方式和文化活动为表征的精神状态和文化氛围。[②]高职校园文化资源包括有形形态和无形形态，有形形态是高职院校主体在教育教学活动中逐渐形成的长期稳定的校园文化，这种形态的文化主要通过具体的文化活动、现实的文化载体和客观的校园建筑物表现出来；无形形态主要是基于高职院校的

---

① 刘志峰，李玉杰. 信息生态位概念、模型及基本原理研究[J]. 情报杂志，2008，（5）：28-30.

② 陈于仲，李正华，钟黎川. 论大学校园文化建设[J]. 理论与改革，2007，（6）：101-103.

校纪校规、行为准则和道德规范，以及高职院校师生的世界观、价值观和审美情趣等形成的理性文化，这种文化能够更深入有效地影响高职院校的生存发展。现实中，文化资源总是与高职院校精神相融合，是高职院校精神的底蕴性存在和深层次表征。高职院校的发展过程是高职院校精神的培育过程，也是高职院校精神效能的释放过程。可以说，正是高职院校精神激发了高职院校师生的拼搏意识和进取心理，推动了高职院校的持续发展和不断演化。同时，大学文化的不断成长和社会文化的日渐丰富也在高等职业院校文化资源形成发展中起到了重要作用。高等职业院校发展过程是内部结构不断完善的过程，也是功能机制逐渐优化的过程，更是高等职业院校精神凝聚化、理性化的文化转变过程，通常表现为在一定文化精神指引和导控下，由高职院校发展目标决定的各构成主体之间相互适应、相互促进和相互融合的动态过程。与现代化演变相类似，高等职业院校的发展演化也是一个理性化的过程，其本质就是高等职业院校精神指导下依靠高职院校师生主体性、能动性和创造性，不断实现结构完善、功能优化、优势增强和绩效突出的过程。理性化的过程是高等职业院校思维方式、生存方式和发展方式不断合理化，并且逐步渗透到高等职业院校文化资源的各构成层面的过程。高职教育以培养高技能人才为目标，以培养和提高学生的实践操作能力为旨归，所以，文化资源建设就应该服务和服从于高技能人才培养，而不应该脱离高职教育的价值目标和取向。然而，现实中，一些高等职业院校文化资源建设并没有很好地体现高职教育的功能价值，长期游离于高职教育核心价值的边缘，没有形成与高职教育实际相适应、相匹配的文化特色。所以，在进行文化资源建设时，既需要充分汲取大学文化、校园文化、社会文化的合理成分，也需要对已有的高职校园文化的基因结构进行系统研究，对于基因结构中的缺陷和不足要有针对性地采取措施加以改造和补充，唯有这样才能实现高等职业院校文化资源的健康发展。

三、高等职业教育资源的配置方式

政府调节和市场调节是教育资源配置的主要方式，这两种方式相互补充、相互影响，共同实现了教育资源的合理配置，且随着中央全面深化改革决议的稳步推进，市场调节在教育资源配置中将发挥基础性作用。人的生存发展需要基于一定的资源条件，组织的存在发展也离不开各种资源条件的支撑。作为人类活动的一种表现形式，高等职业教育的生存发展同样需要人财物资源的支持。除了必要性之外，还必须考虑资源配置和使用的合理性，这是因为各种资源之间不能够自行组织形成稳定有序且适合高等职业教育发展的关系结构，加上资源具有的价值性和稀缺性特点，使得有效配置与合理使用资源显得尤为重要。

　　不同类型的资源需要不同的配置方式，同一类型的资源在不同的组织环境中的配置方式也可能存在差异。配置方式的不同将直接决定和影响资源的使用效果。从表现形态上看，高等职业教育可分为无形资源和有形资源两种类型，无形资源主要指高等职业教育理念、办学思想、发展目标、校风学风、社会声誉等，有形资源主要指高等职业教育人力资源、财力资源、物力资源、专业资源、信息资源等。各高等职业教育资源之间的合理配置宏观上有利于提高高等职业教育发展的整体水平，微观上有利于增强高等职业院校的教育质量和办学水平。

　　从理论上讲，高等职业教育资源配置方式主要包括政府调节和市场调节两种类型。然而在实践中，这两种方式总是以混合的状态并存，要么是以政府调节为主、市场调节为辅的方式存在，要么是以市场调节为主、政府调节为辅的方式存在。选择任何一种配置方式都需要考虑配置主体、配置客体、配置方式、配置机制、配置考评等内容。同时，也要考虑高等职业教育制度、特征、发展历史等因素。此外，还需要考虑社会经济背景，计划经济条件下我国高等职业教育资源配置方式主要是政府调节，政府作为配置主体，可利用行政权力集中配置高等职业教育发展所需要的资源。尽管这种方式在特定的时代背景下发挥了积极作用，但随着经济发展方式的不断转变和高等职业教育的快速发展，政府调节方式的弊端越来越明显，如配置过程的人为性、配置模式的封闭性、配置效率的迟缓性等。政府调节不利于发挥高等职业教育办学的主体性和积极性，导致高等职业教育办学效益低下。

　　改革开放的深入推进和社会主义市场经济体制的不断完善，使得市场在资源配置中发挥了重要作用，高等职业教育资源配置也由政府调节逐渐转变为市场调节。市场作为高等职业教育资源配置的主体，主要通过供求机制来实现高等职业教育资源合理配置。市场调节方式具有过程的自发性、方式的分散性和模式的开放性等特征[①]，它有利于高等职业教育主体地位和权利的提升。高等职业教育主体——高等职业院校能够根据自身实际需要合理选择资源配置的时间和方式。由于市场调节方式能够在最短时间内满足高等职业教育资源配置需求，使得高等职业教育不断获得发展。同时，高等职业教育与社会经济也得到了协调互动和相互推动。但是，完全市场化也容易导致高等职业教育资源配置的短视化，造成政府

---

① 马金虎，李景春. 高等教育资源配置的市场化欠缺与对策研究[J]. 燕山大学学报（哲学社会科学版），2005，（4）：39-43.

游离于高等职业教育之外。因此，政府就需要合理制定市场配置方式的制度和规则，为市场配置方式营造健康和谐稳定的政策环境，从根本上保障市场在高等职业教育资源配置中的基础性作用。①

第二节 高等职业院校能力的分析

除资源外，能力也是高等职业院校内部环境的重要方面。在心理学上，能力通常被理解为个体顺利完成某种活动的心理特征。不同的行为活动需要不同的能力要求，各种不同的能力要求构成个体的能力体系。能力并不是单独存在的，它必须依附于个体并通过个体活动表现出来。高等职业院校作为多个个体组成的有机体，在人才培养、科技研究、社会服务和对外交流等活动中表现出一定的能力，这种能力更多地通过高等职业院校制度和文化的规范获得体现。

一、高等职业院校能力的概念

"能力"是伴随着"企业能力"概念的提出最早被引入到组织领域的，这应该归功于古典经济学家亚当·斯密的劳动分工理论，随后经过马歇尔、彭罗斯、理查德森等人的发展，企业能力逐渐发展为一门理论，成为人们分析企业战略管理的重要学派，至今仍影响着企业管理理论的发展走向。"企业能力"概念提出以后，人们总是将其与资源混淆在一起使用，有学者径直将能力理解为企业的特殊资源，例如，Selznick 认为能力是能够使一个组织比其他组织做得更好的特殊物质。这种理解一直持续了很长时间，以至于人们不能够很好地把握和认识企业能力的本质概念。直至上世纪九十年代，Grant、Amit 等人系统梳理了企业能力和资源的关系，对二者之间的区别进行了深入分析。Grant 认为资源是生产过程中的投入物，而能力把一组资源结合起来用于执行一定的任务或活动的能力。Amit 提出能力是企业资源之间通过长期复杂的相互作用发展而来的企业独特的基于信息的、有形或者无形的流程。尽管 Amit 将能力视为一种流程的理解仍然具有模糊性，但避免了 Grant 以能力界定能力的逻辑问题。我国学者项宝华指

---

① 中国共产党第十八届中央委员会第三次全体会议. 中共中央关于全面深化改革若干重大问题的决议. 2013.11.12.

出：资源是那些能够由管理者所完全掌控的外显、静态、有形、被动的"使役对象"；而能力是最终会体现在具体个人或者群体身上的潜在、动态、无形、能动的可以胜任某项工作或活动的"主观条件"。①

多数学者认为，企业能力包括一般能力、核心能力和动态能力三个层次，这三个层次由低到高逐步递进，一般能力是核心能力的基础，核心能力又是动态能力的前提，动态能力则是一般能力、核心能力发展的高级阶段。对于企业而言，一般能力是行业领域中企业普遍具备的能力，没有一般能力做支撑，企业是很难进入该行业领域的，更遑论健康生存和持续发展。没有一般能力，企业就没有参与市场竞争的资格和条件，但仅具备一般能力又不可能在激烈的市场竞争中获得生存发展，这就需要企业培育其他企业所不具备或难以模仿的核心能力，以增强企业竞争优势，使得企业获得超额利润。核心能力的效应具有时效性特征，这既与特定时期内核心能力自身结构的稳定有关，又与行业企业技术的发展变化相关。企业的核心能力不可能恒久保持不变，它时刻面临被学习、模仿，且有可能转变为一般能力的风险。一旦核心能力变成一般能力，企业获得的超额利润也就变成一般利润、平均利润，产品价格优势也就随之消失，企业很难在竞争中获得优势。这就需要企业具备不断培育核心能力的能力——动态能力。动态能力在本质上是企业动态适应内外环境变化的能力，其建构通常要经历一个长期复杂的过程。

作为典型的组织形态，高等职业院校同样具有能力表现，但与企业能力不同，高等职业院校能力更能体现出社会性和人本性。根据企业能力理论，高等职业院校能力即为高等职业院校利用内外资源有效开展人才培养、科技研究、社会服务和对外交流等活动体现出的主观条件。高等职业院校能力并非是一种有形的实体存在，只有借助人才培养、科技研究、社会服务和对外交流等具体活动才能够表现出来。正是通过这些具体活动，高等职业院校能力不断获得了提升和发展。按照企业能力层次理论，高等职业院校能力可分为适应能力、发展能力、创新能力和核心能力。

适应能力是指高等职业院校不断适应内外环境变化的能力，集中表现为人才培养规格、模式的选择必须与经济社会发展要求相适应，科技研究、社会服务也要面向行业企业技术领域的实际需要。

发展能力是指高等职业院校从不发达状态向现代化状态转化的能力，具体表

---

① 钟尉，张阳. 企业能力的层次与结构分析[J]. 商场现代化，2007，（4）：151.

现为发展规模扩大、质量提升、结构优化、影响扩大等。

创新能力是指高等职业院校按照发展规律和创新要求，在人才培养、专业建设、课程建设、师资队伍建设、社会能力建设等方面，进行体制机制、方式途径、内容体系、管理制度创新的能力。

核心能力是指高等职业院校具有其他院校不具备的且能够带来竞争优势的能力，通常表现在专业特色、人才培养模式、校园文化等方面。

在高等职业院校能力体系中，适应能力是基础，没有适应能力，高等职业院校不可能实现健康生存和持续发展；发展能力是关键，只有具备发展能力，高等职业院校才有可能实现全面、协调、可持续发展；创新能力是保障，只有通过办学理念和办学实践层面的不断创新，高等职业院校才能提升人才培养质量，实现与经济社会的协调发展；核心能力是重点，建立在核心能力基础上的竞争优势更容易提升高等职业院校的发展力和竞争力，核心能力也是高等职业院校重点培育的能力层级。

二、高等职业院校能力的表现

高等职业教育肩负着人才培养、科技研究、社会服务和对外交流的历史重任，其功能在微观层面上表现为对个体发展的影响，在宏观层面上表现为对社会发展的影响。按照胡锦涛同志在庆祝清华大学建校 100 周年大会上讲话的精神，高等职业院校作为实施高等职业教育的组织机构，其能力表现主要反映在人才培养、科技研究、社会服务和文化传承创新四个方面，这四个方面有机结合、相互联系，共同决定着高等职业院校能力的整体水平。

1. 人才培养。教育的本质是促进人的全面发展。高等职业教育的根本任务是培养高素质技能型专业人才。人既是高等职业教育的主体，也是高等职业教育实施的对象，高等职业教育就是要通过一系列的教育教学活动，使得被教育者形成正确的人生观、价值观和职业观，具备从事职业活动必需的职业道德、职业知识和职业技能。高等职业教育倡导以就业为导向，促进个体职业化发展，突出学生职业意识、实践能力的培养，保证个体职业发展能力的持续发展。高等职业院校要坚持把促进学生健康成长作为一切工作的出发点和落脚点，全面贯彻党的教育方针和职业教育政策，坚持育人为本、德育为先、能力为重、全面发展，着力增强学生服务国家和人民的社会责任感、敢于探索和创新的勇气、善于解决问题的实践能力，努力培养德、智、体、美全面发展的社会主义建设者和接班人。要注重更新教育观念，把促进人的全面发展和适应社会需要作为衡量人才培养水平的根本标准，树立多样化人才观念和人人成才观念，树立终身学习和系统培养观念，培养信念执著、品德优良、知识丰富、本领过硬的高素质技能型专业人才。要注重培养学生实践能力，创新人才培养模式，积极营造鼓励独立思考、自由探索、勇于创新的良好环境，提高学生职业综合能力，努力为经济社会发展培养高素质技能型人才。

2. 科学研究。 高等职业院校既是高素质技能型专业人才培养的重要基地，又是行业企业技术领域研究和创新的重要机构。要以区域经济发展、行业升级、企业转型需要为指向，在地方政府的积极引导下，通过出台相关鼓励政策，优化制度环境，找好协调行业协会、骨干企业、学院和学生四方利益的切入点，在利益互惠共赢的基础上，构建"政行企校"的合作机制，提升校企深度合作水平，增强科技研究的针对性。要积极适应经济社会发展和行业企业重大需求，开展区域发展急需的战略性研究、开展行业企业技术领域的前瞻性研究以及涉及国计民生重大问题的公益性研究。要积极提升原始创新、集成创新和引进消化吸收再创新能力，瞄准国际前沿，加强基础研究，推动学科融合，培育新兴学科，建设重大创新平台和创新团队，以高水平科学研究支撑高质量高等职业教育。要积极推动协同创新，通过体制机制创新和政策项目引导，鼓励高等职业院校同科研机构、企业进行深度合作，建立协同创新的战略联盟，促进资源共享；联合开展重大科研项目攻关，在关键领域取得实质性成果，努力为建设创新型国家作出积极贡献。

3. 社会服务。 要紧紧围绕科学发展这个主题、加快转变经济发展方式这条主线，不断增强服务经济社会发展能力。充分利用高等职业院校资源和区位优势，主动适应区域经济体制转轨、产业结构升级和经济发展方式转变的社会格局，培养区域产业发展急需的人才。紧紧围绕地区产业发展布局和产业发展的实际需要，深入开展专业调研，在专业设置、人才培养模式和研发攻关等方面提前布局，提高社会服务的针对性。面向行业企业开展技术服务、高技能和新技术培训，主动参与企业技术创新和研发，为企业职工和社会成员提供多样化的继续教育服务，支持企业在岗人员技能更新。面向新农村建设，提供农村劳动力转移培训、技术推广和农村新型合作组织建设管理咨询等服务。面向西部地区高职院校，做好对口支援建设与发展工作，为中职毕业生在岗接受高等学历教育创造条件。通过提供技术服务、技术指导和劳动力培训，实现高等职业院校与行业企业相互促进，与区域经济社会和谐发展；通过对口支援，发挥高等职业院校应有的骨干、示范和带动作用。同时，也要自觉参与推动学习型社会建设，适应全民学习、终身学习的时代趋势，加快发展继续教育，广泛开展科学普及，为社会提供形式多样的教育服务，深入开展政策研究，积极发挥思想库和智囊团作用，努力为党和国家科学决策、民主决策作出积极贡献。

4. 文化发展。作为高等教育的重要类型和职业教育的最高层次，高等职业教育也具有传承优秀文化和创新思想文化的重要作用。高等职业院校要重视校企合作对于丰富大学文化的意义，以及大学文化对于促进校企合作顺利展开的作用，系统分析校企合作所需要的文化基础、文化条件和文化背景，并对这些文化基础、条件和背景进行细化，认真研究大学文化文化的结构体系、功能机制和运作机理，基于人本性、系统性、动态性、绩效性和成本性等原则，加强大学文化的建设。要积极发挥文化育人作用，加强社会主义核心价值体系建设，掌握优秀传统文化成果，扬弃旧义，创立新知，并传播到社会、延续至后代，不断培育崇尚科学、追求真理的思想观念，推动社会主义先进文化建设。要借助对外交流与合作的平台，积极开展对外文化交流，增进对国外文化科技发展趋势和最新成果的了解，展示当代中国高等职业教育风采，增强我国文化软实力和中华文化的国际影响力，也要加强不同文化的学习和借鉴，形成新的文化，促进文化的繁荣和发展，努力为推动人类文明进步作出积极贡献。

第三节　高等职业院校核心竞争力的分析

核心竞争力作为一种理论和实践，是一组针对企业生存竞争的战略选择与战略管理的新理念、新思路和新模式，它旨在通过对组织内部一系列关联紧密、功能互补的技术和知识的有效整合，来提高企业竞争优势，实现企业的可持续发展。近年来，企业核心竞争力学说体系逐渐形成，并成为管理学界人士普遍关注的理论焦点。随着核心竞争力研究的深入，有关核心竞争力的基本概念、思想脉络、理论体系和方法模式开始向教育领域渗透，并逐渐成为人们考察和探讨教育现象、问题的理论视角。作为一个典型的组织形态，高等职业院校也具有核心竞争力，在很大程度上决定着高等职业院校内部环境的运作发展，制约着高等职业院校持续发展。

一、核心竞争力的基本内涵

竞争力是一个内涵丰富的概念体，它产生于环境资源的有效性、价值性和稀缺性，形成于竞争主体之间为了获取资源因子、发展空间和地位优势的动态过程中，发展于竞争主体适应内外环境要求的复杂过程中。从这个意义上讲，只要存在资源优化配置的地方，就难免会发生资源竞争，只要存在资源竞争的情况，就会涉及竞争主体的竞争力。竞争力既可以存在于宏观主体层面，如人类、国家、民族等，也可以存在于中观主体层面，如地区、组织、学校、企业等，还可以存在于微观主体层面，如教师、学生、工人等。尽管竞争力的存在形态具有丰富性和多样性，但这并不影响竞争力概念内涵的基本指向——在生存发展过程中取得、占有和享有资源因子、环境范围的优势表现和能力反映。如果主体取得、占有和享有资源因子、环境范围的优势较为明显，能力较为突出，则它拥有较强的竞争力，能够在竞争中处于支配地位。然而，竞争力的优势地位具有时限性和条件性，当竞争力失去了所依存的时空条件，就很有可能会散失优势和能力。

　　与主体的生成发展相类似，竞争力的形成、发展和演化也是一个涉及诸多要素和层面的动态过程，这些要素和层面一方面为竞争力的发展演化提供重要的物质、能量和信息支撑，另一方面也对竞争力的发展演化产生制约作用，当这种制约作用达到一定的程度和水平时，就成为竞争力持续发展的限制性因子。任何一个要素的残次、不足，任何一个层面的缺失、错位，都有可能引起竞争力内部结构的有序稳定和功能机制的正常发挥。概括而言，影响竞争力发展演化的因素主要包括竞争主体、竞争内容和竞争规则等。竞争主体是竞争力存在的基础和依据，竞争主体的性质、形态和特征直接决定竞争力的发展演化质量、水平；竞争内容是诱发竞争主体之间竞争的主要对象，是竞争主体竞争的价值指向，是竞争主体参与竞争的目标依据；竞争规则是协调竞争主体之间关系的制度、要求和规则，只有基于公平公正的竞争环境，才能实现竞争主体之间关系的有序稳定，保证竞争内容合理有效地流入竞争主体，实现竞争内容配置的最优化。正是竞争主体、竞争内容和竞争规则之间相互结合、相互作用和相互影响方式的不断变化，使得竞争力不断呈现出动态性和发展性特征。

　　作为一个有机功能体，竞争力包括若干个构成要素和层面，在这些要素和层面中，肯定存在一个具有核心地位和作用的要素、层面，即竞争力的核心要素、层面。核心竞争力作为一个独立的概念，最早是由 C.K.Prahalad 和 Gary Hamel 于 1989 年在《哈佛商业评论》发表的《与竞争者合作——然后胜利》文章中提出，在他们看来，公司产品的质量和性能决定公司的短期竞争力，而孕育新一代产品的独特技巧，即造就和增强公司的核心竞争力则决定公司的长期竞争力。[①]

① 刘向兵. 大学核心竞争力概念辨析[J]. 中国人民大学学报，2006，（2）：143-146.

随后，这一理论引起了社会各界人士，特别是经济学和管理学界的普遍关注，并成为这些领域学者研究的"兴奋灶"，至今方兴未艾。

核心竞争力作为一个完整的理论被学术界所认可，是以 1990 年 C.K.Prahalad 和 Gary Hamel 发表的《公司的核心竞争力》论文为标志的，在该文中，C.K.Prahalad 和 Gary Hamel 分析了商业运作和管理的基本规律，并将核心竞争力理解为：以企业的技术能力为核心，通过对战略决策、生产制造、市场营销和组织管理等的整合而使企业获得持续竞争的能力，是企业在其成长过程中建立和发展起来的一种资产和知识的互补系统。在 C.K.Prahalad 和 Gary Hamel 看来，核心竞争力是企业经过长期的投资和学习行为积累所形成的特定专长和技能，这些专长和技能具有相互作用的多层面性、相互影响的协调性和相互结合的互补性。从 C.K.Prahalad 和 Gary Hamel 的理解中可以看出，核心竞争力的形成具有过程性，这种过程性主要体现在主体与外部市场环境的互动过程中；核心竞争力的价值具有范围性，这种范围性主要体现为其既能够带动企业生存力、发展力和竞争力的提高，也能够促进外部竞争市场其他企业发展水平的整体提升；核心竞争力的保护具有严密性，这种严密性体现在核心竞争力构成的系统性以及不被竞争对手学习、仿制和拷贝的可能性。

二、高等职业院校核心竞争力的概念与特征

当前，学术界对于高职院校核心竞争力概念的论及较多，归纳起来，主要有以下几个观点：

1. 要素优化观。认为高职院校核心竞争力是一种能够"体现高等职业教育规律，根植于高职院校文化和精神之中"[1]的核心能力，这种能力可以通过逐步优化与整合学校的构成要素来获得。

2. 行为实施观。高职院校核心竞争力是由一系列可以"使学校能够在相当长的时间内具有较大竞争力和吸引力"的具体的行为能力组成，包括培育核心优势，强化组织管理，整合学校构成要素，优化学校人力、学科、产业和科研等方面的资源配置。[2]

3. 优势积累观。高职院校核心竞争力是一种协调与整合学校不同的技术能

---

① 张武超，齐宪代. 高职院校核心竞争力的培育和提升[J]. 北京教育学院学报，2006，（2）：61.

② 李惠玲，王生卫. 论大学的核心竞争力及其培育[J]. 中国电力教育，2003，（2）：24.

力的积累性学识，是一所学校长期所形成的且蕴涵于学校内质的，能够促使学校在竞争环境中长时间地获得持续竞争优势的核心能力。①

4．能力层级观。高职院校核心竞争力是由各种能力要素按照一定关系联结而成的能力系统，包括构架能力（创新能力）和元素能力（硬核心能力和软核心能力）两个层次。创新能力集中体现在人才培养、科学研究和社会服务等方面。硬核心能力是指学校以核心产品形式和核心技术或技能形式为主要特征的核心竞争力，包括人才生产能力和学术能力。软核心能力是学校发展过程中形成的具有核心竞争力特征的管理能力和校园文化，包括管理能力和文化力（校园精神、校园文化、校风）②。

虽然学者们对高职院校核心竞争力概念的认识各有不同，然而，将高职院校核心竞争力视为一种能够给学校带来竞争优势和持续发展的核心能力却成为人们的普遍共识。据此，可以将高职院校核心竞争力理解为：高职院校以其拥有的教育资源为基础，能够在专业建设、人才培养以及科研实践中整合各项可利用的资源以获取持续竞争优势和发展优势的能力。由定义可以看出，高职院校核心竞争力包括两方面的内涵：一是高职院校获取各种教育资源并将其转化为人才培养或科研的能力；二是高职院校汲取各种教育资源进行教育实践活动，使教育生态系统的内部构成要件处于相互协调、高效运转状态的能力。除具有核心竞争力的价值性、独具性、延展性和持久性等一般特征外，高职院校核心竞争力还有以下特点：

1．保护性。在新组建的高职院校尤其是其中发展后劲较强的高职院校，核心竞争力是学校综合实力迅速提高的最重要的推动力量，而综合实力的提高往往会用发展绩效来衡量。核心优势是核心竞争力的基础，是高职院校竞争取胜的前提。但是，核心优势与核心竞争力并不是天然就有或自发成长的，它需要不断增加核心优势的识别难度来限制、消除竞争对手的学习与模仿，提高核心竞争力的价值性和特质性。

2．博弈性。面对社会转型的不断深化、市场经济的快速发展以及社会需求的日渐多元，不管是主动还是被动，每一所高职院校都将遭遇社会急剧转型带来的价值多元的境况，都将面临在多元化境遇下构建核心竞争力的价值认知体系，都将应对潜在竞争对手的竞争博弈，这在很大程度上形成了高职院校核心竞争力

---

① 许桂清，张立新．论高等学校核心竞争力的实现[J]．教育评论，2003，（3）：4．

② 杨运星．简论培育高校核心竞争力[J]．中国成人教育，2005，（1）：7．

的博弈性质。事实上，如果不存在高职院校之间的博弈，高职院校核心竞争力的价值性也就无法得到保障。因为没有博弈，高职院校就不会产生保护核心竞争力的迫切要求，高职院校核心竞争力的价值提高也会受到一定程度的影响。通常，高职院校核心竞争力的价值性会随着博弈激烈程度的逐渐上升而不断提高。博弈处于的状态越激烈，高职院校核心竞争力的价值也往往越高。

3．市场性。高职院校核心竞争力的培育、优化和提升，都离不开一定开放环境条件的支撑。即依靠市场汲取各种营养价值丰富的环境因子；借助市场了解竞争对手的动态走向；利用市场完备核心竞争力的保护机制。

4．成本性。高职院校核心竞争力的提高离不开其各类构成要件的整合优化，而这又是以大量资本（包括时间、资金和精力）的投入和耗费为前提的。

三、高职院校核心竞争力的构成要素

根据生态位原理，竞争环境下社会组织的生存与发展的核心竞争力由三方面的要素构成。

第一，最适生态位。从某种程度上讲，生态位是物种过去生长发育、学习以及与环境相互作用积累的结果和对环境的现实支配力或影响力两方面的集合体。据此，我们可以这样认为，高等职业院校在社会生态系统中所处的位置以及对各种资源选择和利用的能力，主要体现为高等职业院校能动地与环境及其他个体的物质与能量交换过程中所形成的生存力。当系统整体功能失调时，系统中的某些成分会乘机膨胀成为主导成分，使系统畸变，有些成分则能自动补偿或替代系统的原有功能，使整体功能趋于稳定。在教育生态系统中，几乎所有的生态因子都会成为限制因子，起限制性副作用。教育生态学的"耐度定律"证明，一个生物能够出现并且能生存下来，必须要依赖于一种复杂条件的全盘存在，如果其中的一种因子超过它的耐度，就可能使这种生物消亡或灭绝。因此，高等职业院校核心竞争力的要素之一，就是识别和获得最适生态位的能力，以提高自身的生存力。

第二，最宽生态位。生态位的本质是一种资源位，资源的有无多寡决定着生命的存亡久暂。生物与环境资源间进行物质与能量交换，决定了生命形态的发展变化，构成了新陈代谢的生命本质。每一生态资源都是某物种或某个体的生态因子，任何一个生物或生物单位对资源利用的多样化程度就是该物种或该个体的生态位宽度。生态位的宽度也就是生态空间的大小，如果把生态资源的共时性整合与历时性演变置于同一参照系内，便形成了高等职业院校的"生态时空"。王如松等人概括出的"机巧原理"认为，系统发展的风险和机会是均衡的，好机会往往伴随着高风险。要善于抓住一切适宜的机会，利用一切可以利用的甚至对抗性、危害性的资源力量为自己服务，变害为利，拓展生态空间。这种拓展生态空间的能力是物种的发展力，即拓展力越强，可利用资源越多，生态位宽度越大，生态位越宽，发展的潜力越大。由此观之，高等职业院校的核心竞争力要素之二，就是拓展生态空间能力，提高自身的发展力。

第三，最优生态位。生态资源有两类，一是共有资源，二是独占资源。共有资源造就了种间或个体间的共性和生态位的重叠，促成了种间或个体间的竞争；独占资源则显示某个物种或个体的优势竞争力，独占资源越多，越能成为"物竞天择""优胜劣汰"的强者。自然界中的任何一个物种之所以能够存在和发展下来，都是因为它们各自具有获得独占资源的某种能力，这就是生物的特质。人们普遍认为，人处于生物链系统结构的最高端，但这并不意味着人可以具有其他生物的一切特质，更不意味着人可以随意占有其他生物的生态资源。事实上任何生物包括人在内，都有其他生物所不及的"特质能力"。正因如此，自然界才能形成各安其位的生态平衡。

任何一个物种或生命个体都有两种生态位：现实生态位和潜在生态位。现实生态位是指已经能够利用的生存资源空间，潜在生态位是指未来发展过程中可能拥有的生存资源和发展空间。在教育生态系统中，现实生态位是高等职业院校生存和发展的基础，潜在生态位是高等职业院校扩充现实生态位的值域范围。高等职业院校应该能够通过对自身和环境资源的优化组合，在现实生态位和潜在生态位整合协调中找到最优生态位。如果把潜在生态位空间划作一个圆，靠近圆心部分是现实生态资源，靠近边缘部分称为边缘资源，越是接近边缘，其资源效度越低。优势竞争力按照"人无我有、人有我优"的法则生成，通过优化整合使潜在生态位最大限度地转化为现实生态位。因此可以认为，高等职业院校核心竞争力要素之三，就是那种"人无我有、人有我优"的"特质能力"。

与其他社会组织相比，高职院校在系统构成、价值趋向、运行模式、评价标准、社会效应等方面具有特殊性。因此，高职院校核心竞争力的构成要素也有别于其他社会组织。综合考虑高职院校的价值取向、角色定位和发展趋势，可知高职院校核心竞争力包括学校定位、资源占有和实践运作三种构成要素。[1]（见图1）

1．学校定位。 准确定位是高职院校确立发展目标的基本依据，更具体地说，准确定位是高职院校制定发展战略的重要前提，是有效配置资源的根本条

---

① 管斌全，徐建华，朱向军. 打造个人核心竞争力[M]. 北京：清华大学出版社，2006，12.

件，发挥优势地位的必要基础和创建特色竞争力的路径依赖。准确定位包括办学类型和层次的定位、学科布局定位、人才培养目标定位和办学特色定位四方面内容。[①]办学类型和层次的定位主要是指一所高职院校在整个高等教育系统中如何定位的问题。高职院校应该结合自身的历史与现状、所处外部环境及市场的需要确定其办学类型。学科布局定位的目的在于确立主要学科在本地区或全国同类高职院校中的优势地位，培养有实践能力和研究能力的高技术专业人才，以保证学校在整个高等教育中的地位，促进优势学科和学科群的整体优化。人才培养目标定位要求高职院校必须把握社会发展的脉搏，站在知识经济、科教兴国、全面建设小康社会以及新农村建设的战略高度上来思考人才培养目标，构建人才培养体系。办学特色定位就是制定特色目标，确立特色理念，选准特色突破口，推进特色优势，增强特色竞争力。

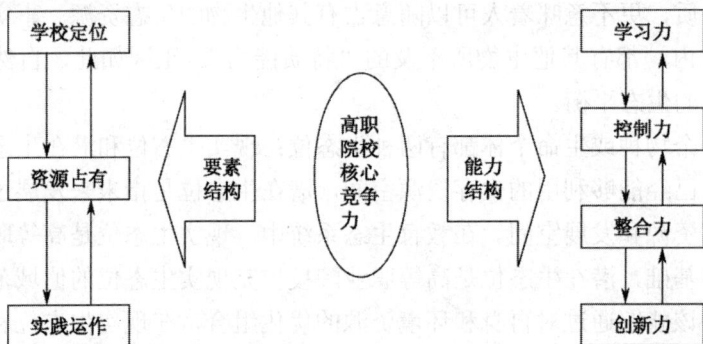

高职院校核心竞争力三大要素、四大能力结构示意图

2. 资源占有。主要包括基础资源、核心资源、载体资源、能力资源和环境资源五个要素。[②]基础资源是支撑高职院校正常运行的各种有形资源，包括人力、物力、财力、信息、学科专业等资源。核心资源包括高职院校的社会名望和学术声誉，是一种无形资产，它既是高职院校核心竞争力形成的基础条件，又是高职院校核心竞争力带来的优势体现。载体资源是反映高职院校社会地位的学校品牌，具有较强的"辐射效应"与"带动效应"，在高职院校核心竞争力的形成过程中起着控制作用和聚效作用。能力资源是高职院校协调配置、优化组合各种教育资源的能力，主要体现在整合能力、办学能力和创新能力三个方面。环境资源是指影响高职院校生存与发展的地理环境、经济环境、政治环境、文化环境

---

① 楼锡锦. 高校发展与战略规划制定[J]. 教育发展研究，2006，（8A）：74.

② 刘义山. 解读高校核心竞争力密码[J]. 现代教育科学，2005，（1）：38-39.

等，对高职院校的竞争优势起着凝集和巩固作用。

3．实践运作。无论是学校的准确定位还是资源的合理配置，都是高职院校实践能动性发挥的结果。实践证明，如果仅仅以理论层面的研究为重点，没有实践层面的运作，高职院校核心竞争力的培育必然会受到影响。由于缺乏实现核心竞争力的实践运作环节，不仅理论研究成果得不到检验，而且核心竞争力的市场性也会受到威胁，假如再因市场性肖弱核心竞争力的价值性，就会陷入理论研究至上在否定核心竞争力价值方面的陷阱。从此意义上讲，对于高职院校核心竞争力要素结构的认识，必须增加实践运作层面。

从上述探讨中可以看出，学校定位的合理与否影响着高职院校资源取向，制约着高职院校实践能动性的发挥。资源占有是高职院校实现准确定位的基础，是高职院校实践能动性发挥的前提。实践运作是高职院校获得生态资源与实现准确定位的唯一途径，是连接高职院校与外部环境系统的重要环节。

四、高职院校核心竞争力的能力结构

从能力维度上看，高职院校核心竞争力包括学习力、控制力、整合力和创新力四种能力。

1．学习力。知识经济的不断发展诱发了现代社会的深刻变化，进而不断影响高职院校竞争优势的基础。知识已成为推动学校发展和取得竞争优势的根源。高职院校为了适应日益变化的外部环境，必须具有不断整合知识、更新知识的能力，而这种动态能力获得的首要前提就是学习能力。因此，高职院校为了建立适应环境变化的动态能力，以获取持续的竞争优势，就必须具有较强的学习能力。而这种学习能力的关键就集中体现在获取知识能力、使用知识能力和创造知识能力等方面。然而，不同的历史传统、文化背景、发展理念、组织结构、专业结构以及人才培养模式的高职院校对知识的活动具有不同的表现和影响。也就是说，不同的高职院校会表现出不同的学习能力。

2．控制力。任何一项高职院校教育活动的开展都离不开人的存在与参与。人既是高职院校的重要结构成分，也是高职院校结构的管理者。然而，人的管理行为不是没有约束和任意实施的，它必须遵循高职教育和管理的内在规律与学生身心发展规律。高职院校作为一个相对独立的整体，具有自我维持能力和自我调节能力，在不受外部作用力作用的情况下，可以保持自我平衡，其变化的波动范围也在自我调节的范围内。然而，高职院校的自我调节能力是有限度的，当外部作用力超过其可调节能力的限度时，高职院校的结构和系统就会遭到破坏或者发生转变。①为了避免和减少外部作用力的负向影响，必须要对高职院校进行有效的控制。

3. 整合力。从教育生态学的角度看，高职院校是一个具有物质循环、能量流动和信息传递的复杂生态系统，其正常运作都离不开内部教师圈、学生圈、管理圈、科研圈和后期服务圈五个功能团的动态链接与优化组合。每一个功能团的残次或缺位，都会影响高职院校生态系统的正常的物能流转，导致教育功能的败退萎缩、教育绩效的亏虚不佳和教育系统的生态失衡，从而制约高职院校核心竞争力的持续发展。正是由于内部构成要素的复杂性，所以要对高职院校生态系统及其构成要素进行整合，以保障高职院校教育活动目标与竞争目标的最优化。

4. 创新力。现代科学技术的飞速发展，引起了社会经济、政治、文化、科技等领域的变革，加快了社会结构的快速转型与高职教育生存环境的重要改变，要求高职教育必须提高创新力，增强适应性。高职院校的创新力是高职院校能够创造性地解决发展过程中遇到的各种问题的能力，包含观念创新、战略创新、组织结构创新、人才培养模式创新等多方面的内容，观念创新能力是其核心部分，在整个高职院校创新力体系中起着统摄作用，引领着高职教育创新的发展方向。

---

① 贺祖斌. 高等教育生态论[M]. 桂林：广西师范大学出版社，2005：18.

第六章　高等职业院校战略目标确定

近年来，随着经济社会的跨越式发展和高等教育的大众化发展，我国高等职业教育实现了快速发展，极大地促进了经济社会发展，满足了国民接受高等教育的需求。在高等职业教育规模扩大的背景下，我国政府明确提出了提高高等职业教育质量和人才培养水平，倡导高等职业院校坚持"以服务为宗旨，以就业为导向，走产学结合发展道路"的办学方针，以提高质量为核心，以改革为动力，以"四个合作"为主线，创新校企合作体制机制，大力推行工学结合的人才培养模式，为地方经济建设和发展培养高素质技能型专门人才。高等职业院校要确定战略目标，首先，必须明确自身在经济社会发展过程中扮演的主要角色——确立社会使命；其次，要系统分析和研究自身的特色专长，特别是在高等教育体系、职业教育体系中发挥的主要功能——认清价值意义；最后，要合理利用战略管理的方法手段，特别是借鉴企业战略目标确定的基本经验——把握原则方法。

第一节　高等职业院校社会使命的确定

胡锦涛同志在庆祝清华大学建校 100 周年大会上的讲话中指出：不断提高质量，是高等教育的生命线，必须始终贯穿于高等学校人才培养、科学研究、社会服务、文化传承创新各项工作之中。我们必须适应实现经济社会又好又快发展、促进人的全面发展、推动社会和谐进步的要求，坚持走内涵式发展道路，借鉴国际先进理念和经验，全面提高高等教育质量，不断为社会主义现代化建设提供强有力的人才保证和智力支撑。社会发展的不同时期，高职教育具有不同的社会使命。正是在不断满足和适应社会发展需要的过程中，高职教育实现了持续发展，成为经济社会发展的重要引擎动力之一。尽管各时期高职教育发挥的作用有所差异，但其社会使命基本上可以概括为高端技能型专门人才培养、面向行业企业的科技研究、对接地方经济发展的社会服务、与地方文化相互融合的文化创新四个方面。这四个方面相互影响、相互作用，共同形成高职教育社会使命的主要内容。

一、高端技能型专门人才培养①

2002 年，国务院作出了《关于大力推进职业教育改革和发展的决定》，指出职业教育是教育体系的重要组成部分，是国民经济和社会发展的重要基础。

2004 年，教育部出台了《关于以就业为导向深化高等职业教育改革的若干意见》，旨在促进高等职业教育持续健康发展。同年，教育部又启动了高职高专院校人才培养工作水平评估工作，进一步加强国家对高职高专人才培养工作的宏观管理与指导，全面提高高职院校的教育质量和办学效益。

2006 年，教育部和财政部联合部署了"国家示范性高等职业院校建设计划"的启动工作，并详细布置、落实了建设任务，以此推动全国高等职业院校深化改革，强化管理，提高质量，健康发展。

2010 年，教育部、财政部又联合发布《关于进一步推进"国家示范性高等职业院校建设计划"实施工作的通知》（教高[2010]8 号），正式启动国家骨干高职院校建设项目。按照教高[2010]8 号文件，在建设期内，新增的 100 所左右骨干高职建设院校，要推进地方政府完善政策、加大投入，创新办学体制机制，推进合作办学、合作育人、合作就业、合作发展，增强办学活力；以提高质量为核心，深化教育教学改革，优化专业结构，加强师资队伍建设，完善质量保障体系，提高人才培养质量和办学水平；深化内部管理运行机制改革，增强高职院校服务区域经济社会发展的能力，实现行业企业与高职院校相互促进，区域经济社会与高等职业教育和谐发展。

上述文件、政策的产生呈现出明显的逻辑关系形态，深刻反映着国家关于高等职业教育的发展思路和改革方向逐渐趋向清晰化和具体化的演绎过程。高职高专院校人才培养工作水平评估是继续深入以就业为导向的高等职业教育改革的有效策略，而国家示范性高等职业院校建设计划则是在高职院校教育质量和办学效

---

① 关于高等职业教育人才培养目标的定位一直是高职教育界讨论的热点问题，例如，实用型人才、高技能人才、技术性人才、实用技术型人才、桥梁式人才等，造成目标定位模糊的原因主要是由于高等职业教育尚未真正找到属于自己的位置。最近，职教界又提出高素质技术技能型人才是高等职业教育的人才培养目标，我们认为高端技能型专门人才的提法较为客观准确。本部分内容主要引用和参考了柴福洪、陈年友等人在《高等职业教育名词研究》中的相关论述。

益整体提高的基础上，全力打造高等职业教育区别于学术型、工程型本科教育的特色优势的途径方略，其根本在于提高高职教育人才培养质量。

《国家中长期人才发展规划纲要（2010－2020 年)》提出要培养一支技艺精湛的高端技能型专业人才队伍，实现到 2015 年，我国高技能人才总量达到 3400 万人，2020 年达到 3900 万人。2011 年 10 月，教育部发布了《关于推进高等职业教育改革创新引领职业教育科学发展的若干意见》（教职成[2011]12 号），明确提出："高等职业教育必须准确把握定位和发展方向，自觉承担起服务经济发展方式转变和现代产业体系建设的时代责任，主动适应区域经济社会发展需要，培养数量充足、结构合理的高端技能型专门人才……"。教职成[2011]12 号文关于"高端技能型专门人才"的论断是对高等职业教育培养目标的最新定位，这是教育部首次在正式文件中出现"高端"字样。此前，只有教育部副部长鲁昕曾在两次讲话中明确提出高等职业教育的培养目标是"高端技能型人才"。

"高端"在现代汉语词典中：一是属性词，指的是等级、档次、价位等在同类中较高，如高端技术、高端产品；二是名词，指高层官员或负责人，如高端会议、高端访问。生活中其他提法有产业部门的高端装备制造业、高端产业；国内权威学者就共同关心的学术问题进行高端对话；获得博士学位的人群称之为高端人才等。

"人才"在《国家中长期人才发展规划纲要（2010－2020 年)》中被解释为具有一定的专业知识或专业技能，进行创造性劳动并对社会作出贡献的人，是人力资源中能力和素质较高的劳动者。"高技能人才"在《高技能人才队伍建设中长期规划（2010－2020 年)》中被定义为：具有高超技艺和精湛技能，能够进行创造性劳动，并对社会作出贡献的人，主要包括技能劳动者中取得高级技工、技师和高级技师职业资格的人员。

"高端人才"也可称为领军人物、杰出人才、帅才、战略领域人才等，是民族和国家的宝贵财富。"高端引领"在《国家中长期人才发展规划纲要（2010－2020 年)》中被描述为"培养造就……一大批技艺精湛的高技能人才，……充分发挥高层次人才在经济社会发展和人才队伍建设中的引领作用"，实现人才的高端引领。

高端技能型人才是一个内涵丰富的概念，至少包括三方面意思：一是高技能人才，具有高超技艺和精湛技能的人才。无论任何专业和职业，即使是普通工种和岗位，也有高端技能；二是在技能人才队伍中起引领作用的高端技能人才。能够在经济社会发展和技能劳动者队伍建设中起到引领示范作用；三是高端技术领域内的或岗位上的技能人才和高技能人才。高端产业是产业价值链的高端环节，具有技术知识密集、附加值高、成长性好、关联性强、带动性大等特点。高端产业是一个国家新型、前沿科技应用于生产的高新技术产品或行业，代表一个国家的科技水平和发达程度。从事高端产业生产、建设、服务和管理的高技能劳动者就是高端技能型人才。高端技能型人才培养就是根据高职教育规律和高端技能型人才成长规律，在现代职教理论和教育思想的指导下，按照高端技能型人才所特有的培养目标和人才培养规格，以相对稳定的培养模式、教学内容、课程体系、教学模式、管理制度和评价方式，实施高端技能型人才教育的过程。作为一个过程范畴，培养高端技能型人才具体体现在对高端技能型人才培养过程的谋划、设计、建构和管理等环节上，具有明显的系统性和可操作性。系统性体现在高端技能型人才培养目标、培养规格、培养模式、教学内容、课程体系、教学模式、管理制度、评价方式等方面，这些组成高端技能型人才培养过程的要素之间彼此依存、相互联系、相互影响，缺一不可。可操作性主要体现在高端技能型人才培养模式和教学模式两个方面，而且是二者同时具有可操作性，如果说人才培养模式是上位概念，那么教学模式就是下位概念，教学模式是人才培养模式的核心，人才培养模式决定教学模式的样式。①

二、面向行业企业的科技研究

高职院校是一个以高技能人才培养为主导、以工学结合的人才培养模式为依托、以各种高等职业教育资源合理流动为命脉的内容复杂、排列有序、结构稳定以及功能健全的教育系统。科学定位是高等职业院校确定发展目标的基本依据、制定发展战略的根本条件，发挥优势地位的必要基础和创建优势特色的首要前提。随着高职教育竞争的日渐激烈，准确定位就成为各高职院校实现持续健康发展的重要基础。准确定位对建设院校教育功能的发挥具有重要意义，不仅可以使建设院校更好地适应经济社会发展需求，而且也可以使建设院校更加灵活有效地利用各类职业教育资源，提高建设院校的教育质量和办学效益，促进建设院校生存发展环境的和谐化。一般而言，准确定位包括办学类型和层次的定位、学科布局定位、人才培养目标定位、办学特色定位以及科技研究定位五个方面内容。办学类型和层次的定位主要是高职院校在整个教育系统中如何定位的问题。学科布局定位是确立主要学科在本地区或全国高等职业教育层次中的特色专长，保证自

---

① 柴福洪，陈年友. 高等职业教育名词研究[M]. 北京：高等教育出版社，2012：169-170.

身在整个高等职业教育体系中的优势地位，促进优势学科和学科群的整体优化。人才培养目标定位要求高职院校必须把握时代发展的脉搏，站在经济发展、科教兴国、全面建设小康社会以及新农村建设的战略高度上来准确思考人才培养目标，合理选择人才培养模式。办学特色定位就是制定特色目标，确立特色理念，选准特色切入点，促成特色优势。科技研究定位主要指高职院校开展科技研究活动的目标、方向和内容的定位。人才培养规格、目标的特殊性决定了高职教育科技研究的特殊性，即高职院校科技研究应该根据高职人才培养目标进行科学定位。高职教育活动的开展主要依据高职人才培养目标，忽视或脱离高职人才培养目标将会导致高职院校科技研究失去正确方向。

科技研究是高职院校的基本功能，也是高职院校的社会使命。根据学术界的一般理解，高职院校科技研究大致包括基础研究、应用研究和开发研究三个方面。基础研究主要指对新知识、新理论、新原理的探索，其成果不但能扩大科学理论领域，提高应用研究的基础水平，而且对于技术科学、应用科学和生产的发展具有重要作用。应用研究主要指把基础研究发现的新知识、新理论用于特定目标的研究。开发研究又称技术开发，主要指把应用研究的成果直接用于生产实践的研究。对于高职院校而言，基础研究主要是高职教育基本理论研究，具体包括校企合作、人才培养模式改革、专业建设、课程建设、师资队伍建设、实习实训基地建设、教学质量评价、高职教育教学管理、高职文化建设等内容。应用研究主要是指将高职教育基本理论研究成果应用于高职教育教学过程的实践研究，多表现为各种内容丰富、形式多样、成果突出、效应明显的案例，这些案例具有可以广泛推广和借鉴意义的经验做法，进而可以上升到理论高度，丰富高职教育理论内容。此外，应用研究还包括高职院校针对生产、建设、管理、服务第一线开展的技术研究。对这些技术研究成果如何应用到生产实践的研究被称为开发研究。《教育部关于全面提高高等职业教育教学质量的若干意见》（教高[2006]16号）文件明确指出，高等职业教育作为高等教育发展中的一个类型，肩负着培养面向生产、建设、服务和管理第一线需要的高技能人才的使命。因此，高职院校科技研究主要以面向行业企业的应用研究和开发型为主，但这并不否认和排斥高职院校对高职教育办学、教育教学等方面的基础型研究；相反，随着高职教育教学改革的日渐深入，高职院校的基础型研究越来越离不开行业企业的广泛参与，或者在基础型研究渗透着行业企业的基本元素。

胡锦涛同志在庆祝清华大学建校 100 周年大会上的讲话指出，高等学校特别是研究型大学，既是高层次创新人才培养的重要基地，又是基础研究和高技术领域创新成果的重要源泉。要积极适应经济社会发展重大需求，开展国家急需的战略性研究、探索科学技术尖端领域的前瞻性研究、涉及国计民生重大问题的公益性研究。要积极提升原始创新、集成创新和引进消化吸收再创新能力，瞄准国际前沿，加强基础研究，推动学科融合，培育新兴学科，建设重大创新平台和创新团队，以高水平科学研究支撑高质量高等教育。要积极推动协同创新，通过体制机制创新和政策项目引导，鼓励高校同科研机构、企业开展深度合作，建立协同创新的战略联盟，促进资源共享，联合开展重大科研项目攻关，在关键领域取得实质性成果，努力为建设创新型国家作出积极贡献。与研究型大学不同，高职院校科技研究在内容上主要面向行业企业实践第一线，注重解决企业生产实际中的具体问题，联合行业企业力量开展技术、工艺方面的研究；主要面向地方经济建设需要，以行业企业需求为导向，集中精力开展技术开发、技术推广、技术咨询、技术培训，成为地方应用技术研究与开发中心、高新技术推广与指导中心、信息咨询中心和技术培训中心。

三、对接地方经济发展的社会服务

近年来，在世界高等职业教育改革浪潮的感召下，国内多数高职院校紧紧围绕高等教育的改革方向进行了全面深刻的讨论和孜孜以求的探索，大大促进了我国高等职业教育的发展，但改革的力度并没有真正触及高等职业教育的神经末端。高职教育在整体上与经济结构、社会结构、产业结构之间的生态链接依然薄弱，高职教育内部结构各组分之间互相牵扯、互相妨害的情况仍比较严重，影响了高职教育系统的稳定，弱化了高职教育的生存力、发展力和竞争力，造成了诸多高职教育问题的交织涌现，对这些问题的有效化解决定了高职教育改革的长期性与复杂性。长期以来，我国高职院校的运行模式仅停留在教育管理层面，而非教育经营层面，高职院校的管理、发展规划以及资源配置手段的计划性气息较为浓郁，而市场化色彩明显淡缺。尽管一些高职院校也考虑了市场调节因素的作用，但在组织管理和资源配置上过分依赖于政府调控，市场性因素严重不足甚至短缺，市场在高职院校运行模式中的基础性调节作用得不到充分发挥，以至于多数高职院校在发展理念、培养模式、投资体制、办学体制以及管理体制等方面都落后于现行的经济体制。因此，构建高职院校与市场的生态链条就成为制约高职院校办学、教育教学改革的关键环节，而社会服务正好是承接高职院校与市场的重要纽带。通过社会服务，高职院校可以与外部环境建立相对稳定的关系，可以发挥自身资源优势，在服务社会过程中不断拓展发展空间、增强发展实力、提升推动地方经济社会发展的能力。实际上，高职院校通过加强服务地方经济发展，一是承担了社会责任和义务，有利于解决教育与经济社会脱节的矛盾；二是在社会服务过程中解决产业的发展动态，了解行业技术标准更新，了解企业的岗位需求和技术发展状态，从而保证办学和培养目标贴近行业企业的要求，提高办学和教学质量；三是让教师和学生在生产服务过程中学习，提高人才培养质量；四是发挥高职教育资源的优势，扩大高职院校的影响，提高企业与学院合作的意愿，使企业更多地参与高职教育，提高办学水平。[1]

按照王孝坤、李维维等学者的认识理解，高职院校社会服务具有广义和狭义两个方面的内涵。广义层面的社会服务是指高职院校的社会功能和角色，包括为区域产业发展培养、培育高素质技术技能型的人才，提供技术创新、推广和服务，实施先进文化的传播和辐射，使学校成为技术技能培训中心、新技术研发推广中心、区域学习型社会中心，具有鲜明的区域性和行业性特征。狭义层面的社会服务是指高职院校通过职业资格培训认证、科技成果推广、生产技术服务、科技与管理咨询服务、社区文化建设等方式开展的社会服务活动。高职教育不仅要适应和满足社会发展的要求，而且要成为推动和促进社会发展的动力源。经济社会的快速发展不断催生新的产业形态，淘汰旧的、落后的产业形态，由此造成从业岗位、从业者职业素质和能力的变化。作为从业者高素质和技能培养的重要场所，高职院校必须紧贴产业发展形势，紧盯职业岗位任职要求变化，基于从业者素质和能力培养、提高的实际，开展具有前瞻性、先进性的教科研活动，进而为经济社会发展提供必要的智力支持和人力资源保障。随着高职院校不断融入地方经济社会发展，越来越多的人逐渐认识到良好的社会服务格局离不开紧密型校企合作机制的构建，只有建立在校企深度合作的基础上，高职院校才能在不断服务社会、服务企业的过程中，实现持续健康发展。[2]

根据目前高职院校开展社会服务的实际情况，可以将社会服务的内容方向概括为四个方面：一是充分发挥高职院校技术人才资源和优势，为中小微企业提供相应的技术服务。与大型企业相比较，中小微企业发展规模、发展实力较小，保证企业持续正常运作已经捉襟见肘，难以承担周期长、成本大的技术研发投入，加上没有专门的技术研究机构和人员，因此技术研究水平偏低。较之普通高校，高职院校与行业企业有着天然的联系，能够借助自身的技术人才优势为中小微企业提供技术服务，由于技术人才通常具有行业企业背景、熟悉企业技术发展动

① 马树超，郭扬等. 中国高等职业教育的历史抉择[M]. 北京：高等教育出版社，2009：190.

② 王孝坤，李维维. 高职教育强校实践与战略理论探索[M]. 杭州：浙江大学出版社，2011：145.

态，所以技术服务能够更加贴近企业发展实际需要，不仅能够帮助中小微企业提高经济效益，而且有助于提升高职院校的品牌力和影响力。二是充分发挥高职院校技术和师资优势，调动广大教师和学生积极性，抢抓地方全面建成小康社会和新农村建设的历史机遇，面向"三农"，研究开发"三农"领域具有广阔前景和应用价值的技术、品种，推动地方农业产业化发展，提高农民收入水平。特别是农林畜牧类高职院校，通过加强三农服务，既可以发挥学校服务地方经济社会的优势，也可以提高学校融入地方经济社会的能力，实现与地方经济社会的协同发展，最重要的是能够切实推动农村经济社会的改革发展。三是充分发挥高职院校教学基地的作用，面向行业、企业和社会提供培训服务，开发开展适合行业企业和社会需求的培训项目，进而与行业企业建立紧密的合作关系，增强行业企业参与高职院校办学的积极性和主动性，拓展学生实习就业的平台。此外，高职院校还可以通过项目培训了解培训对象的需求，进而提高高职教育教学与行业企业需求之间的适应度。四是充分发挥国家示范校、骨干校的示范带动作用，积极参与社会重特大事件的应急服务工作，支持和支援区域内外其他高职院校的建设发展。教高厅函[2007]47 号文件明确指出：示范高职建设要以提高学校综合实力为目标，在发展定位和办学方向上起到模范带动作用；在人才培养模式、课程建设、校内外生产性实训基地建设上成为改革的先锋；在学生职业技能和素质的全面养成、人才培养质量保障体系、就业指导与服务上树立起标杆。通过示范校、骨干校的辐射带动作用，提升地区同类高职院校的办学水平和发展实力。

四、与地方文化相互融合的文化创新

高等教育是优秀文化传承的重要载体和思想文化创新的重要源泉。要积极营造文化育人环境氛围，加强高职校园文化建设，推动高职校园文化繁荣发展，增强高职校园文化与地方文化，特别是地方行业企业文化的互动融合。作为伴随高职院校发展而形成的文化形态，高职校园文化是以高职院校环境和教育教学设施为基础，以高职院校师生的思想观念、心理素质、价值取向和思维方式为核心，以具有高职院校特色的人际关系、行为方式和文化活动为表征的精神状态和文化氛围。[①]高职校园文化包括有形形态和无形形态，有形形态是高职院校主体在教育教学活动中逐渐形成的长期稳定的校园文化，这种形态的文化主要是通过具体

---

① 陈于仲，李正华，钟黎川. 论大学校园文化建设[J]. 理论与改革，2007，（6）：101-103.

的文化活动、现实的文化载体和客观的校园建筑物表现出来的；无形形态主要是基于高职院校的校纪校规、行为准则和道德规范，以及高职院校师生的世界观、价值观和审美情趣等形成的理性文化，这种文化能够更深入有效地影响高职院校的生存发展。在长期的发展演化过程中，高职校园文化逐渐形成一个能动效应场，特别是其中文化传统有着较强的辐射力，通过影响高职院校师生的思想和行为来对高职教育教学和高职院校发展产生影响。

现实中，高职校园文化总是与高职院校精神相融合，是高职院校精神的底蕴性存在和深层次表征。高职院校的发展过程是高职院校精神的培育过程，也是高职院校精神效能的释放过程。可以说，正是高职院校精神激发了高职院校师生的拼搏意识和进取心理，推动了高职院校的持续发展和不断演化。审视发展速度和绩效明显的高职院校可以发现：具有积极向上的高职院校精神是这些高职院校实现快速发展的重要条件，高职院校精神能够带动高职院校发展，实现高职院校师生思想和行为的高度协调和统一。高职院校师生思想和行为的有机协调以及在此基础上形成的高职校园文化是高职院校迅速崛起的根本原因之一。同时，大学文化的不断成长和社会文化的日渐丰富也在高职校园文化形成发展中起到了重要作用。高职院校的发展过程是高职院校内部结构不断完善的过程，也是高职院校功能机制逐渐优化的过程，更是高职院校精神凝聚化、理性化的文化转变过程，通常表现为在一定高职校园文化精神指引和导控下，由高职院校发展目标决定的各构成主体之间相互适应、相互促进和相互融合的动态过程。与现代化演变相类似，高职院校的发展演化也是一个理性化的过程，其本质就是高职院校精神指导下依靠高职院校师生主体性、能动性和创造性，不断实现结构完善、功能优化、优势增强和绩效突出的过程。理性化的过程是高职院校思维方式、生存方式和发展方式合理化，并且渗透到高职校园文化和高职院校内部系统各构成层面的动态过程。

由于高职校园文化是校园文化、大学文化和职业院校文化相互融合而成的特殊文化，因而高职校园文化就存在一定的文化传统，但高职校园文化又有别于这些文化，与这些文化之间具有内在的差异性。其中，大学文化对高职校园文化的影响最为广泛和深刻。在高职校园文化的发展演化过程中，大学文化始终处于主导地位，这一方面有助于高职校园文化从大学文化中汲取合理成分和营养因子，实现快速发展，但另一方面也使得高职校园文化难以摆脱大学文化结构、模式和建构的影响。一些高职院校在建设校园文化过程中缺乏对高职文化本质的系统性认识，缺乏对高职校园文化建设要求的深层次透视。在以"大学人"为主体的大学文化体系中，对知识传承、整理、交流和创新始终是其最基本功能，旨在实现大学精神文化、制度文化、物质文化和行为文化的完善发展。然而，高职教育是以培养高技能人才为目标，以培养和提高学生的实践操作能力为旨归，所以，高职校园文化建设就应该服务和服从于高技能人才培养，而不应该脱离高职教育的价值目标和取向。然而，现实中高职校园文化并没有很好地体现高职教育的功能价值，长期游离于高职教育核心价值的边缘，没有形成与高职教育实际相适应、相匹配的文化特色。继承文化传统固然重要，但是忽视高职教育的实际要求，不注重高职教育与大学教育、职业教育的差异性分析，就会使得高职校园文化失去生存力、发展力和竞争力。

多数高职院校认为保持与大学文化相一致、相统一是实现高职校园文化持续发展的重要保障，是高职校园文化转化为现实作用力的核心条件，而高职教育实际和要求则往往被忽视，校园文化建设的整个过程都置于大学文化建设的框架内加以进行。加之高职教育与高等教育、职业教育存在千丝万缕的联系，大学文化的一些特点和建设要求又非常适合于高职校园文化的建设实际，更使得多数人将高职校园文化直接等同于大学文化，不论在理念、认识层面还是在实践操作层面都难以突破大学文化的制约，这种制约在很大程度上影响着高职校园文化的健康生存和持续发展。尽管一些高职院校的校园文化建设取得了明显成绩，但其辐射力和影响力缺乏持久性，难以有效适应高职教育快速发展和变化的要求，集中表现为当高职院校发展规模和实力得到迅速提升时，学校师生的思想和行为却得不到快速转变，迫使高职院校不得不进行思想素质教育，以提高师生的思想认识和行为习惯，为此付出了较高的成本投入，这种方式非但收不到很好的教育绩效，反而会无益于高职校园文化的培育发展。

在此背景下，有学者指出，高职校园文化建设一定要在充分考虑高职教育和高职院校实际，有针对性地对大学文化进行合理吸收的基础上进行。实际性和继承性对于高职校园文化发展都具有重要意义。不同形态的文化之间都具有一个共同特征，即重视文化背景和文化传统的有机统一，只注重文化传统而忽视文化背景的高职校园文化的建设和发展，在某种情况下有利于节约成本投入，但不利于形成与高职教育、高职院校发展实际需要相适应的高职校园文化结构和功能，不利于实现高职校园文化的长期发展和演化。可见，高职校园文化是基于大学文化、校园文化、社会文化等形成的特殊文化形态，不论在内容、层次、特征和性质上，还是在形成机理和运作机制上都具有特殊性。所以，在进行高职校园文化建设时，既需要充分汲取大学文化、校园文化、社会文化的合理成分，也需要对已有的高职校园文化的基因结构进行系统研究，对于基因结构中的缺陷和不足要有针对性地采取措施加以改造和补充，唯有如此才能实现高职校园文化的健康发展。现在，校企合作的办学模式已经成为高职院校普遍遵循的基本模式，并将在未来很长时间内主导高职教育的发展方向。作为支撑和推动校企合作办学模式的重要条件，高职校园文化必须要适应校企合作的实际，并依据校企合作的具体要求进行内部结构和功能的优化整合。

第二节 高等职业院校战略目标的确定

高职院校战略目标主要解决高职院校未来发展的目标旨归，着重回答高职院校经过战略规划和实施要达到一个什么样的目的或愿景，是直贴高职院校生存力、竞争力和发展力的内在关切。战略目标是制定和实施高职院校战略规划的基础和前提，没有科学合理的战略目标做先导，高职院校很难制定出科学的战略规划，战略规划实施也只能成为一句空话，更遑论取得实效。确定高职院校战略目标，要明确高职院校战略目标的确定基础①、基本原则和具体表现，对这些内容的了解，有助于我们把握高职院校战略目标的正确方向。

一、确定高职院校战略目标的基础条件

1. 逻辑起点。世界范围内的高职教育发展经验揭示，经济社会的快速发展、产业结构的不断转型和经济社会互动关系的日渐增强，都为高职教育提供了重要的发展机遇。这种发展机遇更多表现为产业结构转型催生人力资源结构转型，特别是人力资源的素质和能力结构变化，一方面为高职教育办学提供了动力源泉，另一方面也为高职教育教学改革提出了明确要求。前者可视为产业人才短缺背景下高职教育的发展，后者则可视为产业人才结构转型背景下高职教育的发展。从某种意义上讲，第一种类型的发展属于规模化发展，第二种类型的发展属于内涵式发展。实践表明，不论是规模化发展还是内涵式发展都需要遵循经济社会发展规律、高职院校办学规律、高职教育教学规律和学生成长成才规律，忽视这些规律必然会影响到高职院校的正常发展。因此，坚持科学发展观成为高职院校办学和教育教学的出发点，具体而言就是突出以人为本的职教理念，将服务地方经济社会发展和促进人的全面发展始终作为办学和教学的立足点；强调校企合

① 王孝坤，李维维. 高职教育强校实践与战略理论探索[M]. 杭州：浙江大学出版社，2011：182-188.

作在办学和教学过程中的重要作用，着力改善和优化高职院校办学条件，切实提高办学水平和人才培养质量；重视经济社会发展和人的发展的协调统一，从人的知识、素质和能力的系统培养入手，不断满足人的全面发展和自我价值实现。

2. 现实基础。 高职院校发展不是孤立封闭的过程，而是复杂多元的过程，现实中更多表现为一个功能机体的系统运作，而高职院校内外环境因素及相互之间关系则是组成高职院校发展系统的主要部分。特别是外部环境因素，它是高职院校生存发展的基础，没有外部环境中经济、政治、文化、教育、科技等因素作基础，高职院校很难维持正常运作，实现持续发展就更无从谈起。高职院校必须重视外部环境因素，忽视或忽略任何外部环境因素都会影响到自身的生存发展，因此在制定战略目标的时候，需要充分考虑外部环境，特别是经济社会发展的状态水平。经过改革开放三十多年的发展，我国的经济社会取得了举世瞩目的成绩，经济总量已经跃升到世界第二位，人均国内生产总值增加到 5400 多美元，货物贸易总额跃居世界第二位，新兴产业发展壮大，传统产业不断升级改造，现代服务业快速发展。党的十八大明确提出，到 2020 年实现全面建成小康社会的奋斗目标，届时经济持续健康发展，转变经济发展方式取得重大进展，在发展平衡性、协调性、可持续性明显增长的基础上，实现国内生产总值和城乡居民人均收入比 2010 年翻一番；人民民主不断扩大，文化软实力显著增强；人民生活水平全面提高；资源节约型、环境友好型社会建设取得重大进展。经济社会持续发展有赖于产业结构的稳步转型，而产业结构转型又会带来人才结构变化，特别是战略性新兴产业的不断崛起，迫切需要大量高素质技术型、技能型人才，加上农村城镇化进程的日渐加快，使得如何提高农村人口素质成为摆在各级政府部门面前冷静思考和切实解决的社会问题，这样就为占高等教育"半壁江山"的高职教育带来了难得的发展机遇。对于各个高职院校而言，需要结合地方经济社会发展实际，科学制定实施发展战略，努力担当起从人口大国转变为人力资源大国的历史使命。不可否认的是，在高等教育扩招的背景下，我国高职教育步入了快速发展的历史轨道，尽管没有固定、现成的经验或模式可以借鉴，但经过探索实践，取得了令人可喜的发展成绩，对于推动经济社会转型、产业结构优化升级、满足人民群众对高等教育需要发挥了重要作用。然而，在规模发展过程中，由于各方面原因，我国高职教育质量尚没有达到社会各界的期望水平，尚未真正形成与经济社会协同发展、良性互动的格局。其中，高职院校战略目标模糊或缺位是不可忽视的原因之一。

3. 结构模型。 高职院校战略目标旨在解决高职院校未来发展目标的问题。确立战略目标并不仅仅是明确高职院校的最终发展目的，更主要的是通过战略目标确定与实施实现高职院校办学水平和人才培养质量的提升，为区域经济社会发展培养大量高素质技能型专门人才，增强高职院校的吸引力、品牌力和竞争力，最终实现与区域经济社会的良性互动和协同发展。确立战略目标绝不是发展目标的简单描述，更主要的是明确发展目标的具体内容和实现条件。高职院校发展内容的丰富性决定了高职院校战略目标内容的丰富性、层次性，系统梳理和把握这些内容有助于提高战略目标的科学性和合理性。概括而言，战略目标内容主要包括提升办学理念、创新办学模式、扩宽办学空间、改善办学基础条件、改革人才培养模式、加强专业和课程建设、加强师资队伍建设、加大实习实训基地建设、提升社会服务能力等方面。可见，战略目标包括的内容较为丰富，但摆在我们面前的一个重要问题就是：是不是高职院校战略目标必须涵盖这些内容？如果涵盖这些内容，高职院校依靠什么条件或能力去逐一实现，在特定时期内某一个目标内容的实现会不会影响到其他目标内容的完成，或者能否从根本上避免与其他目标内容之间的冲突。这都是高职院校在制定战略目标时候必须着重考虑的方面。除此之外，高职院校在确定战略目标的时候还要基于地方政府和相关行业协会的指导，发挥行业企业参与办学的积极性，最大程度地利用外部环境力量，注重学校内涵建设与特色发展，切实提高教育质量和人才培养水平，不断适应和满足地方经济社会对高素质技能型专业人才的需求。由此，可以将高职院校战略目标确定的结构模型概括为"一个中心""两个方面""四大内容"。"一个中心"是指以提高高职教育质量和人才培养水平为中心；"两个方面"是指高职院校内外环境两个方面，内部环境主要指高职院校内部环境；外部环境主要指高职院校外部环境，包括经济社会、政治、文化、科技、教育和自然环境等；"四大内容"主要指高职院校办学、人才培养、专业建设、社会服务，其中专业建设包含的内容较多，主要有课程建设、师资队伍建设、实习实训基地建设等方面。所以，高职院校确立战略目标需要统筹考虑这些方面，不能忽略每个层面的内容，要采取措施优化内容结构体系。

二、确定高职院校战略目标的基本原则

战略管理理论认为，确定战略目标通常需要遵循 SMART 基本原则：S（Specific），目标应清晰明确；M（Measurable），目标要可量化；A（Attainable），目标具挑战性，具可达性；R（Relevant），目标与使命一致；T（Time-based），目标必须具有明确的截止期限。由于 SMART 原则对于确定战略

目标具有重要意义，因此被战略管理理论界称为"黄金准则"。因此，科学合理的战略目标一般都符合 SMART 原则，忽视或忽略 SMART 原则对于确定战略目标的指导作用，必然会影响到战略目标的有效确定，进而影响战略规划、战略实施及战略绩效。同样，高职院校确定战略目标也要坚持 SMART 原则，参照 SMART 原则的主要内容，结合高职院校战略管理实际，可以将高职院校战略目标确定的 SMART 原则具体解释为明确性、衡量性、可接受性、实际性和时限性五个方面。

S（Specific）——明确性。明确性要求高职院校利用具体精练的语言描述目标指向，即未来要实现或达成的结果。目标是行为的导向，行为是目标的结果体现。目标明确是产生合理行为的前提，没有明确的目标就不可能产生合理的行为。认真审视国内知名的高职院校就可以发现，具有明确的战略目标是这些办学成功院校的共同特点，这些知名高职院校在改革发展过程中能够不断明确自身的办学理念和办学目标，且随着地方经济社会的发展变化不断调整发展目标，实现与地方经济社会的协同发展。不论目标如何调整变化，目标内容明确、指向清晰是各阶段发展目标的共有特征。许多高职院校在办学初期很长一段时间内，办学业绩得不到提升的重要原因就是发展定位不明确，定位不明确直接造成目标不明确，目标不明确必然影响高职院校各职能、教学部门形成有效合力，甚至是相互之间的功能妨害。即便有的高职院校具有明确的发展目标，但没有将目标有效地传递给相关人员，相关人员既没有全面了解发展目标的内容，也没有形成团结合作的有效氛围。对于高职院校而言，其战略目标就是要明确未来五年、十年之内，在办学体制机制创新、专业建设、课程建设、师资队伍建设、实习实训基地建设、社会服务能力建设方面取得哪些成绩或突破。例如，建立起政行企校四方联动的办学体制机制；建成 2 门国家级、5 门省级精品资源共享课程、完成 20 门工学结合教材的开发；专任教师"双师"素质比例达到 90%以上，兼职教师承担的课时比例达到 50%；校企共建 20 个校内外实习实训基地；完成各类培训、继续教育、职业技能鉴定等 10 000 人次，实现经济收入 1000 万元。

M（Measurable）——衡量性。衡量性与目标的明确性相对应，要求目标尽量能够以具体的且可考量的数据来表述，这样利于目标规划期结束后目标完成情况的考核评价。如果高职院校确定的目标无法评价，这样的战略目标通常难以有效实施，目标是否实现和完成也难以判断。以国家骨干高职院校建设项目申报为例，许多申报院校没能通过教育部、财政部专家的评审，其主要原因可以概括为：建设方案总框架的清晰度不够，与教育部相关文件的要求不太符合；总目标的明确度不够，只是文字表述，没有具体数字；分目标的匹配度不够，与总目标的关键点对应不上，每个分目标必须对应总目标说清楚，且目标不能太大，脱离学校办学实际和能力；任务书的检测度不够，年度增量不明晰，表述上仅仅是从完善到继续完善再到进一步完善，无法检测；预期目标的聚焦度不够，没有很好地回答建设期要完成什么任务的问题，没有聚焦于各个具体点上。即便是通过教育部、财政部评审，获得国家骨干校建设立项的高职院校，在修订建设方案和任务书过程中，也或多或少地存在上述问题，这些问题都可以归结为目标缺少可衡量性。需要说明的是，并不是所有的目标都需要用数字来具体表现，例如，"办学水平和人才培养质量得到进一步提升"这一属于大方向的目标，很难评价衡量，这是因为评价衡量的指标太多、范围较广，是一个多方面综合结果的体现。"进一步"的基础是什么、具体指什么、评价方法是什么？这些问题需要高职院校管理者深入思考，尽量在目标实施过程中细化目标内容，使得目标变成一个个可以评价衡量的子目标。

A（Acceptable）——可接受性。战略目标一般由高职院校领导层通过广泛征求意见和集体研究讨论来确定，目标确定以后就需要高职院校各职能、教学部门来落实执行，所以战略目标要能够被执行层所认可和接受，这就要求在确定战略目标过程中，必须广泛征求执行层部门的意见建议，集思广益，这一方面有利于提高战略目标的科学性和合理性，另一方面也有利于提高战略目标的执行力和可操作性。然而，仅仅依靠广泛讨论和集思广益也不能够完全保证战略目标的实施，还必须讲求一定的艺术方法。实践中，领导层采取行政命令式的方法将战略目标施加给执行层往往收效不大，反而会引起执行层的心理抵触，甚至是行为上的反抗。所以，在战略目标制定层和执行层之间需要构建良好的互动关系，这种互动关系主要基于战略目标的可接受性，即能够被执行层广泛接受，且愿意为战略目标实现竭心尽力、奉献付出。可见，确定战略目标过程中，制定层既要充分考虑执行层对战略目标的可接受性，同时也要考虑落实战略目标任务的方式。特别是在高职院校，执行层主体的知识、能力和素质相对较高，领导层更要讲求落实目标任务的方式方法。

R（Realistic）——实际性。实际性要求战略目标的确定必须符合高职院校的办学水平和能力，需要高职院校领导层全面了解内外环境条件，尤其是制约和影响战略目标实施的环境条件，因为这些环境条件决定战略目标的实施及绩效的取得。战略目标实施是一项系统工程，涉及人力资源、财力资源、物力资源、技术资源等诸多因素，这些因素之间相互影响、相互作用，任何因素数量上的不足和质量上的残次都会影响到战略目标的顺利实施。现实中，一些高职院校确定的战略目标失去了应有价值，其主要原因在于领导层盲目乐观，将确定战略目标简单理解为写几条宏观口号，将落实战略目标简单理解为组织人员去做，忽视战略目标实现的条件性，甚至只停留在确定层面，根本没有考虑到执行层的限制性。同时，实际性原则还要求战略目标实施必须坚持领导统筹、教职工全员参与、责任层层落实。领导统筹就是充分发挥领导干部的统筹力和协调力，提高领导干部实施战略目标的决策力和执行力；教职工全员参与就是充分调动全体教职工参与战略目标实施的积极性和能动性，突出实效，形成合力，切实保证战略目标的稳步推进；责任层层落实就是制定战略目标实施问责制，按照各建设项目的任务要求，层层落实责任，确保战略目标按时保质完成。

T（Timed）——**时限性**。战略目标实现具有时间限制，不可能无限制地进行。确定战略目标不仅是确定目标任务，更主要的是确定了完成目标任务的具体时间。没有时间限制的战略目标，很难调动执行层的积极性和紧迫感，同时也难以进行阶段性考核。具体而言，就是树立质量意识，构建质量管理体系，严格战略目标过程监控，构建目标分级管理机制，将每个目标任务细化落实到项目小组和责任人，组成目标落实监控组，定期对战略目标进行阶段性验收，实现战略目标实施的全过程管理；突出目标管理，注重阶段性监控，构建绩效评价体系，实现战略目标实施动态化管理。制定奖惩办法，出台相关管理文件，对战略目标的执行情况实行绩效考核，将完成情况作为对部门及责任人考核的重要依据。根据各阶段性目标和任务，定期开展战略目标自查、审查、评审和验收工作，召开检查结果通报会，及时反馈检查意见，不断修改、完善和调整战略目标内容，确保战略目标的顺利实现；强调信息管理，构建信息管理机制，保证战略目标实施各层面、各环节信息流动的畅通。构建以上级主管部门、行业企业专家、校内外高职教育专家、教师及学生为主体的信息管理体系，及时收集整理各主体的意见和信息，切实提高战略目标的实施绩效。

三、确定高职院校战略目标的具体表现

1. 战略目标：国家示范性高职院校建设目标的本质

为贯彻落实《国务院关于大力发展职业教育的决定》（国发[2005]35 号）精神，提高高等职业教育质量，增强高等职业院校服务经济社会发展的能力，教育部和财政部于 2006 年联合启动了国家示范性高等职业院校建设计划，重点支持100 所国家示范性高等职业院校，着力提升示范校的办学实力、教育质量、管理

水平、办学效益和辐射能力等。[①]经过建设，示范建设院校在探索校企合作办学体制机制、工学结合人才培养模式、单独招生考试、增强社会服务能力、跨区域共享优质教育资源等方面取得了显著成效，引领了高职院校的改革和发展方向。在认真总结第一批国家示范校建设成绩和经验的基础上，为更好地适应新型工业化发展道路，加快经济发展方式转变，促进产业结构优化升级，推进人力资源强国发展战略，教育部和财政部于 2010 年又启动了进一步推进国家示范性高等职业院校建设计划，新增 100 所国家骨干高职建设院校。[②]

对于每一所列入建设行列的院校而言，对国家示范性、骨干高职院校建设方案的设计实施过程本身就是战略目标的设计实施过程。教育部借助中国高职高专教育网公示公布了 200 所国家示范性、骨干高职院校的建设方案和任务书。系统梳理 200 所建设院校的建设方案，可以发现每一所建设院校都有明确的建设目标，这一目标可视为院校在建设期和后建设期的战略目标，统领建设院校的未来改革和发展。建设目标是否明确，是否符合教高[2006]14 号、教高[2010]8 号文件精神，是否贴近建设院校自身办学实力，是建设方案能否通过教育部和财政部论证，建设院校能否按时保质完成建设任务的关键和基础。我们从 100 所国家骨干校建设院校中选择了 10 所院校[③]，列出了这些院校的建设目标。

北京信息职业技术学院：通过骨干校建设，创新办学体制机制，使校企合作更加紧密，学院行业特色更加突出，师资水平显著提升，三个重点建设专业形成特色鲜明的工学结合人才培养模式，带动学院各专业的建设与发展，全面提升学院的人才培养质量、社会服务能力以及国际化水平，更好地发挥学院"一个基地、一个中心、一个窗口"的作用（即成为面向北京电子信息产业的高素质高技能人才培养基地，成为面向北京电子信息产业中小企业的信息技术服务中心，成为首都高职教育国内外交流与合作的重要窗口），带动首都高等职业院校的改革与发展，并在全国电子信息类高职院校中发挥引领和示范作用。

天津交通职业学院：紧贴滨海新区的开发开放和区域建设综合交通体系的需求，充分发挥行业办学优势，通过三年建设，使全院专业结构更加适应区域经济社会发展需要，并以中央财政支持建设的物流管理、汽车检测与维修技术、汽车

---

① 教育部财政部关于实施国家示范性高等职业院校建设计划加快高等职业教育改革与发展的意见. 教高[2006]14 号文.

② 教育部财政部关于关于进一步推进"国家示范性高等职业院校建设计划"实施工作的通知. 教高[2010]8 号文.

③ 中国高职高专教育网. 骨干院校建设栏目[EB/OLI]. http: //221.12.38.131/web/list.aspx?cata_id=js

整形技术等专业为龙头，以专业建设为核心，搭建应用技术服务平台，在生产服务中实现教学与企业需求的对接，以产促学，整体提升学院办学实力、办学水平和人才培养质量，成为天津乃至华北地区交通类高技能人才培养培训的首选基地；在组建学院理事会、探索校企合作的新体制新机制，建立人才共育、过程共管、成果共享、责任共担的办学新模式，提高"双师型"专业教师队伍水平、技术和培训服务能力等方面，发挥引领天津地区乃至全国的高职院校的骨干作用。同时，学院还将围绕"学会生活的本领、掌握生存的技能、懂得生命的意义"，通过专业技能竞技、社会实践锻炼、开展学生社团活动等方式拓展成才路径，最终实现学生双证书获取率达 98%以上，毕业生初次就业率达 98%以上，就业竞争力指数 85%以上。

河北化工医药职业技术学院：成立行业、企业、学校合作理事会，创新校企合作体制机制；建成行业企业综合服务中心，提高社会服务能力；打造四个品牌专业，优化工学结合人才培养模式。通过三年建设，成为全国化工医药行业高素质技能型人才培养基地，成为河北省石化企业入园进区聚集发展和石家庄国家生物产业基地建设技术应用性人才摇篮，成为校企"合作办学、合作育人、合作就业、合作发展"的典范，进一步提高人才培养质量。将学校建成特色鲜明的国家骨干高职院校，带动区域高职教育的改革和发展。

山西煤炭职业技术学院：经过三年建设，建立学院合作办学理事会和政府主导、行业指导、企业共建学院的合作办学体制机制，形成多方参与、产学研结合、校企一体化、集团化办学的运行模式。以煤矿开采技术、矿井通风与安全等重点建设专业为龙头，进一步深化人才培养模式改革，实践和总结出适应各专业特色的高技能人才培养模式，完善和提升就业导向、能力本位的专业课程体系构建，课程建设、教学资源建设和教学方法改革成果显著。进一步加强"双师型"教学团队建设、校内生产性实训基地建设、校外实习条件建设和专业层面的校企合作、工学结合运行机制建设和专业文化育人环境建设，进一步提高人才培养质量和办学水平，提升服务经济社会发展的能力。积极探索国际教育合作和交流渠道，开展国际教育和培训项目，吸引外国留学生来校学习，培育和提升学院的国际竞争力。把学院建设成山西省经济社会转型发展高素质高级技能型专门人才培养的重要基地、煤炭应用技术研发与科技推广基地、煤炭职工培训和继续教育基地，建成行业知名、省内领先、国家一流、初具国际影响力的高职院校，在山西高职院校和煤炭行业高职院校改革和发展中起到示范、引领、带动作用。

内蒙古化工职业学院：以校企深度合作为主线，积极探索政府、企业、学院三方联动的合作办学新机制；以校企合作体制机制创新为着力点，校企共建煤炭深加工与利用（煤化工方向）、工业分析与检验、材料工程技术、化工设备维修技术、生产过程自动化技术 5 个重点专业（群）；深化订单培养、工学交替的人才培养模式改革；推行任务驱动、项目导向的教学模式；加快双师结构专业教学团队建设，提高专业教师双师素质；将学院建设成为自治区化工行业企业人才培养的教育基地和社会培训基地。通过国家骨干高等职业院校建设，全面提高学院的核心竞争力和整体办学实力，使学院成为辐射行业和地区，综合实力强、办学水平高，在发展、改革、管理方面起模范和带动作用的自治区一流、特色鲜明的国家骨干高等职业院校。

秦皇岛职业技术学院：按照教高[2010]8 号、教职成[2011]12 号、教职成[2011]9 号和教职成[2011]11 号等文件精神，探索构建政府主导、行业指导、学院主动服务企业、企业积极参与学院办学和人才培养的"四方联动"校企合作新机制，增强学院办学活力；以酒店管理等四个重点专业及专业群为引领，深化"校企共育、工学结合"人才培养模式改革，提高人才培养质量；加强双师素质教师培养和双师教学团队建设，提升师资队伍整体水平；引入社会力量参与人才培养质量的评价，建立主体多元化的学生职业素质评价体系，强化学生综合职业素质培养；构建社会服务平台，扩大对外交流范围，加强对口支援和对口交流，全面提升社会服务能力。通过三年的项目建设，将学院建成特色鲜明、充满活力、社会公认的国家骨干高等职业院校，在创新校企合作体制机制、深化人才培养模式改革、提高社会服务能力、带动区域内外高职院校改革发展等方面取得明显进展，充分发挥国家骨干高职院校的引领、示范和带动作用。

滨州职业学院：联合魏桥创业集团等区域骨干企业建立董事会或理事会，创新"开门开放、多元多样"的办学体制机制，建成黄河三角洲高职教育体制机制改革的试验区；适应高效生态经济发展，对接纺织家纺等主导产业，创新"厂校共育、分段实施"等专业人才培养模式，建成"双高"人才培养的示范区；实施"双师素质教师培养、专业带头人队伍建设、兼职教师队伍建设、领导能力提升"等四大工程，建成高职"双师"教育教学人才的集聚区；建立校企合作的立项、研发、应用、推广一体化的成果开发模式，开展项目化、实用化、多层次、多形式的社会培训，建成优质职教资源的辐射区；到 2013 年，全面提升学校的办学活力、办学效益、服务能力、管理水平、人才培养质量，建成国家骨干高职院校。

襄樊职业技术学院：立足襄阳，辐射周边，服务产业、服务企业、服务社会，紧贴区域经济社会发展对高素质技能型人才的需求，在体制机制改革上先行先试，建立三会制度（合作办学理事会、校企合作工作委员会、专业合作建设委员会），构建"政校企行"四方联动长效运行机制，形成合作办学创新模式，成为体制机制改革的排头兵；以5个重点建设专业为突破口，通过推行"专业实体化"改革，建设与企业深度合作的专业实体，形成校企一体专业发展新机制。通过新机制运行，加强专业内涵建设，重点是推进工学结合人才培养模式改革，深化基于岗位任职要求的课程体系建设，加快"双师型"专业教师队伍建设，加强"校中厂""厂中校"校内外实训实习基地建设等，带动专业群协调发展，形成专业优势和特色，成为高职人才培养的示范校；紧紧围绕襄阳支柱产业和社会经济建设发展需要，校企共同搭建技术服务平台、鄂西北人力资源再生平台和校际合作与交流平台，依托平台开展社会服务，带动企业产品和技术升级，成为地方经济发展的助推器。通过三年建设，将学校建成国家骨干高职院校，在校企合作办学、合作育人、合作发展等方面发挥引领作用，为全国高等职业院校改革和发展提供示范。

陕西国防工业职业技术学院：通过实施我院国家示范性骨干高等职业院校"1421"建设工程（一个体制机制创新、四个专业、二个平台、一个工业中心），探索职业教育集团化办学模式，形成集团化办学的体制和运行机制，成为校企深度合作的典范；发挥国防行业优势，深化专业内涵建设，形成一批优势专业和特色专业；弘扬国防精神，建设具有国防特色的校园文化；提高人才培养质量，成为国防科技工业高素质技能型专门人才培养基地；提升社会服务能力，成为国防科技工业和区域经济建设的服务基地，将学院建成国内知名、西部一流、国防特色鲜明、具有可持续发展能力的高水平国家骨干高职院校，带动西部高等职业教育的建设与发展。

烟台职业学院：围绕构建现代职业教育体系的目标任务，积极创新地方综合性高职院校的办学体制，发挥政府、行业、企业和学校的整体合力，争取并落实政府有关促进校企合作的政策支持；在目前"政府推进、行业对接、校企联姻、项目嵌入"校企合作模式取得成效基础上，探索以教师社会服务能力强、毕业生社会满意度高为驱动力，以政府政策支持和完善配套制度为保障的"双驱双保，四级融合"校企合作模式；制定教师校企双向兼职、参与社会服务等方面的相关制度，逐步扩大单独招生比例，深化学院内部改革，建立与现代职业教育相适应的管理体制和运行机制。

立足烟台，服务山东，跟踪山东半岛蓝色经济区等"蓝、高、黄"三大区域发展战略和产业结构升级改造要求，贴近烟台市"十二五"时期提升发展制造业、加快发展服务业、大力发展特色现代农业的产业发展规划，打造与区域支柱产业高度关联融合的特色专业群，将食品检测及管理、汽车检测与维修技术、模具设计与制造、软件技术、应用电子技术、国际商务和会计等 7 个专业建成具有辐射带动作用的品牌（特色）专业。

以重点建设专业为龙头，以课程建设为主线，深化"以岗定教、工学结合"的人才培养模式改革。以岗位职业分析为基础，建设工作过程系统化课程，实现教育理念的根本转变、课程体系的全新构建和教学资源的系统集成；以双师能力培养、专兼结合为重点，实施师资队伍建设四项工程，建立教学设计、教学实施和社会服务复合能力强的教师队伍；按照"实境化、生产性、多功能、开放式"的原则，建设功能完备的校内外实训基地；以培养专业技能、职业素养和创业能力为目标，构建"校企双驱、知行合一"的素质教育体系；以"开放、标准、多元、自控"为主要特征，建立人才培养质量监控体系。

创新发展思路，人才培养和社会服务并重，发挥自身优势，把高技能、新技术培训和应用技术研发推广作为主攻方向，加大对口支援力度，拓展国际交流合作领域，全面提升社会服务能力。

通过三年建设，使学院资源进一步整合优化，办学优势进一步凸显，人才培养质量进一步提升，服务领域进一步拓展，与区域经济社会的融合进一步加深，骨干带动作用进一步增强，将学院建成省内领先，国内一流的高职院校。

2．国家示范性高职院校战略目标的多维度分析[①]

建设国家示范性高职院校是一项长期而繁重的历史任务，这一战略目标的确定实现有赖于高等职业院校内部结构组分之间及其与外部环境要素之间的协调发展与合理搭配，没有一组独一无二的组分或环境因子可以完全决定和解释国家示范性高职院校建设的动态过程，其所体现的更多的是一个特征突出、本质明显、内容广泛、形式丰富且涉及诸多要素成分的整体运行状态及结果。

（1）在特征维度上，建设国家示范性高职院校是蕴涵课程体系建设、实训基地建设、师资队伍建设、教学管理改革以及建设效果的有机综合体。作为引领高等职业教育持续健康发展的一个重要战略举措，国家示范性高等职业院校建设"遵循协调发展、凝练品牌、打造标准、服务示范的原则，以专业建设为核心，以课程体系建设、实训基地建设、师资队伍建设为重点"[②]，强调特色内涵建设，重视高职院校的社会服务能力和示范影响效能的提高与扩充。因而，对高等职业教育竞争优势和整体实力的关注，是国家示范性高等职业院校建设的题中应

---

① 刘志峰. 国家示范性高职院校建设内涵探析[J]. 高等职业教育，2010，（5）：78-81.

② 杨理连. 国家示范性高等职业院校建设内涵分析[J]. 承德石油高等专科学校学报，2007，（2）：91-93.

有之义。"课程体系建设"就是要通过积极与行业企业合作开发课程，建立突出职业能力培养的课程标准，体现职业岗位的能力要求，使专业核心课程与职业岗位能力紧密结合、相互对应，强化学生能力的培养。"实训基地建设"就是要以职业岗位核心技能培养为目标，以课程体系要求为依据，以教学模式实现为主线来开展专业实训基地的建设。"师资队伍建设"就是要按照开放性和职业性的内在要求，培养教师的实践教学能力、科技开发服务能力和适应经济社会发展能力，加强"双师"结构的教学团队建设。"教学管理改革"就是要针对"工学结合、半工半读"模式的特点，创新教学管理模式，延伸教学管理范围，规范实训环节管理。"建设效果"就是要面向经济产业群和社会职业岗位群，发挥示范性高职院校的人力与智力资源优势，为经济社会发展提供高技能人才。①可以说，课程体系建设、实训基地建设、师资队伍建设、教学管理改革和建设效果五个方面的统筹结合、交织叠加与催化互动，在特征维度上高度概括了国家示范性高职院校建设的过程环节，体现了国家示范性高职院校建设评估的指标体系。现实中，也正是这五个方面的建设偏颇及相互间诱发的功能妨害，在一定程度上影响了示范性建设院校预设目标和绩效的实现。

（2）在本质维度上，建设国家示范性高职院校集中体现了高等职业教育以学生能力为本的教育理念。我国在实施创新型国家建设方略的实践中，更加深刻地体会到培养复合型、创新型高技能人才对于解决企业生产、技术难题，增强企业创新能力与竞争优势的重要价值和意义。然而，以知识更新、理论补充、技能优化和素质提高为使命的高等职业教育，由于长期受高等学历教育的羁绊，没有从根本上冲破单一学历型、知识型和理论型人才培养理念的禁锢，缺乏对新形势下高等职业教育理念基本内涵的准确认知，致使在人才培养、发展创新的道路上缓慢行进，远未肩负起社会赋予的应有责任和使命。建设国家示范性高职院校主要是在办学理念、办学方向上进一步引领高等院校通过推行产学合作、工学结合等方式，来积极探索高技能人才培养的有效途径，对学生的尊重和培养学生的主体性、能动性和创造性始终是其基本的内涵。以能力为本的教育理念主要体现在国家示范性高职院校建设所倡导和推行的人才培养模式——"工学结合"的两个方面：第一，工学结合强调人的理性认识的局限性和有限性，关注实践对工作能力的养成与提高，认为只有不断深入实践，才能不断深化理性认识，增强工作能力，提高工作效率。以往的教育理念，大多注重课本知识、理论和技能的讲授，

① 杨理连. 国家示范性高等职业院校建设内涵分析[J]. 承德石油高等专科学校学报，2007，（2）：91-93.

对于相关行业的新知识、新技术的学习和补充略显不足。对于学生而言，由于缺乏企业所需专业素质和岗位技能，也就难以实现"从学校毕业"与"到企业就业"的无缝对接。所以，在实施国家示范性高职院校建设计划过程中，国家一直强调建设院校应该在产学合作、工学结合的人才培养模式改革上起示范作用，使工学结合的目的、意义和作用真正变成建设院校乃至其他高职院校改革人才培养模式的自觉行动。第二，工学结合不仅注重学生走出去的顶岗学习，也主张选择在企业优秀员工到学校讲授经验的讲座中学习，通过主动"走出去"和热情"引进来"的双向互动，不断扩充与延伸学生能力培养的途径、范围，强化与提高学生能力培养的效果、水平。简言之，国家示范性高职院校建设就是要通过人才培养方式的改革，培养有知识、懂技术、能经营、会管理的高技能人才，提高学生的工作能力、创新能力和自我学习能力，其所关注的是人的本质、人的价值、人的能力等终极性问题。

（3）在内容维度上，建设国家示范性高职院校主要表现在发展模式的示范、深化改革的示范和学校管理的示范三个方面。教高厅函[2007]47 号文件明确指出：示范高职建设要以提高学校综合实力为目标。在发展定位和办学方向上起到模范带动作用；在人才培养模式、课程建设、校内外生产性实训基地建设上成为改革的先锋；在学生职业技能和素质的全面养成、人才培养质量保障体系、就业指导与服务上树立起标杆。由此，可以将国家示范性高职院校建设的内容概括为发展模式的示范、深化改革的示范和学校管理的示范。"发展模式的示范"是指建设院校应该树立先进的办学理念，在适应经济建设一线职业岗位人才需求的发展定位和办学方向上起到模范带动作用，要摒弃"求大求全"的发展观念，立足自身实际，紧密结合区域经济和行业发展需求及未来走向，以专业特色培育为切入点，全面塑造学校的专业优势和办学特色，实现学校可持续发展。"深化改革的示范"是指建设院校应该在产学合作、工学结合的人才培养模式改革上起示范作用；在课程设置、教学内容、教学方法的改革上起示范作用；在校内、校外实训实习基地的建设上起示范用；在校企合作、科技开发和社会服务上引领改革方向并起示范作用。"学校管理的示范"是指建设院校应该在对学生职业道德和基本职业素质的要求上，在建立具有制度和运作双重要求、有严格的过程管理和持续改进机制的质量保障体系上，在学生的就业指导与服务以及就业率提升上，为高职院校的教育管理活动提供示范标杆，为高等职业教育管理水平的整体提高提供动力支撑。这三个方面不仅在宏观层面上反映了国家示范性高职院校建设的主要内容，而且也在微观层面上揭示了示范性建设院校改革和发展的目标方向。

（4）在形式维度上，建设国家示范性高职院校外化为高职院校定位、和谐与发展的三维一体。科学定位是高等职业院校确定发展目标的基本依据、制定发展战略的根本条件，发挥优势地位的必要基础和创建优势特色的首要前提。随着各申报院校之间竞争的日渐激烈，准确定位就成为建设院校入选国家示范性高职院校建设项目单位的必要条件。一般而言，准确定位包括办学类型和层次的定位、学科布局定位、人才培养目标定位以及办学特色定位四方面内容。[①]办学类型和层次的定位主要是高职院校在整个教育系统中如何定位的问题。学科布局定位是确立主要学科在本地区或全国高等职业教育层次中的特色专长，保证自身在整个高等职业教育体系中的优势地位，促进优势学科和学科群的整体优化。人才培养目标定位要求高职院校必须把握时代发展的脉搏，站在经济发展、科教兴国、全面建设小康社会以及新农村建设的战略高度上来准确思考人才培养目标，合理选择人才培养模式。办学特色定位就是制定特色目标，确立特色理念，选准特色切入点，促成特色优势。准确定位对建设院校教育功能的发挥具有重要意义，不仅可以使建设院校更好地适应经济社会发展需求，而且也可以使建设院校更加灵活有效地利用各类职业教育资源，提高建设院校的教育质量和办学效益，促进建设院校生存发展环境的和谐化。示范性建设院校内部环境的和谐，可根据效益最大化原则，合理设置内部结构，科学划分层级功能，实现示范性建设院校内部教育环境的有机统一。示范性建设院校外部环境的和谐，可以在准确定位的基础上，发挥示范作用，带动高等职业教育改革与发展，促进结构合理、功能完善、质量优良的高等职业教育体系的形成，更好地为区域经济建设和社会发展服务。以示范性院校建设的主要内容为参照系，使学校"在办学实力、教学质量、管理水平、办学效益和辐射能力等方面有较大提高，特别是在深化教育教学改革、创新人才培养模式、建设高水平专兼结合专业教学团队、提高社会服务能力和创建办学特色等方面取得明显进展"[②]，这不仅是示范性建设院校准确定位的价值趋向，也是示范性建设院校持续发展的美好愿景。以定位造和谐，以和谐促发展，只有实现定位、和谐、发展的三维一体，才能真正实现示范性建设院校的可持续发展。

（5）在结果维度上，建设国家示范性高职院校是一个有着强大遗传力和辐射力的效应能动场。国家示范性高职院校建设是以建设具有引领和示范作用的高职

---

① 夏少萍. 对我国农民继续教育问题的几点思考[J]. 广西社会科学，2002，（1）：228.

② 吴启迪. 实施"国家示范性高等职业院校建设计划"，引领高等职业教育质量的全面提高[J]. 中国高教研究，2007，（1）：1-3.

院校为旨归的，是深化与促进高等职业院校改革和发展的一种底蕴性支撑，更多的是将示范性院校表现为带动高等职业教育整体质量和办学效益提高的意义标示。作为一个目标明确、特征突出、本质明显、内容广泛、形式丰富、过程复杂的系统工程，国家示范性高职院校建设是一个巨大的效应能动场，特别是其中的示范性院校有着强大的遗传力和辐射力，深深地作用和影响着广大高等职业院校生存发展的诸多方面，造成各种程度不同的示范效应。这种示范效应主要表现在榜样效应、社会效应和战略效应三个方面[1]。一是榜样效应。榜样效应是指高水平的国家示范性高职院校要以自身先进的理念、鲜明的特色、优秀的质量以及改革的深度、发展的力度成为我国高职院校的榜样。通过示范性高职院校建设，以点带面，以提高拉动普及，发挥引领作用，实现我国高等职业教育的跨越式提升。二是社会效应。国家示范性高职院校的突出特点是适应我国经济社会发展的迫切需要，它的建设将进一步密切高等职业教育与经济社会之间的关系。同时，高水平的有特色的国家示范性高职院校的出现，会在很大程度上改变社会对高职教育的偏见，提高职业教育的社会认可度，大大促进高职教育与经济社会环境的催化互动和良性发展。三是战略效应。国家示范性高职院校将成为我国高等职业教育的品牌，特别是在示范性高职院校建设中所形成的中国特色式的竞争优势，将奠定我国高等职业教育在世界高等职业教育体系中的优势地位。从指向对象来看，榜样效应的指向标的是微观层面的高职院校和高职教育，社会效应的指向标的是中观层面的经济社会环境，战略效应的指向标的则是宏观层面的世界高等职业教育系统；从指向范围来看，榜样效益和社会效应的辐射范围主要是国内的高等职业教育系统，战略效应的辐射范围主要是国外的高等职业教育系统。现实中，这三个方面的示范效应不是一成不变的，而是随着示范性建设院校建设的递进发展而变化发展的。不同的示范性院校由于建设的时间、目标、内容和程度的不同，其所表现出的示范效应的侧重层面也各不相同。所以，不能从单一的某个层面去衡量与评价示范性院校建设结果的有效性和辐射性。

---

[1] 李光. 建设示范性高职院校的质性思考[J]. 番禺职业技术学院学报，2007，（1）：1.

第七章　高等职业院校战略选择

战略目标确定以后，高职院校就必须明确自身发展现状与未来发展空间，这也正是战略选择需要解决的重要问题。对于每个高职院校而言，发展现状与未来发展空间之间主要存在三种关系：一是拓展已有发展空间；二是保持现有发展态势；三是缩减已有发展空间。影响这三种关系演变的因素主要包括高职院校的办学能力和水平、高职教育竞争态势、高职生源等。这三种关系都是高职院校所必须冷静思考和切实面对的，当然并不是指每个高职院校都会同时面临这三种选择。如果将这三种关系置于高职院校整个发展历程中，不难发现，这三种关系分别存在于高职院校成熟期、发展期和衰退期三个阶段。参考企业战略选择理论，结合高职院校战略发展实际，可将这三种选择对应的战略类型初步划分为服务型战略、发展型战略、稳定型战略和收缩型战略。服务型战略旨在适应社会主义新农村建设实际需要，大力推进农民创业教育，有效提升农民创业致富能力，提高农民收入水平；发展型战略旨在拓展高职院校的发展空间，提升高职院校的发展实力，增强高职院校的竞争优势；稳定型战略旨在保持高职院校已有的发展空间和发展规模，规避外部竞争风险对高职院校竞争优势的威胁；收缩型战略旨在通过缩小或放弃发展空间，保持高职院校的核心竞争力。

第一节　服务型战略

近年来，我国不断加大解决"三农"问题的力度，从社会主义新农村建设，到城镇化建设，使农村面貌和农民生活水平大为改观。党的十八届三中全会进一步提出放开农村土地出让、租赁、入股政策，实行与国有土地同等入市、同权同价，将解决"三农"问题推进到一个历史新阶段。但是，我国农村人口占总人口比例的70%，仍将长期存在城乡二元结构。农业作为国民经济的基础产业，对整个社会发展仍起着至关重要的作用。因此，加强农业职业院校建设，发展农村职业教育，开展农民创业教育，是未来高职教育发展的重要空间，对于现代职业教育体系建设具有基础性战略意义。2011 年，教育部等九部门出台了《关于加快发展面向农村的职业教育的意见》（教职成[2011]13 号），就加快发展面向农村的职业教育提出了具体意见。教职成[2011]13 号文明确指出，加快发展面向农村的职业教育，对在工业化、城镇化深入发展中同步推进农业现代化，推进社会主义新农村建设，推动城乡统筹发展，建设教育强国和人力资源强国，具有重大而深远的意义。根据文件精神要求，农村基础教育、职业教育、成人教育要分工协作，形成合力，共同培育"有文化、懂技术、会经营"的新型农民。面对社会主义新农村建设和中国特色新型城镇化建设的新形势，高职院校要肩负起培育新型农民的历史重任，通过开展农民创业教育提高农民综合素质和创业致富能力，"努力做到培训一批农民，推广一批技术，发展一项产业，振兴一方经济"。我们可以将高职院校面向农村发展职业教育的战略称为服务型战略，服务类型、内容、手段和方式具有多样性、层次性，本小节着重介绍高职院校开展农民创业教育[①]。

一、开展农民创业教育服务型战略的重要性

1. 有利于提高农民的整体素质。 农民是社会主义新农村、新型城镇化建设的主体，农民的素质状况将直接影响到建设进展和成效。我国农村劳动力整体素质不高已成为不争的社会事实，亟待进一步提升。有资料表明，全国 4.97 亿农村劳动力中，小学及以下文化程度的占 40%，高中以上的只有 12%，全国 92%的文盲和半文盲在农村。绝大多数农民没有受过专门的职业技能培训，且"兼业"素质较低。社会主义新农村、新型城镇化建设需要培养一大批高素质的新型农民，这是社会主义新农村、新型城镇化建设最本质、最核心的内容，也是最为迫切的要求，应该通过农民创业教育来提高农民的整体素质。

2. 有利于缓解农村的就业压力。 "十二五"时期是我国劳动力增长的高峰期，农村有 1.5 亿以上的富余劳动力需要转移，农村就业压力巨大。培育农民创业精神和创业技能，提倡和鼓励农民自主创业，挖掘和发挥农民在社会主义新农村、新型城镇化建设中的主体性作用，通过创业来解决农村就业问题无疑是一条行之有效的路径。一个农民的创业成功，可以带动几个甚至是全村待业人员的就业。如果广大农村地区形成了农民自主创业的良好氛围，则将大大缓解农村就业

---

① 本部分研究主要摘引了李玉杰，刘志峰（2008）《基于新农村建设的农民创业教育研究》一文的主要观点；编入此书前征得了原作者同意，本书作者结合目前"三农"发展形势又对该文进行了修改。

形势。可见，创业教育对于缓解农村就业巨大压力，解决社会矛盾，保障农村经济和社会的稳定，有着极为重要的现实意义和深远的社会影响。

3. 有利于促进农业结构调整和发展农业产业化经营。推进农业结构调整，促进农业产业升级，是加快现代农业建设的重要前提。当前是农村产业结构转换升级，发展农村产业化经营的关键时期。农村产业化经营，就是要采取多种连接方式，延长农业产业链条，拓展农业功能，让农民从产业化经营中得到更多的收益。近年来，随着社会经济和农业产业化的深入发展，我国农村产业结构发生了明显改变，主要表现在：第一产业比重逐年下降，第二、三产业比重迅速上升。农村产业结构调整和农业产业化的发展趋势不仅需要农民整体素质的提高，更需要以创业教育为核心的农民创业体系的支撑。

4. 有利于促进农业科技进步和创新。农村经济结构调整的重点是发展科技农业，实现传统农业向现代农业的优化升级。毋庸置疑，培养高素质的农民和实现农业科技的自主创新是完成这一转换的关键环节。通过农民创业教育，可以造就一大批"有文化、懂技术、会经营、讲文明、守法制"的新型农民，为农村经济和社会发展注入新活力。农民创业往往伴随着新技术、新产品、新工艺和新方法的产生，尤其是高技术农业科技成果转化型的企业，更是对农业科技进步和创新有着不可替代的作用。

5. 有利于促进农村经济可持续发展。市场经济的深入发展不仅引起了城乡产业结构的调整变化，而且也带来了劳动力的转移和职业岗位的变换，这就要求未来劳动者不能是仅仅掌握某一生产环节技能的"单面人"，而应是能参与生产、管理、服务和规划的"复合生态人"。只有实施创业教育，农民才能具备从业与创业的双重能力，从被动就业转向主动创业，在市场经济活动中占尽先机，取得优势，从而促进农村经济的可持续发展。

二、实施农民创业教育服务型战略的可行性

1. 中央支持农村经济发展政策的陆续出台。近年来，党中央、国务院以科学发展观统领经济社会发展全局，按照统筹城乡发展的要求，采取了一系列支农惠农的重大政策。党的十八届三中全会明确指出要坚持走中国特色新型城镇化道路，推进以人为核心的城镇化。为落实十八大、十八届三中全会、中央城镇化工作会议精神，中共中央、国务院于 2014 年 3 月 17 日又颁布了《国家新型城镇化规划（2014—2020 年）》，明确了今后一个时期城镇化建设的发展路径、主要目标、战略任务、保障制度和政策创新，具有宏观性、战略性、基础性的指导意

义。[①]《国家新型城镇化规划（2014—2020 年）》的出台对于推动城乡一体化发展、促进农村经济发展起到了积极的推动作用，高职院校实施农民创业教育服务型战略提供了基础。

2．国外农民创业教育的经验总结。 农民创业教育在国外（主要是创业培训），特别是发达国家，受到高度的重视和支持。在全面建成小康社会的今天，我们很有必要了解、研究国外的农民创业教育，为推动农民创业教育的蓬勃开展提供可资借鉴的经验。西方发达国家，诸如美国、英国、加拿大等，主要是通过一些培训机构对农民进行创业能力和创业精神的培养，并且设有农民培训相关的立法支持和资金扶助。较国外，我国的农民创业教育还处于起步阶段，国外农民创业培训的先进理念、成熟理论和体制建设为我国农民创业教育提供丰富的理论参考。

3．农民收入水平的提高。 "三农问题"是中央工作的重中之重。实现农业生产不断进步、农村经济持续发展、农民收入稳步提升是解决"三农问题"的重要目标。只有农业生产进步、农村经济繁荣和农民收入增加才能够保持整个农村经济社会的有序稳定。近来，在强农惠农政策推动、农村改革深入推进下，我国农村居民收入水平得到了不断提高。根据国家统计局数据，2012 年农村居民人均纯收入达到 7917 元，实际增长 10.7%，连续三年增幅达到两位数以上，高出 GDP 实际增速 2.9 个百分点，延续了快速增长好势头。[②]同时，农村外出务工的人数逐年增加。2012 年，农村外出务工劳动力 16 336 万人，同比增长 3.0%。18 个省市提高了最低工资标准，农民工工资也随之涨高。收入水平的提升为农民创业教育开展提供了经济基础，有利于农民创业教育的进一步推进。

4．高职院校社会服务能力的提升。 2011 年 4 月 24 日，胡锦涛同志在纪念清华大学建校 100 周年的讲话指出，不断提高质量，是高等教育的生命线，必须始终贯穿高等学校人才培养、科学研究、社会服务、文化传承创新各项工作之中。全面提高高等教育质量，必须大力服务经济社会发展。作为高职院校就要围绕科学发展这个主题，紧跟地方经济社会发展实际，不断增强服务经济社会发展能力。近年来，全国多数高职院校面向地方经济社会和行业企业开展技术服务、人力资源培训、产品设计等，既有效地推动了地方经济社会发展和行业企业的技术进步，也极大地提升了社会服务能力。特别是国家示范性、骨干性高职院校的

---

① 卫志民，魏欣欣. 对推进新型城镇化建设若干问题的思考[J]. 思想政治课教学，2013，（6）：4.

② 2012 年农民收入增速再度超过城镇居民[N]. 农民日报，2013-01-21.

建设，一方面要求立项建设院校着力提升社会服务能力，并作为建设项目验收的重要指标；另一方面要求立项建设院校必须在社会服务方面发挥示范引领带动作用。特别是农林类高职院校，其与农业、农村和农民有着天然的联系，开展农民创业教育有着得天独厚的优势。当然，开展农民创业教育并不只是农林类高职院校的"特有专利"，其他类型的高职院校也可以结合地方农村经济社会发展开展相应的社会服务工作。因此，高职院校社会服务能力的提升有助于农民创业教育的实施开展。

三、落实农民创业教育基础型战略的主要途径

1. 准确把握农民创业教育的目标。 农民创业教育要以社会主义新农村、新型城镇化建设和农民自身实际为依据，形成并确定教育目标层次。首先，社会经济的发展需要有创业意识、创业精神和创业能力的高素质农民。其次，社会主义新农村、新型城镇化建设需要"有文化、懂技术、会经营"的新型农民。此外，农民需要有重实践、有理论的创业知识，易掌握、见效快的创业本领，投资少、收益大的创业技能，适应强、韧性高的创业心理和风险小、损失少的创业门路。因此，农民创业教育应在通盘考虑社会主义新农村、新型城镇化建设需要的基础上，将目的和着眼点主要放在农民创业意识的培养、创业能力的提高、创业经验的积累和创业心理的准备上。

2. 合理构建农民创业教育的内容。 农民创业教育的内容是进行农民创业教育的基本依据，也是实现农民创业教育目标的一个重要保证。一般而言，农民创业教育内容包括知识层、行为层、精神层三个层面。

（1）知识层。知识层是农民从事创业活动的必备基础，其内容主要包括创业的基础知识，如创业信息的收集、拟创业项目的确立、拟创业项目的可行性研究以及创业项目的锁定和企业的经营管理等一系列相关的知识。

（2）行为层。行为层主要包括创业技能。行为层是静态知识层的动态彰显，是创业知识转化为实际创业影响力的根本途径，是发挥创业知识层内部能量的重要通道，也是影响农民实现创业预设目标的重要因子。

（3）精神层。精神层主要包括创业理念、创业精神和创业心理三个方面。精神层是内驱动力源，是发掘农民自身创业潜能和提高农民创业积极性的助推器，它的健全与否在一定程度上影响创业的结果以及知识层和行为层的合理建构与有效运作。这三个层面之间相互影响，相互制约，是成功创业过程中不可或缺的重要组成部分。因此，农民创业教育内容应紧紧围绕这三个层面深入展开。

3．灵活掌握农民创业教育的手段。实施农民创业教育，绝不仅仅是简单地构建必修模块和选修模块，更重要的是结合农民的特点，采用多种形式，多层次、多侧面灵活地进行。

（1）将课堂教学、讲座介绍、活动交流结合起来形成一个立体式的学习网络。农民创业教育应在保持传统课堂教学优势的前提下，定期或不定期地聘请经验丰富的专家、学者、创业成功人士开设创业讲座，开拓学员视野。此外，还应组织形式多样的创业实践交流活动，让学员在鲜活的实践体验中增长创业知识，学得创业本领。把正规的课堂教学、辅助的讲座介绍与生动的活动交流结合起来，形成合力，共同构建立体式的创业教育网络。

（2）将集中授课、针对性指导、回归教育结合起来形成一个多层次的培训网络。农民创业教育应在合理划分学员层次与准确找出教育内容的基础上，针对不同的受教育群体，科学地实施创业教育。对于学员共同需要的创业知识，应该采用集中授课办法，对于个别或少数的需要，则进行有针对性的指导。同时，借助回归教育模式，使学员在"学习—劳动—创业"和"创业—劳动—学习"的双向互动中积累创业经验，丰富创业知识，转变经营理念，增强创业能力，提高创业素质。

（3）将创业前、创业中、创业后结合起来形成一个多方位全过程的教育网络。实施农民创业教育离不开创业教育链的建构与优化。创业教育链是构建学员进行创业前的教育、创业中的指导和创业后的服务一条龙教育，并根据学员具体情况和社会实际需要，及时采取适当措施提高创业教育的竞争力。具体来讲，就是创业前要正确有效地进行创业知识的宣传和教育，引导广大农民走出创业误区，解除创业困惑，纠正片面、错误的创业认识；创业中要广泛收集和掌握有关创业的有益信息与最新动态，为广大农民提供最新的创业致富信息，并对农民创业过程中出现的问题进行及时修正；创业后要继续对创业者进行风险预测、决策投资、市场评估等服务。

4．合理构建农民创业教育体系的模型。将政府、学校、村委和农民有机结合起来，积极营造政府—学校—村委—农民四级联动的创业教育机制，科学设置完备的农民创业教育体系。在这个体系中，每个层面职责明确，独成体系，但又相互依存，不可分割，共同形成四级联动的创业教育机制。

（1）作为倡导农民创业教育的政府，应认真落实中央和上级部门关于鼓励农民自主创业的各项优惠政策和措施，加快农业科技"孵化器"、农民创业示范基地的建设，形成政府鼓励创业、社会支持创业的良好环境。

（2）作为实施农民创业教育的学校，要从农民的实际出发，有计划地组织各种类型的创业专项训练，诸如创业基础知识讲座、创业心理讲座、创业项目的可行性研究讲座等，加强对农民创业技能的培训和创业知识的传授。学校对农民的创业教育不能流于形式，应有完备的教学计划、专项的业务技能考核和学业评定。

（3）作为配合农民创业教育的村委，要积极培植自主创业基地，启动创业辅导工程，强化典型引导，宣传创业经验，建设村级创业文化，引导有资金、有技术、善经营、会管理的农民返乡创业，带动更多的农民就业。

（4）作为接受农民创业教育的农民，要更新观念，在客观评价自我的基础上，科学定位，准确规划，确立符合自身实际的发展目标。要在准确把握自身特色和优势的前提下，通过创业学习，寻找自身不足，深入研究和发掘社会需求与自身实际的契合点，集中精力在某一方面或者几方面进行突破，形成自己的特色专长。要充分研究各种社会可利用资源，逐步寻找和增加优势投入，不断开发和创新生存途径，优化和提升发展空间。[①]

第二节　发展型战略

发展型战略是指高职院校基于现有发展基础向更高层次和水平发展的战略，其价值指向是高职院校的持续发展。发展型战略可分为内涵式战略、外延式战略和多元化战略三种。

一、内涵式战略

内涵式发展是高职院校主要发展模式之一，主要指高职院校以教育教学管理和改革为重点，着力提高办学水平和教育质量，积极培育办学特色，提升学校品牌力和吸引力，实现办学水平、教育质量、发展绩效和学校文化的协同发展。内涵式发展集中表现为高职学生素质能力显著提升、学校规模稳定适度、专业结构科学合理、办学特色表现突出。从概念内涵和表现内容可以看出：首先，内涵式发展是以追求高职院校整体效益最大化为目标，通过内部资源的整合优化和综合利用，充分挖掘高职院校内部资源的潜在价值，实现高职院校教育资源绩效的最大化，是一种集约化发展模式；其次，内涵式发展是经济社会发展需求与高职院

---

① 李玉杰，刘志峰. 基于新农村建设的农民创业教育研究[J]. 安徽农业科学，2008，（5）：2088-2096.

校内在发展相互作用的结果。经济社会快速发展不断促进产业结构变化转型，而产业结构变化转型又引起人力资源结构和劳动者素质能力的变化，要求高职院校必须对接行业企业发展，按照职业岗位任职要求，培养学生的职业素质和能力，而这又有赖于突出教育质量和人才培养水平的内涵式发展。实际上，高职院校仅仅依靠办学规模的不断扩张很难实现持续发展，这是因为规模扩张往往会影响到教育质量和水平的提升，因此适度规模发展基础上的教育质量提升显得尤为重要；最后，内涵式发展是一项内容复杂的系统工程，需要高职院校不断深入推进。教育质量、办学水平、品牌特色并非短时间内能够形成，这些既需要一个长期积累的过程，也需要高职院校不断融入地方经济社会发展，结合地方经济发展实际进行合理的办学定位。①

内涵式战略是基于高职院校内涵式发展制定的战略，是高职院校办学主动性和积极性发挥的体现，是高职院校办学经营化的反映。在内容层面，内涵式战略主要突出科学定位、办学模式改革、专业建设、课程建设、人才培养模式改革、师资队伍建设、实习实训基地建设等方面。高职院校定位是高职教育基于内外环境条件确定发展目标、发展方向和发展特色的动态过程，它旨在解决高职教育发展什么和高职教育如何发展的问题。办学模式改革就是高职院校必须借助地方政府和行业企业的力量，积极探索董事会或理事会的办学模式，构建"人才共育、过程共管、成果共享、责任共担"的紧密型合作体制机制。专业建设就是通过合理制定和有效实施专业建设规划，遵循专业建设的内在规律，注重品牌专业及专业群建设，促进高等职业教育更好地为国家经济发展方式转变服务，为现代产业体系建设提供充足的高端技能型专门人才支撑，为促进就业、改善民生、建设人力资源强国做出新的贡献。课程建设是高职院校教学改革的首要任务，也是提高高职教学质量的核心因素。高等职业院校要积极与行业企业合作开发课程，根据技术领域和职业岗位的任职要求，参照相关的职业资格标准，改革课程体系和教学内容。人才培养模式改革就是借鉴国外先进的职教理念和办学经验，积极探索工学结合的人才培养改革，不断实现"从学历本位到能力本位、学科中心到学习者中心、封闭的学校教育到社会化学习体系的转变"②。师资队伍建设是推进高职院校办出特色，全面提高高职教育质量，提升其服务经济社会发展能力的基础。高职教育的实践性、跨界性、综合性和高素质技能型专业人才培养的特殊

---

① 欧阳恩剑. 浅论高职院校内涵式发展的特点及要求[J]. 职业教育研究，2008，（3）：18-19.

② 谈松华. 人才培养模式变革与教育制度创新[J]. 职业技术教育，2006，（16）：5-7.

性，决定了高职教育必须构建一支结构合理、素质优良、专兼结合的师资队伍。除创新高职学校师资管理制度、加大高职学校教师培养培训制度之外，还需要加快双师教学团队建设。实训基地是高职院校对学生进行专业岗位技术技能培训与鉴定的实践教学单位，是实现高职教育目标的重要条件之一，其教学基础设施与工作状况直接反映高职院校的教学质量与教学水平。

二、外延式战略

高职院校作为高职教育功能发挥的重要载体，具有现代高等学校的一般属性和本质内涵。从构成上看，高职院校可分为软件和硬件两个部分，相应地组成高职院校的软实力和硬实力。软件部分主要指高职院校的办学理念、办学定位、办学特色、领导能力、师资力量、专业特色、学生素质、办学质量、人才培养水平、社会影响以及校园文化等；硬件部分主要指高职院校的办学条件，具体为占地面积、教学用房面积、学生宿舍、教学设施、实验实习设备、活动场所面积、教学经费投入等。软件部分具有隐性抽象的特点，是高职院校发展的内核和关键；硬件部分具有显性具体的特点，是高职院校发展的基础和保障。实践表明，高职院校既要重视软实力的提升，也要注重硬实力的发展。尤其在高职院校成立之初，通过扩大办学规模、推进外延发展来获得经济支持已成为多数高职院校的选择，这是因为办学规模扩大能够保证办学经费，进而满足高职院校办学运转的费用需求，否则会影响到高职院校的正常运作，这一点在民办高职院校表现得尤为突出，有学者就提出外延式发展是民办高职院校生命线的观点。尽管这种观点有一些偏颇，但不可否定的是外延式发展切实对于高职院校成立初期具有十分重要的作用和意义。经过初期阶段的外延发展，高职院校硬实力得到显著增强，同时办学软实力也会得到提升，这是高职院校领导者按照高职教育办学规律双轨驱动，平稳快速推进发展的集中体现。除了满足办学运转的原因之外，办学实力提升也是高职院校进一步推进实施外延式发展战略的重要原因。例如，一些办学历史悠久的高职院校，办学整体实力较强，特别是进入国家示范性高职院校建设行列的院校，按照教育部、财政部要求，要充分发挥示范校的示范、辐射和带动作用，而这又集中体现在社会服务和对外交流两个方面。示范校面向行业企业需求，开展员工培训、技术研发、继续教育等工作都是外延式发展的有力体现，同时与地方或中西部中高职院校展开交流合作，服务和支持这些院校发展，以及与国外相关院校展开国际交流与合作也可视为外延式发展。

作为高职院校发展模式的重要表现，外延式发展是以外部因素作为高职院校发展动力和资源的模式。与内涵式发展有别，外延式发展强调高职院校办学规模扩大、办学投入增加、师资队伍增加、校园面积拓展和教学设施增加等。如果说内涵式发展是高职院校对"质"的探究，那么外延式发展就是对"量"的追求。在多数学者看来，外延式发展是以办学规模扩张为基础的高职院校人财物资源的不断增加，以及依靠这些资源大量投入和消耗为手段的教育质量提升和教育绩效取得。从实施方式来看，外延式发展离不开高职院校、政府、行业企业之间的互动联系，其结果表现为优质的学生质量和社会服务，互动联系的状态直接影响结果的绩效水平。如果互动联系有碍，极有可能造成学生人数增加与教育质量下降、用人单位招工荒与高职学生就业难、社会需求多样化与高职培养趋同化之间的矛盾。从实施时间来看，外延式发展基本在高职院校成立初期进行，具有必要性和有效性，当高职院校办学规模达到一定水平时，内涵式发展就显得尤为重要，通过内涵式发展使得办学实力得到整体提升后，高职院校也要继续推进外延式发展，使得内涵式与外延式发展并驾齐驱，进一步增强了高职院校的竞争优势和品牌效应。从构成要素来看，外延式发展主要以高职院校人财物资源的投入和消耗为基础，旨在实现办学规模和发展速度的提升，资源投入和消耗可以被量化、测评和数据化。从发展重点上看，外延式发展主要强调办学规模扩大和办学空间拓展，突出外在资源供给的不断增加。从实施内容上看，外延式发展包括招生人数增加、校园面积增加、办学空间拓展、社会服务范围扩大、对外交流加强等方面。①

三、多元化战略

多元化战略是高职院校增加学生培养层次、丰富社会服务类型、扩展办学发展空间所采取的一种整合战略。实施多元化战略要求高职院校具备较强的办学实力和发展能力，能够进入与高职院校功能发挥相近的领域。与企业不同，高职院校的多元化战略不意味着高职院校完全进入一个与人才培养、社会服务、科技研究和文化传承毫无关联的发展领域，这是由高职教育的本质属性所决定的。从理论上讲，多元化战略能够给高职院校带来可观的收益，一是高职院校可以在自己专长领域采取持续性投入获得收益，诸如利用优越的实习实训条件可以面向行业企业开展技能鉴定、技能培训服务；利用优质的师资队伍条件可以面向社会开展

---

① 靳启颖. 高职教育内涵式发展与外延式发展的比较研究[J]. 职教通讯，2011，(21)：68-71.

各种继续教育培训等；二是实施多元化战略通常需要优化整合高职院校各部门的资源，之后能够产生单个部门资源无法比拟的整体效应，提高高职院校应对外部环境风险的能力，保持和增强高职院校的竞争优势。固然多元化战略在理论上能够给高职院校带来收益，但实际获得收益的时间相对较长，且具有一定的风险性。借鉴企业多样化经营战略的表现形式，可以将高职院校多元化战略划分为集中多样化和横向多样化两种。

集中多样化战略可理解为高职院校集中自身资源优势发展与教育教学相关的业务。例如，高职院校集中优质师资力量，利用丰富的教学条件和良好的住宿环境，利用假期面向全国开展各种培训活动，这样前来参加培训的人员就可以享受到从住宿到教学再到环境的优质待遇，而高职院校则可以借助师资、教学和住宿条件获得收益。正常教育教学和假期开展培训学习互不影响，高职院校发展业绩也会不断提升。实施集中多样化战略需要考虑一定的情况和条件，主要包括高职院校新发展的业务具有较强的竞争优势，如师资、地理位置、学校品牌等；发展的新业务可能显著增加高职院校已有资源的价值，如优质师资条件能够吸引更多的学习者前来培训学习；高职院校具有较强的竞争力来应对和处理外部环境已有或潜在的风险；高职院校发展的新业务正好与正常的教育教学形成互补，使得教育资源能够循环使用；高职院校拥有较强的业务管理队伍和完善的管理制度，能够保证新业务的持续推进。

横向多样化战略也可称为水平多样化战略，是指高职院校在保证正常办学的基础上，增加新的与教育教学不大相近的业务的战略。横向多样化战略实施具有一定的风险性，毕竟与教育教学不大相近，需要高职院校领导者具备相应的知识背景和心理准备。对于高职院校而言，将精力投放到与办学、教育教学没有关联的领域既不允许也不现实，且没有足够的经验和能力驾驭新领域出现的各种风险，如有的高职院校组建后勤集团公司，其业务范围应该以服务教学工作为中心，如果投资房地产或其他行业领域必然会牵扯学校的办学精力，稍有不慎就会造成难以挽回的损失，甚至会影响到学校资金链的正常运转，给高职院校声誉和品牌带来负面影响。

第三节　增强型战略

增强型战略也可称为稳定型战略，其实施基本处于高职院校的成熟期，是增强高职院校办学能力和教育教学能力的战略。在成熟期，高职院校办学规模、办学实力相对稳定，内外环境中各种影响因素不断增加，对高职院校持续发展产生一定负向影响，亟待采取相应措施对办学水平、教育质量、科研能力、社会服务能力进行强化，使得高职院校在日渐激烈的高职教育竞争中赢得更强的优势和更广阔的发展空间，实现持续健康发展。增强型战略可分为生源扩展战略、服务拓展战略和中高衔接战略三种类型。生源扩展战略着重解决高职院校生源短缺问题，服务拓展战略着重解决高职院校社会服务能力提升问题，中高衔接战略着重解决高职教育示范引领中职改革发展问题。

一、生源扩展战略

生源扩展战略主要是高职院校通过强有力的宣传活动、单独招生方式来保证招生计划顺利完成，不断扩大学校的影响力和吸引力的战略。据网络资料显示，2000—2008 年我国高等教育适龄人口（18—22 岁）规模逐年增大，并于 2008 年达到峰值 1.25 亿人，2009 年至 2020 年前后逐年下降。根据《国家中长期教育改革和发展规划纲要（2010—2020 年）》确定的高等教育发展目标推测，2020 年，高等教育适龄人口（18—22 岁）规模约为 8250 万人。从 2008 年到 2011 年，高考报名人数呈现逐年递减趋势，2008 年为 1060.7 万、2009 年为 1022.6 万人、2010 年为 957 万人、2011 年为 933 万人。目前，高考报名人数下降已经成为不争的社会事实，造成这一现象的原因具有多层面性：首先，适龄人口的减少。2003—2009 年，全国普通高中应届毕业生规模分别为 458.12 万人、546.94 万人、661.57 万人、727.07 万人、788.31 万人、836.06 万人和 823.72 万人。2008年，应届毕业生规模达到高峰。2009 年以来，占报考人数 70%以上的普通高中应届毕业生规模出现了不断下降的趋势。2009 年，全国共有 16 个省市出现普通高中应届毕业生人数下降的问题。其次，中职教育的快速发展。近年来，为解决城乡、东西部职业教育资源与生源之间的矛盾，国家加大统筹区域职业教育发展的力度，为更多的农村初中毕业生提供了接受职业教育的机会，提高他们到城市和东部地区就业的竞争力，中等职业学校毕业生规模也呈现出逐年增加的势头，中职学校招生规模的扩大，必然会导致中高考报名人数下降。最后，高中毕业生出国留学人数逐年增加。近年来，我国留学市场飞速发展，出国留学人数逐年递增，并呈现持续增长的状态，且出国留学生的低龄化趋势越来越明显。[1]

---

① 适龄人口下降对我国高等教育的影响[EB/OL]. 湖北自考网. 2011-09-07.

高等教育普遍面临生源缩减的问题，而高职教育生源缩减的紧迫性更加突出和严峻，这是因为高职教育还面临着来自普通高等学校的生源竞争，由此出现高职院校招生计划未完成的现象也就在所难免，甚至个别省份的省级示范性高职院校也面临招生难的困境，实际招生数未达到计划招生数的一半。因此，实施生源扩展战略对于每个高职院校都具有十分重要的意义。生源扩展战略需要广泛开展宣传活动，高职院校可以组建素质优秀的招生队伍，到生源丰富的地区开展招生咨询会、加大宣传力度、增强辐射力和影响力。同时，高职院校也可到各地区建立优秀生源基地，与地方高中学校建立合作关系，既可以保证生源数量，也可以保证生源质量。实施生源扩展战略需要考虑一定的条件：一是计划保证或扩展生源的专业必须具有较强的办学实力，且与同类院校相同专业相比具有较强的竞争优势；二是计划保证或扩展生源专业的社会需求较大。如果该专业人才供需达到饱和状态，且专业毕业生就业前途不景气，实施生源扩展战略很可能收不到明显的绩效；三是社会对计划保证或扩展生源的专业人才需求较大，但同类高职院校的办学水平出现下降。尽管目前生源扩展战略没有在高职院校普遍实施，但在民办高校、独立学院已开始实施。随着高职生源的不断缩减和竞争的日渐激烈，生源扩展战略必将引起高职院校的普遍重视，并成为高职院校保证生源数量和质量的有效途径。

二、服务拓展战略

服务拓展战略主要是通过整合、创新和开辟高职院校社会服务空间与途径，充分挖掘和增强高职院校服务地方经济社会发展的能力，以服务地方经济社会求办学支持，不断实现与地方经济社会的协同发展。教育部《关于全面提高高等职业教育教学质量的若干意见》（教高[2006]16 号）文件，明确指出高职院校要服务区域经济和社会发展，跟踪市场需求的变化，主动适应区域、行业经济和社会发展的需要，根据学校的办学条件，有针对性地调整和设置专业，建立以重点专业为龙头、相关专业为支撑的专业群，辐射服务面向的区域、行业、企业和农村，增强学生的就业能力，为区域经济社会发展输送大量的高素质技能型人才。2010 年，教育部、财政部出台《关于进一步推进"国家示范性高等职业院校建设计划"实施工作的通知》（教高[2010]8 号），标志着国家骨干高职建设院校建设计划项目的正式启动，文件指出国家骨干校建设项目的主要目标是：新增 100 所左右骨干高职建设院校，推进地方政府完善政策、加大投入，创新办学体制机制，推进合作办学、合作育人、合作就业、合作发展，增强办学活力；以提高质量为核心，深化教育教学改革，优化专业结构，加强师资队伍建设，完善质量保障体系，提高人才培养质量和办学水平；深化内部管理运行机制改革，增强高职院校服务区域经济社会发展的能力，实现行业企业与高职院校相互促进，区域经济社会与高等职业教育和谐发展。教高[2006]16 号文件强调了提高高素质技能型专业人才培养质量对经济社会发展的作用，教高[2010]8 号文件丰富了高职院校服务经济社会发展的方式内容，除了培养区域产业发展急需人才之外，高职院校应该拓展社会服务功能，面向行业企业开展技术服务，面向区域开展高技能和新技术培训，参与企业技术创新和研发，为企业职工和社会成员提供多样化继续教育，为中职毕业生在岗接受高等学历教育创造条件，增强服务国家区域发展战略的能力。

服务拓展战略实施需要具备一定的条件，主要包括：一是高职院校要具备较高的人才培养质量、较强的技术研发和创新能力、优质的师资队伍和优越的办学条件。服务地方经济社会发展通常要借助高职院校已有的办学资源和条件，必要时可以采取多个学校联合的方式以形成整体态势；二是高职院校处于发展期、成熟期阶段，在地方经济社会环境中，高职教育领域具有较强的辐射力和影响力，其提供的服务方式、内容能够被行业企业广泛接受和认可；三是高职院校的技术研发能力较强，且更新提升的速度较快，能够紧扣行业企业技术发展的脉络；四是地方经济社会发展需要高职业院校提供必要的服务支持，地方政府支持高职院校社会服务能力建设，出台了相关政策制度，能够切实保证高职院校服务拓展战略的有效实施。对于高职院校而言，实施服务拓展战略也具有一定的风险性，这种风险一方面来自高职院校层面，主要指服务拓展战略实施需要高职院校必要的人财物投入，进而增加了高职院校的运行成本和风险；另一方面来自外部环境层面，主要指开发的服务类型和提供的服务内容不能够被社会特别是行业企业所认可和接受，这样服务拓展战略实施也就无法取得实效。同时，外部环境的急剧变化也会导致服务拓展战略实施的失败，如突发性的自然灾害会造成地方经济社会的巨大破坏，给行业企业发展带来致命打击。同时，金融危机的发生也会影响到高职院校服务拓展战略的顺利实施，这是因为服务拓展主要面向中小微企业，而中小微企业应对金融危机的能力偏弱。2007 年，美国次贷危机发生及其在全球范围的蔓延，使得世界多数国家饱受金融危机影响，经济大衰退、大萧条成为这些国家面临的突出问题，相关的中小微企业遭受重创，高职院校的服务拓展也就失去了市场。

三、中高职衔接战略

"十二五"时期，经济发展方式转变、经济结构战略性调整、经济长期平稳较快发展以及社会和谐稳定成为时代主题，尤其是现代产业体系的建设，使得产业人才结构和职业教育体系必须做出适应性选择，职业教育要加快改革发展、提升社会服务能力，系统培养适应现代产业发展要求的高素质技能型人才，充分发挥自身在服务区域、促进就业、改善民生方面的功能优势，面向社会和行业企业开展形式多样的服务。从职业教育发展实际来看，中高职业教育在专业结构、课程体系、教材内容、教学组织和考试评价等方面存在脱节、断层或重复现象，职业教育整体吸引力不强，与经济社会发展对技能型人才系统培养的要求尚有较大差距。因此，《国家中长期教育改革和发展规划纲要（2010—2020 年）》提出到2020 年形成现代职业教育体系、增强职业教育吸引力的战略目标，要求以科学发展观为指导，以推进中高职协调发展为切入点，探索系统培养技能型人才制度，增强职业教育服务经济社会发展、促进学生全面发展的能力。2011 年 9月，教育部出台了《关于推进中等和高等职业教育协调发展的指导意见》（教职成[2011]9 号）文件，对于中等和高等职业教育协调发展提出了具体意见，协调发展不仅要求中等、高等职业教育并进发展，也要求中等、高等职业教育衔接发展，并进发展是衔接发展的重要目标之一，衔接发展是并进发展的有效方式手段。从这个意义上讲，只有中高职业教育在人才培养目标、专业结构布局、课程体系和教材、教学过程、教学手段、招生制度、评价模式、师资队伍建设、校企合作等方面实现有效衔接，才能切实保证中高职业教育的协调发展。通过中高职有效衔接，不仅有利于拓宽中职教育学生继续深造和学习的通道，缓解高职教育生源紧缩、招生困难的问题，也有利于系统培养技能型人才，增强职业教育特色，建立现代职业教育体系。

对于高职院校而言，必须要顺应我国经济社会发展要求，结合《国家中长期教育改革和发展规划纲要（2010—2020 年）》的主要精神，根据《教育部关于推进中等和高等职业教育协调发展的指导意见》（教职成[2011]9 号）、《教育部关于推进高等职业教育改革创新引领职业教育科学发展的若干意见》（教职成[2011]12 号）、《教育部关于全面提高高等教育质量的若干意见》（教高[2012]4号）等文件要求，在系统研究地方产业经济、职业教育发展实际以及自身办学条件和未来发展走向的基础上，科学制定和有效实施中高职衔接战略，具体而言就是：一要明确发展定位。高职院校必须明确中等职业学校和自身的定位，发挥各自作用办出特色、提高质量、提升学生职业素质和就业能力。中等职业教育是高中阶段教育的重要组成部分，重点培养技能型人才，发挥基础性作用；高等职业教育是高等教育的重要组成部分，重点培养高端技能型人才，发挥引领作用。针对高职教育发挥示范引领作用，教育部还专门出台《关于推进高等职业教育改革创新引领职业教育科学发展的若干意见》（教职成[2011]12 号）文件，旨在推动高职院校体制机制创新，深化校企合作、工学结合，进一步促进高职学校办出特色，引领职业教育科学发展。二要明确发展方向。我国从经济大国向经济强国、人力资源大国向人力资源强国迈进的时代背景，决定了高职教育必须明确发展方向，承担时代责任，主动适应经济社会发展需要，培养高素质技能型专门人才，促进社会就业、改善民生发展、加快全面建成小康社会建设进程。同时，也要提高教育质量，增强办学特色，深化校企合作，创新办学机制，深化教育教学改革，引领职业教育发展，推动现代职业教育体系建设。三要明确衔接内容。中高职衔接的主要目的是系统培养高素质技能型专业人才。围绕人才培养，高职院校应该体现高职教育的高等性，引领中职院校一道"适应区域产业需求，明晰人才培养目标；紧贴产业转型升级，优化专业结构布局；深化专业教学改革，创新课程体系和教材；强化学生素质培养，改进教育教学过程；改造提升传统教学，加快信息技术应用；改革招生考试制度，拓宽人才成长途径；坚持以能力为核心，推进评价模式改革；加强师资队伍建设，注重教师培养培训；推进产教合作对接，强化行业指导作用；发挥职教集团作用，促进校企深度合作"。[①]

需要说明的是，中高职衔接战略实施同样需要具备一定的条件，主要包括：一是属于同一性质教育但层次不同的中职和高职院校必须具有衔接的意愿或愿望，任何一方不愿意都不会促成中高职衔接；二是中高职衔接必须强化政府责任，发挥政府统筹规划管理的职能，完善政策措施，改善中高职办学条件，提高行业企业参与职教办学的积极性，切实促进中高职衔接；三是中高职衔接必须基于一定的投入力度，加大投入力度，建立健全经费保障机制，保证中高职衔接经费投入稳定增长，在财政、税收、金融和土地方面出台优惠政策，形成政策合力，共促中高职衔接发展和协调发展。

---

① 教育部关于推进高等职业教育改革创新引领职业教育科学发展的若干意见. 教职成[2011]12 号文.

第四节　退出型战略

退出型战略是指高职院校紧缩办学空间或者放弃个别招生难、就业难的专业，减少教职员工数量、降低运作成本的战略。随着高职教育竞争态势的日渐激烈，如何缩减办学成本，提高办学投入绩效成为各高职院校必须冷静思考的重要问题。与增强型战略相区别，退出型战略主要是放弃专业发展、缩小办学空间。高职院校实施退出型战略多数情况是办学成本增加所致，但也有的时候是通过实施退出型战略，集中整合资源，将节约出来的资源投入到效益明显的领域，或者开辟新的办学空间。退出型战略并不是高职院校随意实施的，它需要经过深思熟虑和系统论证，要求领导者克服心理障碍，做好退出前中后三个环节的准备工作。根据高职院校退出型战略的内容，可以将其划分为专业退出战略、办学规模紧缩战略和人力资源退出战略三种，专业退出战略主要是高职院校合理规划放弃招生和就业难的专业的战略；办学规模紧缩战略主要是指由于高职院校办学条件难以支撑办学规模而不得不做出规模缩减的战略；人力资源退出战略主要指高职院校通过裁员减低人力资源成本的战略。

一、专业退出战略

近年来，在社会各方的共同努力下，我国高职教育取得了快速发展，对于促进高等教育大众化、完善高等教育体系结构、满足人民群众接受高等教育需求、提高国民素质起到了重要作用。与此同时，高职教育也面临诸多挑战、问题和矛盾，其中不乏专业设置方面的问题。高职教育发展初期，各高职院校为保证生存采取扩展规模的方式，不断开设新专业，使得招生专业数量快速增加，尽管不排除和否定这种方式的积极作用，但多数学校忽视对专业建设的科学合理规划，甚至专业设置的条件还不成熟。这种短视做法所潜在的问题，随着高职院校之间竞争的日渐激烈、产业结构的不断调整以及社会人力资源结构的发展变化逐渐暴露，日渐成为影响高职院校专业建设发展的软肋。面对已设置但发展前景不好的专业，一些高职院校表现出既"不愿"也"不敢"放弃的态度。所谓"不愿"是指高职院校不愿意放弃个别专业，而热衷于保持和扩大专业规模。导致这一现象的原因主要有三个方面：一是放弃专业意味着减少招生；二是放弃专业意味着已有专业群体系、课程体系发生变化，直接影响专任教师授课量的完成；三是放弃专业意味着办学水平和教育质量的下降，会影响到学校的声誉和品牌。对于高职院校来说，这些都是不愿意接受的，必然导致学校办学资源的浪费。所谓"不敢"，表现为高职院校没有放弃个别专业的勇气和胆识，主要指那些新成立的高职院校对办学思路和专业建设方向没有清楚的认识和准确的把握，以至专业发展定位不准确。这就需要高职院校认清内外发展形势，根据自身办学条件和社会人力资源供需变化，合理规划和调整专业体系，适时实施专业退出战略。

实施专业退出战略是高职院校内涵建设的体现。为深入贯彻落实胡锦涛同志在庆祝清华大学建校 100 周年大会上的重要讲话精神和《国家中长期教育改革和发展规划纲要（2010—2020 年）》，大力提升人才培养水平、增强科学研究能力、服务经济社会发展、推进文化传承创新，全面提高高等教育质量，教育部出台了《关于全面提高高等教育质量的若干意见》（教高[2012]4 号），文件指出要牢固确立人才培养的中心地位，树立科学的高等教育发展观，坚持稳定规模、优化结构、强化特色、注重创新，走以质量提升为核心的内涵式发展道路。稳定规模，保持公办普通高校本科招生规模相对稳定，高等教育规模增量主要用于发展高等职业教育、继续教育、专业学位硕士研究生教育以及扩大民办教育和合作办学。优化结构，调整学科专业、类型、层次和区域布局结构，适应国家和区域经济社会发展需要，满足人民群众接受高等教育的多样化需求。作为高等教育的重要类型，高职教育要全面贯彻教育部关于全面提高高等教育质量的要求，适当控制招生规模，以提高教育质量为核心，坚持内涵发展和内涵建设，而推进专业退出战略是高职教育完成规模发展进入突出内涵、强化质量阶段的客观要求和重要体现。

实施专业退出战略是高职院校运作经营理念的体现。学校管理和学校经营是高等学校运行模式的两个层次。学校管理是为了实现教育目的，教育管理者对教育活动进行计划、组织、领导和控制的过程。学校经营是为了实现教育目标的最大化，教育管理者对教育资源进行合理配置的过程。前者注重管理过程以实现教育目的为目标，后者注重资源的有效利用以达到教育目标的最大化。[①]长期受办学体制机制的影响，我国高职院校的运作模式偏重于管理层面，经营理念较为淡薄，高职院校教育管理、发展规划和资源配置手段明显具有计划经济的烙印，缺少市场经济的特点。尽管高职院校在资源配置中也综合利用了一些市场调节的方式和手段，但在组织管理和资源配置上仍然突出政府调控，市场在高职院校运行

---

① 周游. 我国高等学校市场化经营：特征、障碍及路径分析[J]. 辽宁教育研究，2003，（1）：20.

模式中的基础调节作用得不到充分发挥，以至于高职院校在发展理念、培养模式、投资体制、办学体制以及管理体制等方面落后于现行的经济体制。实施专业退出战略就是充分发挥市场对高职专业筛选淘汰的作用，推动高职院校加强专业结构整合与优化，促进高职教育资源的合理流动，提高高职教育资源的利用率，从整体上提升高职院校的教育质量和办学水平。实施专业退出战略需要具备一定的条件，主要包括：一是高职院校必须认真学习和领会教育部关于高职专业建设相关文件的精神要求，这些文件主要有《普通高等学校基本办学条件指标（试行）》（教高[2004]2 号）、《普通高等学校高职高专教育专业设置管理办法（试行）》（教高[2004]4 号）等；二是高职院校必须充分调动社会力量，特别是行业企业、第三方评估机构、用人单位、毕业生以及学生家长，围绕高职专业办学水平、条件和质量广泛征求各方意见和建议，提高社会各方对专业建设的监督和评价力度；三是高职院校必须根据自身专业建设实际和办学条件，合理制定专业退出战略，强调专业退出战略的科学性、前瞻性和规划性，保证专业退出战略实施的持续性，逐渐退出那些办学条件差、社会声誉低、招生困难大、毕业生就业率低的专业，合理优化专业结构。

二、办学规模紧缩战略

鉴于高等教育对于拉动经济发展、扩大内需的积极作用，1999 年，中共中央国务院出台《关于深化教育改革全面推进素质教育的决定》，指出高等职业教育是高等教育的重要组成部分，要大力发展高等职业教育。同年，国家开始实施高等教育扩招计划，高等职业教育成为高校扩招的主力军，也迎来了大发展时期，从 2000 年到 2010 年，高职年招生从 130 万增至 310 万，至今已占据了高等教育的半壁江山。尽管高职教育的发展速度较快，但仍处于起步阶段，加上没有可资借鉴的成熟经验，多数高职院校出现办学定位不准确、办学思路不明确、办学绩效不明显等问题。面对激烈的高等教育竞争，有的高职院校禁锢于本科教育模式，强调学科教育体系；有的高职院校以升本为目标，盲目扩大办学规模，希望跻身本科院校行列，忽视内涵建设，造成教育教学质量不高。导致这些问题出现的原因主要有两方面：一是国家对于高职教育的类型和层次没有得到明确；二是高职院校对于高职教育的本质特性没有充分认识。不仅如此，社会对高职教育认识也存在一定偏见，高职教育难以享受到等同或接近于普通高等学校的财政投入，促使高职院校认为扩大办学规模是获得持续发展的唯一保证，进而影响高职院校对办学条件改善和教学质量提高的关注。

作为一个综合性概念，办学规模通常是指高职院校在校生人数、专业数量、占地面积等。办学规模定位是制约高职院校稳定发展的重要因素。办学规模定位应该以高职院校的办学基础和条件为依据。办学规模定位的合理水平和准确程度直接决定高职院校办学的绩效水平，进而影响高职院校的持续发展，并且这种影响将随着高职院校改革发展的递进深入越来越明显。办学规模能够带来效益，但规模并不等同于效益。追求办学规模必须是基于效益和质量的发展规模，即便是办学规模较大，如果没有与之相适应的教师资源、专业结构、教学设施、管理机制，也很难取得较好的教育绩效和目标。办学规模定位是一项复杂的系统工程，它受到诸多环境因素的影响，只有综合考虑各类环境因素及相互关系的实际，才能保证办学规模定位的合理有效。教育经济学理论揭示，合理的规模定位一要适应社会经济发展水平和区域产业结构要求；二要考虑高职院校现有的办学基础和条件，以及未来发展走向；三要满足高素质技能型专业人才培养的需求；四要构建有利于高职教育规模与结构相互促进、协同发展的运作机制。目前，一些高职院校盲目求大，动辄将发展规模定位在万人左右，甚至拥有兼并其他高职院校的壮志雄心，这些大多与已有的办学基础和条件不符，严重影响了办学质量的提升，必须引起重视并予以合理控制，否则高职院校的优势特色极易在不断追求规模扩大的过程中散失。[①]

对于办学规模相对较大的高职院校，一要正确认识办学规模与办学质量之间的内在关系，合理把握规模与质量之间相互影响、相互作用的内在规律，尽量保持二者之间的协调互动关系，既要避免因规模扩大影响办学质量提高，也要避免因办学质量提高影响规模适度扩展，制约办学资源潜能的应有发挥；二要全面了解自身办学条件及未来发展走势，利用 SWOT 理论对办学优势、劣势、机遇和威胁进行综合分析，据此判断哪些专业是强势专业、一般专业、弱势专业，合理引导办学资源向强势专业流动，适当紧缩弱势专业和一般专业的办学规模，尤其要根据产业结构和人才结构变化趋势，从整体上把握专业结构变化规律；三是制定办学规模紧缩战略，树立危机意识，能够在生源日益减少的背景下，适时推进办学规模紧缩战略，不仅有利于避免高职院校办学资源的浪费，也有利于高职院校集中资源提升强势专业的核心竞争力，使得强势专业更强，促进一般专业向强势专业转化，进而从整体上保证高职院校的办学实力水平。

① 刘志峰. 生态位理论视野下职业教育发展定位的内涵与类型[J]. 教育与职业，2011，（9）：7-9.

三、人力资源退出战略

对于高职院校而言，人力资源的重要性和意义显得尤为突出与明显。一方面，良好的人力资源环境是高职院校组织结构成熟的重要标志，可以说，高职院校的发展历史包含着人力资源管理的发展和实践过程，人力资源与高职院校的成长发展本身同步进行；另一方面，人力资源是高职院校资源体系中的重要组分，它的各个构成要素，诸如活力、技能、知识等，共同构成特殊的结构形态，塑造着高职院校办学和人才培养的能力框架。高职院校为了提高办学水平和教育质量，增强品牌力和竞争优势，就需要具有较强的人力资源管理水平，而这又有赖于人力资源管理模式的合理选择，这是因为管理模式直接影响人力资源管理的要素选择、规划制定、机制建构、运作表现和绩效评价等，由此便衍生出一个非常现实而又重要的问题：人力资源管理应该采取何种模式？20 世纪 90 年代以前，由于高职院校生存发展环境的相对稳定，人们对于人力资源管理生态问题的关注和研究略显不足。然而，随着环境危机、生态危机和教育危机的不断出现及其对高职院校生存发展产生影响力的日渐增强，多数高职院校开始探寻适应环境变化、弱化环境负向作用的策略途径，发现合理有效的人力资源管理既有助于提高高职院校办学水平和人才培养水平，也有助于保持竞争优势，改善内外环境，实现持续发展。为此，人力资源管理模式也逐渐从关注高职院校内部环境不断转向内外环境的有机结合。这种在人力资源管理规划、实施、评价和优化过程中体现出的适应环境变化、要求的价值取向可称为人力资源管理的生态理念。

在生态价值理念的指引下，人力资源管理活动需要体现和适应高职院校内外环境变化及要求，生态化模式也就逐渐成为人力资源管理的新模式。人力资源管理生态化模式的运作，不仅需要管理者能够准确辨识各类环境要素的性质、类别和功效，也需要全面考察内外环境要素之间关联互动的内容、形式和特征。与企业人力资源研究相类似，国内学者主要侧重高职院校与环境之间、人力资源管理与环境之间互动关系的探讨。基于综合视角分析，人力资源管理生态问题是近年来学术界研究动态的新走向。在理论界，一些学者更加注重人力资源管理生态环境、影响因素的分析，提出外部生态环境和内部生态环境是高职院校进行人力资源管理的基础条件和重要依据，实现高职院校内外生态环境的最优化是人力资源管理的主要目标。也有一些学者在界定人力资源生态系统概念的基础上，构建了人力资源生态系统的识别体系和评价机制，指出人力资源生态系统的营造有益于人力资源改善和持续发展，其作用不仅体现在为高职院校应对内外环境变化提供内蕴性支撑，更为人力资源市场的平衡有序和健康稳定注入新的动力因子，使得人力资源市场的物质循环、能量流动和信息传递始终处于正常合理状态，进而促进高职院校与社会环境的协同演进。

根据人力资源管理环境的不同，可以将人力资源管理生态系统分为狭义和广义两个层次，狭义层面的人力资源管理生态系统是基于管理绩效最优化而有机组合人力资源管理主体、客体、内容、手段和方法等要素的系统化过程，或是营造一个有利于人力资源管理的系统整体，这个系统整体的支撑条件、要素主要来自企业内部。广义层面的人力资源管理生态系统是指建立在人力资源管理内外环境协同共生基础上的具有特定结构关系、功能形态和价值指向的有机系统。从系统平衡角度来看，人力资源管理生态系统具有一个进入流和退出流，进入流是指外部环境中的人力资源进入人力资源管理生态系统内部；退出流是指人力资源管理生态系统内部的人力资源流出系统。所以，人力资源退出是人力资源管理生态系统运作发展的一种现象。高职院校人力资源退出是一个持续过程，它是高职院校根据办学和发展需要，在不断完善考核评价体系、规范聘用制度、健全保障制度的基础上，通过对内部成员的管理、培训、聘用、考核、评价、奖励，对达不到任用要求的成员采取退出措施，达到优化组织结构、实现成员与岗位匹配、成员业绩与效益匹配的目的。从退出原因上来看，高职院校人力资源退出包括自然退出、自动退出和强行退出。自然退出是指高职院校教职工到了法定退休年龄而退出工作岗位的现象；自动退出是指教职工主动选择退出高职院校，跳槽到别的院校的现象；强行退出是指高职院校或其主管部门采取行政手段对不适合学校发展需要的教职工进行辞退的现象。高职院校人力资源强行退出需要有相应的制度作保证，以法律法规为依据，体现公开、公平、公正原则。[①]

---

① 黄蕾. 高职院校教师退出制度研究[J]. 教育与职业，2012，（6）：71-72.

第八章　高等职业院校战略实施

战略管理是高职院校发展规划的总体部署，也是高职院校发展资源优化组合的集中体现。战略管理不能停留在战略选择阶段，要将战略选择付诸具体实践，使得战略选择的静态目标、方案和内容在实践活动中动态化，即战略实施。战略实施是在战略选择的基础上，将战略选择内容转化为现实绩效的动态过程，它不仅体现主体对战略目标的理解能力、战略过程的把握能力和战略资源的配置能力，也反映主体对高职院校内外环境关系的协调、整合和利用能力。

第一节　高等职业院校战略实施的主要过程

高职院校战略实施是一个涉及诸多要素、内容和层面的活动过程，不同要素、内容和层面之间相互联系、相互作用、形成合力，共同影响战略实施过程的有序推进。要素不足、内容短缺、层面紊乱都会影响到战略实施绩效的取得和提高，因此，高职院校战略实施是一项复杂的系统工程，要顺利推进这项工程就必须全面了解其实施过程。高职院校战略实施过程大致可分为确立主体、配置资源、设置结构、构建制度、加强保障五个方面。本节主要以国家骨干高职院校建设分析为例，突出对秦皇岛职业技术学院推进国家骨干高职院校建设过程的分析。

一、确立主体

战略实施首先需要高职院校科学分解战略目标和战略任务，按照目标、任务的重要程度和紧迫程度进行排列组合，构建战略目标排序表和战略任务排序表。通过排序表就可以清楚地看到哪些战略目标、任务是重要的和紧迫的，哪些是次要的和暂缓的，这时将各战略子目标、子任务之间的关联性对应起来加以分析，有利于战略实施主体做出正确的策略选择，为高职院校战略管理提供决策依据。

事实上，分析战略目标和战略任务的过程也是确立战略实施主体的过程。高职院校领导者根据完成战略子目标、子任务的要求，结合学校各教学部门、行政职能处室的特点，合理分配子目标和子任务，落实各子目标、子任务的责任人和完成人。一般而言，各教学部门、行政职能处室的主要负责人就是完成落实各子目标、子任务的第一责任人，也是战略实施的主体。面对复杂、繁重、紧迫的战略任务，作为高职院校领导者要科学分解战略目标和战略任务；认真选好完成战略子目标、子任务的负责人；协调处理好战略各子目标、子任务完成部门之间的关系；提前做好处理各种应急、突发性问题的方案与心理准备。简言之，高职院校战略实施能否取得实效关键在于中层领导队伍素质的高低。目前，中层领导队伍建设已经引起高职院校的普遍重视，各高职院校通过加强中层领导队伍的思想建设、组织建设、作风建设和能力建设，可提高中层领导队伍的发展能力和驾驭处理问题的能力，切实保证高职院校各项工作的有序高效开展。

2010 年，教育部和财政部联合启动了进一步推进"国家示范性高等职业院校建设计划"实施工作，明确将领导能力建设作为实施工作的主要内容，指出新增的 100 所骨干高职建设院校要加强领导班子和干部队伍建设，不断提高思想政治素质和办学治校能力，提升科学决策、战略规划和资源整合能力。国家骨干高职院校立项建设单位推进骨干校建设任务的过程实际上也是骨干校建设战略实施的过程。如果将国家骨干校建设方案视为一个战略设计方案，那么国家骨干校建设任务书就是战略设计方案落实的合同书，作为立项建设单位就需要细致分解和认真落实建设方案和任务书中的内容。如前所述，国家骨干校建设任务的高效完成关键取决于中层领导队伍的素质，这不仅是国家骨干校建设任务按时保质完成的保证，也是国家骨干校建设的重要目标之一。

不论是国家骨干校立项建设单位还是其他一般高职院校，都必须高度重视中层领导队伍建设，特别是在高职院校生存发展环境日渐动态化、复杂化的背景下，一些不确定性因素和风险不断出现，给高职院校持续稳定发展带来诸多挑战，加之中层领导队伍素质参差不齐，也会影响到高职院校战略的顺利实施，因此就需要以科学发展观为指导，综合统筹中层干部领导能力建设与学院教育教学改革两项工作，以先进职业教育理论、模式和经验学习为重点，着力提高中层领导队伍的战略规划与实施能力、资源整合与建设能力、科学决策与创新能力，切实为高职院校战略实施提供智能保障。

作为国家骨干高职院校建设单位，秦皇岛职业技术学院高度重视干部队伍建设，强调领导能力建设对于骨干校建设的重要作用，并将领导能力提升工程作为骨干校建设的二级子项目，具体而言就是：

（1）加强领导干部学习培训。坚持学习制度，强化理论与实践的结合，有目的、有计划地开展对领导干部的培训。通过自身的理论学习、参加国内外学习培训等为手段，不断提高领导干部的思想政治素质和办学治校能力。

（2）加强领导干部联系企业力度。学院班子成员及内设机构主要负责人至少联系一个行业企业单位，经常深入行业企业考察调研，及时发现并协调解决校企合作中遇到的问题。院领导每年负责一定数量学生的就业推荐工作，协调学院与行业企业联合承担横向课题。

（3）加强作风建设及干部考核。完善领导干部的引进、使用、培养与考核机制，进一步加强干部作风建设，提升工作效能；加强对内设机构及其领导成员的考核，把考核结果与干部任用、评先树优挂钩。①

为了保证国家骨干校建设任务的顺利完成，推进"后骨干校"建设时期的持续发展，秦皇岛职业技术学院党委在第一届党委工作报告中明确将领导能力建设作为学院未来发展五年重点落实的六大工作之一，指出要建设一支业务精湛、能力突出的管理人才队伍，形成人才比较优势；提出围绕提高办学治校能力，加强干部队伍建设，坚持正确的用人导向，选拔任用群众公认、德才兼备的干部，加大干部竞争上岗和交流轮岗的力度，建设一支素质高、能力强、作风硬的干部队伍；加大培养选拔优秀年轻干部的力度，重点加强后备干部的党性修养和实践锻炼。②认真梳理100所国家示范性高职院校和100所国家骨干高职院校建设单位的建设方案，可以发现，200所院校都突出强调干部队伍建设的重要性，对于干部队伍建设问题均在建设方案中有所提及，并围绕干部队伍建设目标和措施进行了细致论述。事实上，100所国家示范性高职院校和已经通过验收的国家骨干高职院校建设单位，其干部队伍水平切实通过示范性骨干高职院校建设得到了整体提升。可见，干部队伍在高职院校战略实施过程中具有十分重要的作用。当然，强调干部队伍在高职院校战略实施过程中的作用，并不是排除和否定一线教职工的作用及其能动性发挥，需要各方形成合力，共同推进战略目标的实现。在高职院校战略实施过程中，随着战略目标任务的不断推进，各部门相互联系、相互配

---

① 参加：秦皇岛职业学院国家骨干高职院校建设方案[EB/OL]. http://221.12.38.131/web/list.aspx? Cata _id= js2010:250

② 凝心聚力　科学发展为建设特色鲜明、国内一流高职院校而奋斗. 中共秦皇岛职业技术学院委员会第一次代表大会报告. 2013.12.

合、相互依存的程度不断加深，学院领导班子、中层队伍和广大师生员工围绕战略目标，紧密团结，共同工作在目标推进和实现的时空里，"越来越成为你中有我、我中有你的命运共同体。"①

二、配置资源

高职院校资源大致分为两个层面：一是高职院校自身作为社会经济发展的重要资源；二是高职院校自身生存发展所必需的人财物资源，前者可视为广义层面的理解，后者可视为狭义层面的理解。本书所指的高职院校资源主要指狭义层面上的理解。与一般资源相类似，高职院校资源也具有价值性和稀缺性特征，价值性是指高职院校资源具有支持和保证高职院校存在和发展的作用，它是高职院校资源的首要特征；稀缺性是指高职院校资源并不被高职院校广泛拥有，通常需要高职院校主动争取，这也是引发高职院校之间竞争的主要原因。正是由于高职院校资源具有价值性和稀缺性，各高职院校都非常重视资源配置及其方式的选择。资源配置是指高职院校资源在使用方向上的不同分配，资源配置方式是指高职院校资源配置的途径和手段。按照表现形态，可将狭义层面上的高职院校资源分为有形资源和无形资源两种，前者主要指高职院校的人力资源、财力资源、物力资源、学科专业资源和信息资源等；后者主要指高职院校的办学思想、办学理念、办学定位、办学模式、校风学风、学术氛围、学校声望和校园文化等。②各种资源之间存有差异，每种资源包含若干要素，且这些要素之间具有一定的差异性，这就使得每种高职院校资源具有较为明显的特征，它与其他资源之间关系也变得复杂多样。对于高职院校而言，如何把握每种资源的价值作用，合理协调各种资源之间的关系已成为战略实施过程必须考虑的重要问题，因此需要合理配置每种资源，提高战略实施的质量和绩效。

配置方式的不同影响和决定高职资源使用绩效水平的高低。根据学术界已有观点，高职院校资源配置方式主要包括计划调节型和市场调节型两种。在实践中，这两种方式的以交织状态并存，既没有单纯的计划调节型，也没有纯粹的市

---

① 顺应时代前进潮流，促进世界和平发展——习近平总书记在莫斯科国际关系学院的演讲. http://theory.people.com.cn /n/2013/0325/c40531-20902911-2.html.2013-03-23

② 马金虎，李景春. 高等教育资源配置的市场化欠缺与对策研究[J]. 燕山大学学报（哲学社会科学版），2005，（4）：39.

场调节型，更多表现为以计划调节为主、市场调节为辅或者以市场调节为主、计划调节为辅。计划经济时代，高职院校战略实施过程资源配置方式主要以计划调节型为主，政府是配置主体，拥有配置计划决策和决策方式选择的权利。各高职院校先向政府提交资源配置申请，政府汇总统计各高职院校的申请数量并制定相应的配置方案，高职院校接到政府下达的配置命令或指令，按时保质完成计划。尽管计划调节型方式具有高度统一和集中配置的优点，但这种配置方式忽视各高职院校主体能动性的发挥，且政府在资源配置过程的主观性较强，配置模式相对封闭，不利于高职院校优质资源的合理流动和使用，难以保证战略实施的顺利推进和效益取得。不可否认，计划调节型在特定时代背景下发挥了积极作用，但随着市场经济体制的逐渐建立和完善，计划调节型在高职院校战略实施资源配置过程中不断式微，市场调节型成为高职院校资源配置的主流模式。与计划调节型不同，市场调节型的配置主体是市场，市场供需关系是配置动力，高职院校可以根据战略实施具体情况和需要，主动选择资源类型、数量和规格，高职院校的主体能动性得到了充分体现和发挥。但是，完全依靠市场调节型会造成高职院校资源配置的短视行为，脱离或游离于政府教育规划之外，加上我国尚处于市场经济体制建立完善时期，因而需要市场调节型和计划调节型优势互补、形成合力。那么，高职院校在战略实施资源配置过程中应该坚持市场调节为主、计划调节为辅的方式，这样才能够保证和提高战略实施过程资源配置的科学性与合理性。

作为一项复杂的系统工程，国家骨干高职院校建设需要消耗大量的人、财、物资源，如果不对这些资源进行有效合理的配置，非但不能发挥和利用资源的价值，反而会影响国家骨干高职院校建设的顺利推进。因此，合理的资源配置在国家骨干高职院校建设过程中起着至关重要的作用。为了保证国家骨干高职院校建设项目的有效实施，秦皇岛职业技术学院合理配置人、财、物资源，在人力资源方面成立了项目实施领导小组，党委书记、院长为组长，其他院领导为副组长，各系（部）、中心、职能处室负责人为成员。领导小组下设财务管理组、后勤保障与资产管理组、项目建设协调组、骨干校建设办公室、项目建设督导组、项目建设宣传组、廉政监督组，学院领导任各组组长。学院分管教学副院长担任骨干校建设办公室主任，全面指导和协调骨干校建设各项工作的实施开展。从全院范围内抽调业务能力突出的人员，充实到骨干校建设办公室，增强骨干校建设办公室力量，保证骨干校建设日常工作的顺利推进。在财力资源方面积极争取省市两级政府的配套资金，同时还多渠道、多途径筹集资金，面向地方经济社会和支柱产业发展，积极承担合作项目；引进行业企业资金，校企共建实习实训基地；广泛加强与行业协会的沟通联系，协作共建技能培训基地和继续教育服务基地，为行业企业提供多方面服务，切实保证建设项目的经费投入。为保证财力资源的高效使用，还制定了《国家骨干高职院校建设项目专项资金实施办法》，设立建设项目专项账户，合理编制建设项目的总预算和年度预算，专款专用、专账管理，强化成本核算和效益分析，严格建设项目经费使用，提高建设项目经费使用的目标效益、经济效益和社会效益，主动接受教职工、学生和社会各界的监督。在物力资源方面基于骨干校建设办公室工作的实际需要，调配办公场所，配置办公设置，改善办公环境，切实保证了骨干校建设办公室日常工作的有效开展。①

三、调整结构

在教育结构学的理论范畴中，高职院校可视为一个相对独立的物质实体，其运作更多表现为一个具有特定结构和功能形态的有机系统，而高职院校内部各职能部门以及各部门之间的关系构成系统的结构，并使得高职院校表现出具体的功能。可以说，高职院校结构是高职院校系统的核心和关键，具体表现为高职院校的管理结构、组织结构、专业结构、队伍结构和课程结构等。近年来，随着高等教育招生规模的不断扩大，高职教育迎来了重要的发展机遇期，国外先进职教理念逐渐传入我国，一些高职院校开始进行大刀阔斧的改革探索，不断引领我国高职教育的快速发展。目前，高职教育已经占据高等教育的"半壁江山"，成为高等教育的重要类型，对于促进经济社会发展、提高劳动者职业素质和满足国民高职教育需求起到了不可替代的作用。

然而，高职教育办学质量和人才培养水平有待于从整体上进行提高，其主要原因在于高职教育办学与经济社会和行业企业发展需求相脱离或者对接程度不够，具体到高职院校结构层面上就是与产业结构、人才结构之间的关系链尚未真正建立起来，且高职院校结构各组成层面还存在功能妨害的情况，严重影响到高职院校办学质量和教育水平的提升。同样，现有的高职院校结构也会影响到战略实施，需要高职院校根据自身办学实际和战略实施需要，构建新的组织结构或调整已有的组织结构。对战略实施而言，高职院校在组织结构调整过程中，首先，要明确战略实施的具体目标、任务和要求，设置战略管理机构，负责战略的组织、领导、决策和控制等，切实保证战略实施的有效开展。例如，国家骨干校立

① 参见：秦皇岛职业学院国家骨干高职院校建设方案[EB/OL]. http://221.12.38.131/web/list.aspx? cata_id=js2010: 311-315.

项建设单位为了保证国家骨干校建设任务的顺利实施，通常都会设置领导小组，主要履行对项目建设目标、任务、内容、资金筹措、经费分配及人员调配等重大事项进行审定和决策；组织领导项目的实施、协调、监督、评估和验收；研究制定保证项目顺利完成的各项政策及措施等职责。其次，要围绕战略重点及其资源配置特点设置专门的职能机构，确保战略重点环节、任务和内容的有效开展。例如，国家骨干校立项建设单位成立的国家骨干校建设项目领导小组，通常会下设骨干校建设办公室，配置专门的工作人员，主要履行贯彻执行、组织落实领导小组的决策和决定；负责组织学院建设方案和项目任务书的制定与修订，组织编制子项目任务书；负责项目建设的实施指导、考核和监控工作；负责对项目建设进展情况的统计、网页管理和建设档案管理工作；负责搜集有关项目建设的信息，为领导决策提供服务的工作；负责项目建设的阶段总结、汇报等材料的起草工作；负责上级领导和有关部门进行检查、审计和验收的准备工作；按照教育、财政部门要求，负责建设项目资金使用的把关工作；负责学院与教育部、中国高职高专教育网之间骨干院校建设的信息交流和材料报送等工作。有的高职院校将骨干校建设办公室设置为常设机构，在级别上与学校一般的行政职能处室、教学部门相同，在工作内容上兼顾教育部人才培养工作评估工作。最后要围绕战略实施过程推进的需要，设置资金管理、后勤保障与资产管理、廉政监督、建设督导、建设协调、建设宣传等专门结构，增强战略实施的推动力。

四、完善制度

近年来，随着高职教育竞争的激烈化和全球化，传统的高职教育发展观和资源观受到了前所未有的挑战，而正式的制度，以及非正式的制度，如文化和伦理，越来越受到社会各界的普遍关注，并且在战略决策中的地位日渐攀升，由此便产生了基于制度的战略观。按照道格拉斯·诺斯的理解，制度就是社会的游戏规则，是人类专门设计的用来塑造人类交互作用关系的各种正式和非正式的约束。在社会学家理查德斯·格特看来，制度是规章的、规范化的、可认知的构架和活动，对于社会稳定和人类社会行为具有指导意义。规章制度、公正的决议及经济合约构成了正式制度；而社会所认可的、文化和意识形态的行为规则构成了非正式制度。Mike W.Peng（2006）将制度分为正式制度和非正式制度，其中正式制度是制度的规则制度，政府拥有强制的执行权，包括法律、规章和规则；非正式制度包括规范、文化和伦理。[①]相比较而言，Mike W.Peng 对于制度内容和层次的划分较为全面、系统。从高职院校角度来看，正式制度是高职院校存在和发展的前提和保证，非正式制度在高职院校发展过程中也发挥着重要作用。各种正式制度和非正式制度交织渗透构成了形态多样的高职院校制度，广泛存在于反映着高职院校内部构成要素逻辑关联的，可扩充、延伸的关系网络中。

战略实施涉及的利益主体众多、关注的效率较为复杂。不同利益主体的思维方式和行为取向具有差异性，要实现不同主体之间利益的协调一致，必须借助相关的制度来加以保证，这些制度包括决策管理制度、人力资源管理制度、财务管理制度、战略评价制度、应急和突发管理制度等。它通过约束和规范高职院校教职工的思想与行为，来保障和促进高职院校战略的持续深入实施。高职院校制度及其演进是高职院校战略实施的基础条件。作为高职院校战略实施，其目标指向也是实现高职院校持续快速健康发展。因此，高职院校制度与高职院校战略实施之间具有较强的关联性。一旦高职院校战略实施过程中出现问题，作为相对静态的高职院校制度就会随之进入动态运作态势，以保证高职院校战略实施的有序进行。高职院校战略实施所面临环境的风险越复杂、越多元，就越需要高职院校制度发挥规范性作用。此时，高职院校制度的完善程度、规范程度与合理程度就成为影响其在高职院校战略实施过程中作用效度的关键因素。完善性、规范性与合理性较强的高职院校制度会自发或有组织地在教职工之间的选择、互嵌和耦合关系中，形成一个具有约束导控的效能场，通过催化高职院校人财物资源的交换互动来实现高职院校战略实施的顺利开展，并取得预期的战略实施目标和绩效。

为保证国家骨干高职院校建设目标的顺利推进，除了确立主体、配置资源、设置结构之外，秦皇岛职业技术学院注重制度建设和制度完善工作。一是建立项目目标责任制，制定相应的项目建设管理规定。制定《国家骨干高职院校建设项目任务完成情况考核办法》，确保项目建设顺利进行。建立建设项目跟踪保障监测体系，按期向上级部门汇报项目实施情况，保证项目建设信息畅通。建立项目建设过程中的检查通报、评比验收制度，保证项目建设工作程序规范有序。制定《国家骨干高职院校建设项目专项设备管理规定》，修订《仪器设备管理办法》和《大型精密仪器设备的管理与考核办法》，加强学院教学仪器设备的使用管理。二是完善人事分配和管理制度，建立激励机制，重视教师的综合职业素养、工作学习经历和科技开发服务能力。制定《专业教师职业教育教学能力达标测评办法》

---

① 孙卫，唐树岚，管晓岩. 基于制度的战略观：战略理论的新发展[J]. 科研管理，2008，(2)：15.

《公共课教师职业教育教学能力达标测评办法》《教师实践能力达标测评的要求》《公共课教师专业化教学的规定》《双肩挑教师的管理办法》《专业教师进行下厂实践的管理办法》《双师素质教师认定管理办法》《兼职教师管理办法》《骨干教师的选拔和管理办法》《专业带头人评选管理办法》及《教职工外出学习培训管理办法》等文件,为建设项目提供全面科学的制度保障。三是建立校内实训基地的建设、运行及管理等制度体系。修订《实训基地管理办法(试行)》,建立校内生产性实训基地建设的校企组合新模式。修订《学生顶岗实习管理办法》,确保学生在校内外企业生产性顶岗实习的质量。修订《学籍管理制度》和《学生管理制度》;制定体现弹性学制的《学分制实施办法》等。①

五、加强保障

高职院校战略实施是一个涉及诸多要素、环节和层面的实践过程,各个要素、环节和层面之间彼此依存又相互制约,形成了复杂的关系结构,使得高职院校必须具有较强的保障能力来保障各要素、环节和层面的正常有序运转,增强合作过程的协调性和统一性。高职院校可以根据战略规划的内容和战略实施的要求,结合战略管理的基本规律,建立能够促进战略实施过程有序开展的保障机制。

作为保证高职院校战略实施正常化和有序化的重要机制,保障机制主要包括政策保障、管理保障、资金保障和信息保障等内容。政策保障主要是高职院校制定关于支持和鼓励战略实施的政策措施和制度办法,从根本上推动和完善高职院校战略的深入实施和体系构架。管理保障主要是根据高职院校战略实施过程,明确管理主体和管理对象,制定管理制度和管理方案,优化管理过程和管理系统,构建管理体系和管理机制。管理保障存在于高职院校战略实施过程的每个环节,任何环节和层面出现管理保障不到位,必然会影响到高职院校战略实施过程的有序开展及绩效取得。资金保障主要是指高职院校设立高职院校战略实施专项资金,用于支持和推动高职院校战略实施深入开展。同时,也要制定专项资金使用管理办法,规范专项资金使用,提高专项资金使用的科学性和合理性。信息保障主要是指对高职院校战略实施过程涉及的各层面信息进行收集、整理、汇总、保

---

① 参见:秦皇岛职业学院国家骨干高职院校建设方案[EB/OL]. http://221.12.38.131/web/list.aspx? cata_id=js.2010:315.

存和使用，确保高职院校战略实施过程信息的正常流通、信息链的合理构建和信息系统的高效运转。只有对战略实施过程进行全方位、多层面的保障，才能够保证高职院校战略实施的稳定化、持续化和绩效化发展。

注重构建保障机制的同时，还需要加强过程保障。秦皇岛职业技术学院强化国家骨干高职院校建设的过程保障，一是树立质量意识，构建质量管理体系，严格建设过程监控，构建项目分级管理机制，将每个建设项目任务细化落实到项目小组、专业带头人、骨干教师等层面。建设办公室抽调业务素质精湛的人员组成监控组，每学期、每学年对各建设项目进行阶段性验收，实现建设项目全过程管理。二是突出目标管理，注重阶段性监控，构建绩效评价体系，实现建设项目动态化管理。制定奖惩办法，出台相关管理文件，对建设项目的执行情况实行绩效考核，将项目完成情况作为对部门及责任人考核的重要依据。根据各建设项目的阶段性目标和任务，国家骨干高职院校建设办公室每月开展项目组自查、办公室审查、校外专家评审，每年按季度、年度开展验收，形成检查书面意见，上报国家骨干高职院校建设领导小组，并召开检查结果通报会，及时反馈检查意见，不断修改、完善和调整建设方案，确保国家骨干高职院校建设预期目标的顺利实现。三是强调信息管理，构建信息管理机制，保证国家骨干院校建设各层面、各环节信息流动的畅通。学院构建以上级主管部门、行业企业专家、校内外高职教育专家、教师及学生为主体的信息管理体系，及时收集整理各主体的意见和信息，重点突出行业企业专家的评价意见，切实提高学院的教学质量和办学水平。四是强化风险管理，构建风险预警机制，保证国家骨干高职院校建设的顺利推进。学院构建以管理风险预警、财务风险预警、突发事件及不可抗力风险预警为内容的风险预警机制，突出风险意识，强化风险管理，切实提高国家骨干校建设的绩效水平。[①]

第二节　高等职业院校战略实施的基本模式

了解高职院校战略实施过程以后，就需要灵活掌握战略实施的基本模式。对战略实施过程的了解有助于从整体上把握战略实施的基本规律，从微观上把握战

---

① 参见：秦皇岛职业学院国家骨干高职院校建设方案[EB/OL]. http://221.12.38.131/web/list.aspx? cata_id=js.2010: 315.

略实施的操作要领。战略实施模式主要是指高职院校管理者及操作者在战略实施过程采取的方式或者手段。参照企业战略实施理论，可以将高职院校战略实施的基本模式概括为指挥型、变革型、合作型、文化型和增长型五种，每种方式都有其特点和运用的条件限制，高职院校在选择时必须考虑所选择模式的约束条件以及自身具备的条件。

一、指挥型模式

指挥型模式是指高职院校高层领导团队经过战略讨论、战略确定等环节，向各职能部门宣布战略内容，并要求各职能部门认真执行。

从定义中可以看出，高职院校高层领导团队只考虑如何制定和选择一个最佳的战略计划，高层领导团队的作用就是战略研讨和战略确定，其本身并不介入具体的战略实施问题；各职能部门只关注高层领导团队确定的战略计划内容，其职能就是不折不扣地执行和完成战略目标和任务。

高职院校高层领导团队和各职能部门之间职能定位明确，如果高职院校战略保持不变，战略实施也相对容易，一般不会遇到战略变化所诱发战略实施阻碍的问题，战略实施绩效也较为明显。但是这种模式各职能部门只能是被动接受，在战略制定环节上没有话语权，完全处于一种被动执行的状态，自身的主动性、能动性和积极性不能够很好地调动起来。高职院校在运用指挥型模式时需要考虑其约束条件，具体包括：

（1）高职院校高层领导团队具有较强的凝聚力、团结力，能够围绕学校战略问题展开深入研讨，且具有很强的影响力，能够带动各职能部门围绕教学中心工作有效开展工作，深得各职能部门的一致赞同，这也是其能够向各职能部门发布指令的主要原因。

（2）该模式只能运用于高职院校战略实施较为容易的情景中，且高层领导团队与各职能部门有着明确统一的目标，战略实施不会对各职能部门已有的利益格局产生冲击或威胁，高职院校内部结构和环境相对稳定，各职能部门能够围绕战略实施这一中心齐心协力地开展工作，各职能部门之间协调配合的关系较为稳定。

（3）该模式要求高职院校高层领导团队有足够能力和合理方式收集各职能部门关于战略实施的意见和建议，且这些意见和建议的价值性、针对性较强。

（4）该模式需要统筹考虑战略实施过程中各职能部门已经形成的利益格局，需要高层领导团队综合协调各职能部门之间的关系，使其能够符合和满足战略实施的总体要求。

（5）该模式或多或少地存在战略制定者与执行者分离的不足，即便制定者有能力广泛收集各职能部门的意见，但各职能部门并不参加战略研讨，在战略制定上没有表决权，因而会影响到战略实施的顺利推进，甚至是排斥和拒绝战略实施。

二、变革型模式

变革型模式是指高职院校高层领导团队着重研究战略实施的方式、方法和途径等。从定义可以看出，高职院校高层领导的角色是基于战略有效实施构建相应的组织管理系统，这种模式通常需要高层领导团队在已有组织管理系统的基础上进行多层面变革，变革涉及创设新的组织机构、选配新的工作人员、搭建新的信息流通渠道等内容，以此来保证高职院校战略实施的顺利推进，提高高职院校战略实施的绩效水平。运用变革型模式需要考虑约束条件，具体包括：

（1）高职院校高层领导团队进行组织管理系统的创新通常需要借助各职能部门或者管理咨询公司的帮助，仅凭高层领导团队的力量，难以保证组织管理系统的科学性与合理性。

（2）变革型模式主要适用于实施相对困难的高职院校战略，与指挥型模式不同，高职院校高层领导团队注重考虑的是战略实施层面的问题，即如何扫除或弱化各种阻碍高职院校战略实施的因素，保证战略顺利实施。

（3）变革型模式主要应用于发展规模和发展环境相对稳定的高职院校，如果高职院校内外环境变化较快，高层领导团队将会集中精力进行环境应急适应，很难顾及面向战略实施的组织管理系统的构建。尽管不排除这一阶段高职院校对组织管理系统进行调整优化，但调整优化的价值指向主要是适应环境变化。在这种背景下选择变革型模式来推进高职院校战略，必然会取得明显的绩效。

（4）变革型模式虽然是自上而下的推进高职院校战略，但这种模式仍然以高层领导团队的决策为主，不利于调动高职院校教职工的积极性和热情，需要高层领导团队综合利用各种激励方式，争取各方面的力量支持，保证高职院校战略的稳步推进。

（5）变革型模式需要高职院校根据战略推进情况，定期开展战略推进情况检查、评价和整改工作，从整体上保证高职院校战略的实施。

（6）相对于指挥型模式，变革型模式在高职院校战略实施中表现得更为有效，但它并没有有效地解决指挥型模式存在的问题，例如，如何协调各职能部门之间的利益关系、如何获得准确信息、如何保证战略实施的动力、如何提高战略实施的灵活性等。

三、合作型模式

合作型模式是指高职院校高层领导团队与各职能部门共同研讨和确定战略实施相关问题的模式。与前两种模式不同，合作型模式背景下的各职能部门全程参与战略实施过程，并承担相应的战略责任。运用合作型模式一方面需要高层领导团队有足够的能力驾驭和掌控战略实施整个过程，另一方面需要高层领导团队广泛听取各职能部门的不同意见，并且能够合理吸纳各方意见，形成较为统一的意见，确定战略目标和内容，明确各职能部门战略实施的权责利，使得各职能部门最大化地发挥作用，做出应有贡献。运用合作型模式需要考虑如下几方面内容。

（1）运用合作型模式需要高职院校成立专门的协调小组，来综合协调高层领导团队成员之间、团队与各职能部门之间、各职能部门之间的关系，同时收集、整理各方对战略实施的意见和建议。

（2）运用合作型模式需要高职院校组建专门的管理队伍，围绕战略规划和战略实施能够开展相应的工作。

（3）合作型模式能够有效克服指挥型、变革型模式的局限性，通过高层领导团队与各职能部门之间的沟通对话，使得双方彼此都能够获得对方真实准确的信息，进而提高了战略实施的绩效水平。

（4）合作型模式尽管建立在高职院校集体讨论和集体利益基础上，但是战略规划和战略实施是不同利益方协调的结果产物，有可能降低高职院校战略的经济合理性。同时，高层领导团队与各职能部门之间关系的不和谐也会影响到合作型模式的运用效果。

（5）合作型模式产生的战略方案会相对平稳，缺少创造性，也会带有个别部门利益诉求的倾向性。由于高职院校上下要围绕战略方案展开广泛讨论，研讨时间过长会导致高职院校失去一定的战略机遇。

四、文化型模式

文化型模式是指高职院校通过大学文化来规范统一各职能部门和教职工的行为和心理，进而保证高职院校战略顺利实施。高层领导团队着重考虑战略实施的参与度，通过培育积极健康的大学文化，使得各职能部门能够认识和了解战略思想，形成共同的价值观和行为准则，积极参与战略实施各项活动。相比较而言，文化型模式在战略制定者与执行者之间建立了和谐关系，每个教职工都有机会和权力参与战略实施，这样有助于统一广大教职工和各职能部门的意见，形成有效合力，推进高职院校战略实施进程。但是，也应认识到文化型模式存在的局限性。

（1）运用文化型模式需要基于教职工较高的知识文化素质，虽然高职院校相对于企业的文化水平较高，但是在实际中多数高职院校教职工的素质参差不齐，这必然会影响到高职院校战略规划和实施的参与度。

（2）运用文化型模式需要高职院校具有相对成熟的大学文化，然而国内多数高职院校成立时间相对较短，尚没有形成成熟的大学文化，因而会影响到文化型模式的运用。

（3）运用文化型模式需要高职院校投入大量的人财物资源，一些高职院校资源相对短缺，维持正常运转已经捉襟见肘，高层领导团队很难真正在战略实施方面投入精力来听取各方意见，这样就使得各职能部门和教职工参与高职院校战略规划和实施流于形式。

五、增长型模式

增长型模式是指在战略制定和实施过程中注重发挥高职院校教职工积极主动性和聪明才智的模式，这种模式的主要特点是自下而上地提出战略，而非上述四种模式从上到下地推行战略。增长型模式要求高职院校高层领导团队必须认真对待广大教职工提出的利于高职院校发展的战略方案，并组织专人对这些战略方案进行细致梳理，提出具体的落实举措，注重广大教职工的创新精神和能动性发挥。增长型模式产生的高职院校战略集中体现和反映了一线教职工的意见、建议、经验和智慧，高层领导团队只是在教职工提出的诸多战略方案中择优选择，没有将自身的价值意愿和取向强加给战略执行层，因而具有较强的推广性和适用性。运用增长型模式需要考虑以下几个方面：

（1）高职院校各职能部门拥有较强的自主权，不仅在战略制定方面拥有话语权，而且在战略实施过程具有主动性。

（2）高职院校高层领导团队不可能完全了解战略实施的整个过程，也没有精力和时间处理战略实施过程出现的各种问题，因此就要向各职能部门合理授权，让各职能部门处理战略实施过程遇到的问题。

（3）高职院校高层领导团队不能够将自己的意愿都强加给各职能部门，要科学使用管理和决策权力。高职院校战略需要集体智慧，并非某个领导或领导团队就能够正确做出，这就需要调动各职能部门和广大教职工的积极性和聪明才智。

上述五种模式各有特点和优势，但又具有自身难以克服的缺点和毛病，在实际中高职院校应该择机选择，最好是综合利用五种模式，形成优势互补，进而提高高职院校战略实施的绩效水平。

第三节　高等职业院校战略实施的影响因素

从复杂适应系统理论视角来看，战略实施是高职院校不断明确发展方向，优化发展结构，提升发展功能，积累发展经验，增强环境适应性的动态过程。在此过程中，战略实施会受到高职院校内外环境因素的多层面影响，正是通过与各类环境因素的交互作用，高职院校战略实施得到了生存发展所需的物质、能量和信息基础。高职院校内部影响战略实施的各种因素的有机综合形成战略实施的内部环境；与战略实施紧密相关的社会环境、经济环境和自然环境的有机结合形成了战略实施的外部环境。事实上，内外环境因素及其相互间关系具有动态性、易变性和复杂性，这些环境因素在一定条件下都有可能制约高职院校战略实施的顺利进行和绩效取得。由此，就可以将高职院校战略实施的影响因素划分为外部环境因素和内部环境因素两个方面。外部环境因素主要包括经济环境、教育环境和文化环境，内部环境主要包括高层领导、中层管理队伍和学术研究能力。

一、外部环境因素

1. 经济环境。 经济环境是指高职院校所处区域的经济发展趋势、水平和状态，它是高职院校获取战略实施所需资源、因素的主要场所，尤其是经济发展结构、产业结构、社会劳动力市场结构，直接影响高职院校人才培养类型、模式和方法的选择，进而影响高职院校战略实施目标、内容的设置。由于经济环境的构成较为复杂，且要素之间关系相对不稳定，经济环境的波动变化通常会给高职院校战略实施带来影响。经济发展结构不同，产业结构就会不同，社会劳动力市场对高等职业人才的需求也会有所差异，这在很大程度上影响着高职院校的战略管理。例如，经济发展水平高的地区，其产业结构较为合理，在人才需求方面强调人才知识、素质和能力要多于人才的层次、理论水平，它要求高职院校在进行战略实施时，必须以满足经济发展对高素质、高技能人才需求为目标，不断创新和优化人才培养模式。然而，在经济发展水平落后或者一般的地区，社会劳动力市场需求主要集中在涉农职业人才方面，它要求高职院校要以发展农村职业教育为方向，围绕农村职业教育发展现状和改革趋势，加强涉农专业建设、师资队伍建设和农村劳动力培训，不断促进自身与区域经济发展的协调统一。不同经济环境背景下的高职院校在战略实施的目标、方向和内容具有明显的差异性。

2.教育环境。 作为社会环境的组成部分，教育环境既是社会人才培养的基础环境，也是社会人才成长的关键环境。特别是区域的教育水平，通过影响高职院校管理者和教师的素质，来影响高职院校战略实施。高职院校管理者由于教育环境、背景的不同，会形成不同的思维取向和价值理念，其进行战略实施的方式、方法选择也会有所不同。一般而言，教育环境成熟的地区，教育种类相对丰富、教育层次较为系统，有助于高职院校管理者形成对各级各类教育模式本质的全面认识。高职院校管理者能够在综合各级各类教育模式特点和优势的基础上，合理制定发展战略，并采取有效措施加以实施，战略实施绩效水平也相对较高。可见，教育环境的完善程度直接影响高职院校管理者的思想水平和心理结构，影响高职院校战略实施的目标选择和内容设置，以及战略高职院校绩效水平的高低。同样，教育环境相对成熟的地区，高职院校战略实施会得到多数教师的广泛理解和普遍支持，各种利于高职院校战略管实施的措施、形式和方法也容易被广大教师所接受和认可。不仅如此，高职院校教师的素质也是影响高职院校战略实施的重要因素，它直接关系高职院校战略实施的绩效取得，教师素质除了体现在人文素质方面外，更体现在教师的业务能力和职业精神方面，而后两个方面又与教育环境紧密联系。教师的业务能力不高或者职业精神不足，都会影响到高职院校战略实施。

3.文化环境。 文化环境是由社会价值观念、生活方式、风俗习惯、伦理道德、语言文字等有机结合形成的环境。它主要包括两个部分：一是社会成员所共有的基本核心文化；二是随着时间变化和外界因子影响而容易改变的社会次文化或亚文化。[①]不同区域的文化环境具有差异性，不同文化环境作用和影响下的高职院校战略实施内容、模式和方法也会有所不同。事实上，文化环境主要是通过影响主体的思想、行为来影响高职院校战略实施的过程及其绩效的，它要求高职院校在实施战略管理过程中，必须充分考虑和研究文化环境的结构和特点，并据此来做出战略管理行为选择。与经济环境相类似，文化环境也具有较强的辐射力

---

① 梁嘉骅等.企业生态与企业发展[M].北京：科学出版社，2005：85.

和影响力，且各构成因素之间的关系较为复杂，不容易被有效识别和把握，这与文化环境生存形态的特殊性紧密相关。在构成文化环境诸多要素体系中，价值观念对高职院校战略实施的影响最为明显和突出。价值观念是人们对社会现象、生活和事物的态度、评价和看法。不同的文化背景塑造不同的价值观念，不同的价值观念在很大程度上决定着高职院校战略实施的内容层次，进而决定高职院校战略实施方式，对于不同文化环境下的高职院校，应该选择不同的战略实施方法。值得一提的是，随着文化环境的日益多元化和国际化，高职院校战略实施应该有机综合不同的文化环境因子，并将其与战略管理目标协调统一。

二、内部环境因素

1. 高层领导。战略管理对于高等职业教育具有十分重要的意义和作用，它不仅为高等职业教育发展指明了目标方向，也为高等职业教育协调各方面、要素关系提供了动力平台，还为高等职业教育价值选择确立了分析手段。高层领导团队是高等职业教育的领导核心和决策机构，尤其是高职高专院校的校长，对于高等职业教育的健康生存和持续发展起着至关重要的作用，高等职业教育持续发展的现实性和紧迫性，要求高职院校高层领导团队必须要成为战略性团队。首先，高职院校领导团队要具备战略发展的意识、理念和心理，能够利用高等职业教育学、战略管理学的基本理论和知识，结合自身的发展实际和现状，合理确定战略实施体系；其次，要明确高职院校战略实施体系的内容层次，能够合理配置和利用内外环境要素、因子，在实现资源利用最优化的前提下，保证高职院校持续发展所需的物质循环、能量流动和信息传递的正常供给；再次，要具备战略管理、规划和协调能力，利用斯沃特战略分析工具，在不断明确优势，发现劣势，把握机遇，化解威胁的过程中，切实推进高职院校战略顺利实施，全面推动高职院校的稳步发展；最后，要具备战略实施的决心和气魄，通过开展和参与多层次、广范围的学习和培训活动，从整体上提高领导团队的战略领导、协作和决策能力。

2. 中层管理队伍。如果将高层领导团队视作高职院校战略实施的决策者，那么中层管理团队就是高职院校战略实施的执行者。中层管理团队是构成高职院校内部环境的基本主体，中层管理团队的整体素质和能力水平不仅决定高职高专院校能否正常、高效运转，也决定高职高专院校的未来发展走向。高职院校战略实施是一个动态复杂的有机过程，其目标、方向和内容主要通过高职高专院校的发展业绩体现出来，而中层管理团队则是战略目标、方向和内容的实践者和推动者。从这个意义上讲，中层管理团队是战略实施的主体，是提高战略实施绩效的载体，是增强战略影响力和辐射力的关键。因此，要加强中层管理团队的建设，既要注重中层管理团队成员的战略思想、意识和理念的培养，也要注重良好道德品德、文化修养的树立；既要注重中层管理团队成员的战略管理和经营理论知识的学习，也要注重战略管理和经营实践能力的提高；既要注重中层管理团队成员之间专业背景、知识结构和学历结构的优化组合，也要注重成员之间能力、专长的相互合作、相互学习，努力在中层管理团队成员之间形成积极健康的心理契约，提高战略实施的绩效水平。随着教育竞争的日趋激烈化、多元化和复杂化，中层管理团队作为高职高专院校的重要人力资本，在提高战略实施绩效的过程中将会发挥出越来越明显的作用。高职院校也只有通过培养综合素质和能力水平较强的中层管理团队，才能切实推动高职院校战略实施的顺利进行。

3．学术科研能力。高职院校战略管理是一个包括诸多内容和环节的动态过程，它不仅要在战略规划阶段做到客观合理，使得战略规划贴近学校发展实际和未来发展走向，而且要在战略实施阶段做到完整有效，使得战略实施转化为学校发展的内在动力，还在战略评价阶段要做到真实全面，使得战略评价能够真正反映出战略实施的具体过程及存在问题。每一个阶段都需要细致深入的分析和研究，由于高职院校战略管理过程的复杂多变，每个主体都很难准确把握战略管理的整个过程，这在一定程度上决定了战略管理研究的困难性和多层面性。如果高职院校对自身的战略管理过程的关键环节和核心部分缺少应有的研究和把握，就很难取得良好的战略实施绩效。也就是说，高职院校战略管理需要高水平的研究人才，这些研究人才通常具有扎实的理论功底和研究能力，能够根据高职院校战略管理的内在要求，结合学校发展的实际情况，合理制定发展战略，对战略实施过程出现的各种问题予以理论层面的解释，并根据战略评价情况和结果，撰写高职院校战略评价报告。目前，高职院校战略管理理论、思想处于多元化状态，尚没有形成一个较为完整的理论体系和管理模式，加之研究人才存在专业背景、研究专长和分析视角的不同，以及思维逻辑变化的不稳定性，使得如何整合学术研究队伍成为了多数高职院校在战略管理过程必须要冷静面对和切实解决的问题。

第九章 高等职业院校战略评价

> 战略评价是对高职院校战略实施过程及其绩效水平进行判断和评价的过程，它既是对高职院校战略目标、内容和方法的合理性及存在问题进行评价的动态过程，也是对高职院校战略管理信息进行全面疏导和系统处理的复杂过程。战略评价在高职院校战略管理过程中具有重要意义，高职院校进行战略评价既要遵循一定的原则方法，也要把握战略评价过程的关键环节。

第一节 高等职业院校战略评价的重要意义

战略评价是高职院校高层领导团队或各职能部门管理者，通过一定的评价方法对战略任务完成情况进行评价的过程。除高层领导团队或各职能部门管理者之外，战略评价的主体还包括专门的战略咨询和评价机构，由独立评价机构进行评价有利于形成客观公正的评价结论，排除战略实施利益方的干扰。战略评价是一个管理过程，不是管理终点，在战略管理中具有十分重要的意义作用。

一、合理引导教职工的行为趋向高职院校战略目标

广大教职工是高职院校战略实施的真正主体，许多繁杂具体的战略任务主要依靠教职工去落实完成。没有广大教职工的积极热情参与，高职院校战略目标必然落空。现实中，一些高职院校战略管理绩效不明显，甚至只停留在战略规划阶段，固然不排除高职院校领导层对战略管理重视程度不够、条件准备不足的原因，但更主要的是没有充分调动起教职工的积极性，甚至有的教职工根本不了解战略管理是什么、为什么要实施战略管理、实施战略管理能够带来什么等问题，也有的教职工认为战略管理是各级领导的事情，与自己没有太大关系，存在"事不关己，高高挂起"的错误心态。实践表明，没有广大教职工聪明才智和素质能力的发挥，高职院校战略规划必然得不到真正落实和有效推进，由此导致战略实

施绩效不明显的问题也就在所难免，战略管理失去了应有的价值意义和作用。

因此，高职院校要厘清自身的战略目标和内容，通过有效方式使得广大教职工清楚学校通过战略管理要实现什么样的发展目标；合理引导教职工的行为，通过适当的激励措施使得广大教职工的心理和行为符合高职院校战略目标，引导教职工明确自己的战略任务和工作目标、要达到什么结果、采取什么样的方式；定期开展战略评价，发现战略实施过程存在的不足问题，提高教职工工作能力和水平。

二、有效监督教职工的行为，确保高职院校战略目标实现

高职院校战略实施是一项复杂的系统工程，内容多、任务重、要求严、时间长，需要高职院校各职能部门之间的通力协作与相互配合，职能部门之间的妨害、摩擦和不配合都会影响到战略实施的稳步推进，甚至是停滞不前，不仅影响了高职院校战略管理过程的稳定，也影响了高职院校正常生存和持续发展。

与企业相类似，高职院校也处在一个由经济、社会、文化、教育和自然等因素组成的环境系统中，但高职院校是包含若干个人的有机整体，具有更强的思想观念、丰富的知识素质和明显的主动选择能力。这既给高职院校战略管理提供了重要的智力支持，也在一定程度上造成高职院校战略管理的难以推进。这是因为教职工都有自己的价值取向、思维方式和行为习惯，实施战略管理必然涉及和牵动他们已有的利益格局，还有可能是重构利益格局，有的教职工怕重构会损失自己的切身利益，所以心理上抵触、行动上不作为。在一些情况下还会形成非正式组织，给高职院校战略管理带来一定障碍。即便是高职院校通过合理引导使得教职工的行为趋向战略目标，但在实际工作中，有的教职工不完全投入精力和时间，工作积极性不高、投入度不够。因此，就需要开展战略评价，这样能够有效监督教职工行为，发现工作实际与目标要求之间的差距，要求其积极整改，确保战略目标的顺利实现。

三、及时获得高职院校战略实施的进展情况

战略评价通过对战略实施过程及绩效的评价，形成客观实际的战略评价结论，为战略规划的改进、优化与创新提供参考依据，增强战略的实际绩效，明确战略管理的发展方向，促进高职院校持续发展；战略评价主要是为战略实施提供有价值的信息，这些信息大致分为"判断导向"和"发展导向"两种类型，判断

导向的评价强调的重点是过去的绩效，为判断哪些方面应该纠正和如何有效地衡量已实施的战略计划提供基础。而发展导向的评价更加关注的是改进未来的绩效，确保绩效预期清晰明确，识别通过相关战略评价的基本方法，修正和调整战略规划内容，提高高职院校战略实施绩效。借助战略评价的信息功能，高职院校可以对自身内部结构各层面及相互之间关系进行规范协调，结合战略实施的具体情况，通过制定相关的政策、措施和条例或者营造积极向上的文化氛围，对战略实施主体的思维方式、行为方式以及心理活动进行引导规范，并借助多层面的管理方式和多样化的管理手段，对战略实施过程出现的各种问题、矛盾和突发性事件，进行及时有效的预防与合理有序的管理，进而从整体上推进高职院校战略实施。

四、构建高职院校各级管理者与广大教职工之间的绩效伙伴关系

战略评价有助于改善高职院校内部结构和管理机制，提高高职院校生存力、发展力和竞争力，进而推进高职院校的整体发展和持续演进。战略评价有助于形成一个由高职院校内部结构和功能驱动的，能够快速汲取、内化和集成资源因子的自适应机制，为高职院校战略实施主体的交流与合作提供一个基本平台，来提高高职院校应对动态复杂的外部环境的能力，增强高职院校的竞争优势，提高高职院校的品牌力和影响力。战略评价有助于建立创新学习机制，不断促进高职院校内外知识的生产、积累、创新、应用和扩散，加强战略实施过程的信息传播、交流和扩充，提高高职院校发展的先进性、创新性和实效性；完善创新决策机制，不断获取、积累与创新决策相关的知识信息，拓展高职院校战略管理内部知识信息流通渠道，促进知识信息的有效转移；建立创新文化机制，不断营造一个促进高职院校各级管理者与广大教职工交流合作、相互信任的具有凝聚力的文化氛围，吸引更多教职工参与战略管理活动，帮助高职院校获得持续的竞争优势，增强高职院校持续创新、持续发展的能力。[①]

---

① 曹亚晖，刘志峰. 企业生态位优化的基本内涵、突出问题与对策思路研究[J]. 未来与发展，2009，（6）：69-73.

第二节　高等职业院校战略评价的主要方法

不论是高职院校还是独立评价机构，作为战略评价主体，开展战略评价活动都必须遵循一定的评价方法，否则会影响到战略评价结果。高职院校战略评价方法主要有关键业绩指标法、战略性平衡积分卡、360 度反馈评价法等。

一、关键业绩指标法

战略评价实际上是对战略实施绩效的评价。绩效评价作为一项管理活动，其实施需要构建评价体系。评价体系由能够反映绩效情况的指标组成，各项指标的评价内容不同，彼此之间的权重系数也不相同，实际上体现的导向性也不相同。在战略实施过程中，各阶段的任务和重点不同，决定了各阶段战略评价重点和评价指标的不同。高职院校战略实施是一个相对复杂的动态过程，各职能部门承担的战略任务不同，参与战略实施任务的教职工之间的工作内容也不同。相比较而言，教学部门承担任务较为繁重，教学部门教职工承担任务较为重要，但同一教学部门内部教职工之间的任务有的重要，有的不重要。作为高职院校而言，如果对全校各职能部门的战略实施绩效进行全方位评价和考核，肯定抓不住关键，且耗费的时间和人财物资源也较多，收效也不一定明显，并不能够反映出各职能部门的实际工作水平，无法实现战略目标。同样，对所有参与战略实施任务的教职工进行评价考核也面临类似的问题。因此，就需要从各职能部门、教职工的工作绩效特征中找出关键因素，然后再找出能够有效检测这些关键因素的指标，这样就确定了能够反映工作绩效的关键指标体系。构建指标体系必须能够反映某一阶段战略实施的整体情况，而不仅仅反映某个部门或某个任务的执行情况。

关键业绩指标的选取可以按照组织结构分解的思路进行。首先，明确高职院校战略目标；其次，分析各职能部门在战略规划中的主要任务和目标；最后，确定各职能部门相应岗位、人员的工作任务和重点。在实际操作中，高职院校可以通过自下而上的方式来选取关键业绩指标，即将下一层的 KPI 汇总到上一级的 KPI，上层领导就可以通过对下一层的 KPI 的管理来实现自己的目标，通过层层透明的 KPI 管理，容易发现问题根源所在。KPI 的精髓就是指出高职院校业绩指标的设置必须要与高职院校的战略相结合。关键实际上就是指在某一阶段高职院校战略上要解决的最主要的问题。KPI 应具备重要性、可操作性、敏感性、职位可控性等特点。重要性是指对高职院校办学质量和人才培养水平的影响程度；可操作性是指指标必须有明确的定义和计算方法，易于取得可靠和公正的初始数据，同时指标能有效进行量化和比较；敏感性是指能正确区分绩效的优劣。[①]

二、战略性平衡计分卡

在企业战略管理领域，战略性平衡计分卡备受企业关注，其优点在于它既强调绩效与企业战略之间的紧密关系，又提出了一套具体的指标框架体系。其核心思想是通过财务、客户、内部业务流程、学习与成长四个指标之间相互驱动的内在关系来展现战略轨迹，实现绩效考核、绩效改进和战略实施目标之间的有机结合。[②]同样，高职院校也可以利用战略性平衡计分卡进行战略评价，其优点可理解为强调绩效与高职院校战略之间的紧密关系，其核心思想可以通过招生就业率提高、学生素质能力提高、教育教学质量提升、加强内涵建设四个指标之间的互动关系来了解战略实施过程，进而实现高职院校战略考核、绩效改进和战略目标之间的统一。这四个指标之间的驱动关系是：加强内涵建设解决高职院校生存力和发展力的问题，是提高高职院校战略管理的素质能力的基础，高职院校通过教育教学质量提升来提高学生素质能力，学生素质能力提高有促进高职院校招生就业率的提高。四者之间的关系可以表示为：加强内涵建设→教育教学质量提升→学生素质能力→招生就业率提高。在战略实施过程中，应用战略性平衡计分卡进行考核的目的就是让高职院校广大教职工清楚自己每天的工作都与高职院校战略有联系、相结合。

明确了战略性平衡计分卡的内涵和作用，并不意味着高职院校就可以熟练掌握战略性平衡计分卡的操作要领。与企业领域相类似，高职院校利用战略性平衡计分卡进行战略评价，也是一项较为复杂的系统工作。究其原因主要是：一是高职院校战略制定本身需要协调统筹各方面因素，这些因素相互影响、相互作用，形成复杂的关系结构，使得战略制定过程充满了复杂性；二是战略性平衡计分卡实际应用过程中又涉及广大教职工的具体工作，不同岗位、同一岗位不同时期的工作内容具有差异性，这种差异性在一定程度上也造成了战略性平衡计分卡应用的复杂性；三是应用战略性平衡计分卡又与高职院校的大学文化、人员素质等紧

[①] 周兵. 企业战略管理[M]. 北京：清华大学出版社，2006：222.

[②] 周兵. 企业战略管理[M]. 北京：清华大学出版社，2006：223.

密相关。

三、360 度反馈评价法

360 度反馈评价法是企业战略评价的主要工具之一，该方法又称为全方位反馈评价法。之所以称为全方位是因为与管理活动紧密相关的人都会被管理者动员到战略评价过程中，这种广泛参与能够反映出战略实施过程存在的主要问题，提高战略评价的客观性，评价结果较高的真实性有助于提高评价者决策的科学性与针对性，提高被评价者的工作水平。与其他评价法相比，360 度反馈评价法具有十分明显的优势，主要表现在五个方面[①]：一是多元化的评价主体。参与 360 度反馈评价的主体既包括领导者和管理者，也包括普通教职工，多元化的评价主体有利于形成真实可靠的评价结果；二是特定化的评价对象。360 度反馈评价法的评价对象主要是被评价者的工作过程、工作表现和工作业绩，注重对被评价者的全方位评价，被评价者经过数次 360 度反馈评价之后，开始关注人际关系，营造良好关系氛围，提高工作效率；三是封闭化的评价过程。基于评价信息的准确公正、评价结果的真实有效和评价渠道的广泛多元，360 度反馈评价法采取匿名方式进行评价，反馈评价问卷不显示评价者的具体信息；四是综合化的评价结果。评价主体的多元化和评价对象的特定化决定了评价结果的综合化，通过评价结果被评价者可以发现自己在战略实施过程中存在的问题不足、拥有的专长成绩，并找出解决的方式策略；五是人本化的评价目标。综合化的评价结果实际上体现了人本化的评价目标，360 度反馈评价法使得被评价者能够客观认识到自己的优劣势，工作中面临的主要问题，帮助被评价者抓住机遇，提高工作能力和水平。

高职院校利用 360 度反馈评价法进行战略评价具有三方面作用：一是有助于高职院校掌握战略实施参与者的整体情况。360 度反馈评价的对象主要是参加战略实施一线工作的教职工，高职院校可以根据评价结果全面了解教职工的工作水平和工作问题，能够为高职院校人力资源管理提供有价值的参考。二是有助于高职院校各职能部门之间的交流互动。推进 360 度反馈评价需要对被评价者的信息进行广泛有效地收集，而这又离不开各职能部门的积极配合和相互支持。360 度反馈评价使得各职能部门之间的关系、高职院校内部凝聚力得到了不断加强，进而提高了高职院校的竞争力和发展力。三是有助于提高高职院校教职工的绩效水

[①] 王娜. 企业 360 度反馈评价方法的特点、作用及实施研究[J]. 黑龙江史志，2009：126-128.

平。360 度反馈评价具有多渠道收集信息、多方面组织力量、多层面评价内容的特点，使得评价结果更加真实可信，对于高职院校各职能部门和教职工提高工作水平具有较大的借鉴和参考价值，因而能够得到高职院校的广泛关注。

第三节 高等职业院校战略评价的过程环节

从过程层面上看，首先，战略评价要根据高等职业教育战略实施的具体情况，确定评价主体、评价对象、评价内容和评价方法，构建战略评价的循环系统并使之运作；其次，要广泛收集评价信息并对其进行判断导向和发展导向的分类，对现行的高等职业教育发展战略进行评价，得出战略评价结论或者报告；最后，要根据战略评价结论分析原因、找出差距、制定措施，对战略实施方案、计划和步骤进行调整，使其更加契合与适应高等职业教育持续发展的要求。与战略规划和战略实施相比，战略评价更具有复杂性和困难性特点。战略评价的重要前提就是根据战略实施具体情况和过程特点，选择评价指标，构建评估体系。评估体系的信度和效度要高，能够对战略实施绩效进行合理有效的评价。由于高职院校发展的特殊性，以及高职院校发展战略的整体性，加之战略实施操作层面缺乏对战略规划的宏观研究和微观分析，使得战略实施的个别层面和部分难以进行定量化的评价。同时，定量化的评价方式是否适合高职院校战略评价，是否能够全面反映高职院校战略实施，需要在实践中不断探索总结。参照企业战略评价的一般过程，可以将高职院校战略评价过程划分为评价设计、评价实施和评价反馈，这三个阶段相互依存、相互作用，共同构成战略评价的整个过程。

一、评价设计

作为战略评价的第一个阶段，评价设计主要指评价标准的确定，评价标准是高职院校战略实施绩效的规范，用来确定高职院校战略计划和任务是否达到预设的战略目标。高职院校战略目标是高职院校的评价标准，各职能部门分解承担的战略任务或计划是其评价标准。评价标准一般是可量化的标准，高职院校可以根据自身的战略目标来合理选择评价标准体系，可以是基于整个学校层面上的，也可以是基于各职能部门层面上的。

高职院校选择不同发展战略之间的评价指标及体系显然不同，即便是统一发展战略在不同实施时期的评价指标也有所不同。高职院校应该选取可定量的、易于衡量的评价指标，如省级或国家级建设专业增加量、双师精品课程增加量、素质教师增长率、学生参加技能比赛获奖率、社会服务人数增加量等。在这些指标中，省级或国家级建设专业增加量、精品课程增加量被确定为评价指标的可能性较大，这是因为专业建设和课程建设能够有效反映一所高职院校教育教学实力，高职院校可以利用这两个指标进行发展时间上的横向比较，但这两个指标只能体现和反映高职院校教学实力，并不能够全面反映高职院校的办学实力，使用这两个指标也需要统筹考虑影响高职院校办学的其他因素。此外，评价设计在内容上还应该体现综合性和针对性，综合性要求高职院校进行评价设计需要统筹各职能部门、不同岗位的工作性质和要求；针对性要求高职院校进行评价设计要与战略内容、工作职责相关，尽量避免一些不相关或相关度不大的内容。

二、评价实施

评价实施主要是对高职院校战略实施成绩进行评价，具体而言就是将实际成绩与评价标准进行对比，找出实际成绩与评价标准之间的差距以及差距产生的原因所在。通过评价实施可以发现高职院校战略实施过程中是否存在问题、存在问题的类型、存在问题的原因、存在问题的走向。

高职院校对战略实施进行成绩评价时，不仅要从整体上对实施绩效与评价标准进行对比分析，也要从微观层面上对各职能部门的成绩表现进行对比研究，这样有助于高职院校把握战略实施的整体水平，发现各职能部门实施战略的优势、劣势和不足，为下一阶段工作明确思路。从过程上划分，评价实施可分为实施前、实施中、实施后三个阶段，实施前主要是一些准备性工作，如确定评价主体、评价对象、评价内容、评价方式、评价时间和评价流程等；实施中主要是评价主体结合评价内容，采取一定的评价方式，在规定的时间内对评价对象进行评价；实施后主要是评价主体对评价结果中存有异议的方面进行补充性、深入性评价，旨在提高评价结果的真实性和可靠性。对于评价结果发现的主要问题，要客观认真对待，因为这些问题决定下一次评价的时间、方式和内容。从理论上讲，高职院校经常进行战略评价有助于掌握战略实施过程的信息，但在实际中，如果评价次数过于频繁会引起评价对象的反感和不满，甚至会产生负面影响，所以要合理确定评价频率。

三、评价反馈

评价反馈包括两个环节，一是评价汇总环节，主要是对评价实施阶段收集的信息材料进行汇总分析。汇总分析离不开现代网络技术和统计学方法的利用，高职院校要结合战略实施情况对各职能部门的评价结果进行等级划分，并根据等级划分情况形成评价结论，集中力量撰写评价报告，组织相关人士对评价报告进行讨论，进一步优化评价报告内容，提高评价报告的客观性和合理性。二是评价反馈环节，对战略评价发现的问题进行针对性解决是战略评价的主要目的。

现实中，一些高职院校在战略实施过程中，虽然制定了评价标准，开展了评价活动，但收效甚微，其主要原因在于没有将评价结果及时进行反馈。如果评价结果符合评价标准，则可以不采取纠正措施，如果没有达到评价标准要求，则需要找出导致差异的原因和解决对策。导致评价结果和评价标准不一致的原因有很多，主要包括战略目标太高，严重脱离高职院校办学实际、实现战略目标的策略选择不合适、保证战略实施的组织结构设置不合理、战略实施责任人不能够胜任工作、战略实施过程缺少必要的激励措施和充分的信息沟通等。如果评价过程发现这些问题，就需要及时采取措施加以合理解决，以保证战略实施的继续推进。从内容上看，评价反馈是将评价结果有效传递给被评价者，包括工作成绩、工作问题；从方式上看，评价反馈可以采用零距离接触方式，评价主体与评价对象可采用直接式交流沟通；从时间上看，评价反馈应该及时有效，及时要求在最短时间内完成评价结果汇总与反馈，有效要求评价结果要真正转化为评价对象改进工作方式，提高工作业绩的具体行动。

第十章 高等职业院校战略优化

高职院校战略管理是由战略规划、战略实施、战略评价和战略优化组成的有机过程。多元复杂是高职院校战略管理的主要特点，多变开放是高职院校战略管理的内在要求。经过战略实施和战略评价，对战略规划内容进行优化既是高职院校战略管理的必然要求，也是高职院校战略管理理论完整性的客观需要。目前，多数战略管理理论并没有将战略优化纳入理论体系之中，实际上战略优化具有不可替代的作用，其重点在于将调整、创新和完善视为战略管理的常态，这种建立在对战略管理规律把握基础上，以环境要素整合、内部结构调整和功能机制优化来适应和满足高职院校战略管理需求的研究构成了高职院校战略优化的主要内容。

第一节 高等职业院校战略优化的主要作用

在高职教育竞争规则发生大幅改变、竞争风险日渐加剧的背景下，战略管理逐渐成为高职院校实现正常生存和持续发展的重要保障，其过程主要由战略规划、战略实施、战略评价和战略优化四个环节相互影响、相互作用组成。在战略管理组成环节中，最不能忽视或忽略的环节就是战略优化。战略优化是在高职院校发展战略目标的引导下，系统优化整合高职院校外部环境、内部结构及功能的有机过程，其实质是高职院校围绕发展价值，按照整体性、统一性和价值性最优原则，重新组合原有的结构体系和功能机制。随着高职院校战略的发展演进，高职院校的发展空间不断扩大，战略实施过程出现的问题日渐增多，需要对高职院校战略进行优化整合。战略优化是伴随着高职院校战略实施和评价而逐渐深入的，它的基本逻辑是内部层面与外部层面的有机综合，其运作是一个动态有序的复杂过程。战略优化既是高职院校战略结构完善化、功能成熟化、规模稳定化的内在需求推动的结果，同时也深刻反映了高职院校适应高职教育竞争能力的不断提高。也就是说，高职院校战略实施的推进以及实施过程问题的出现为战略优化提供了现实基础，通过战略优化可促进高职院校战略管理能力提升。

一、战略优化是高职院校保持竞争优势的关键环节

战略优化集外部环境空间与内部结构层次优化于一体，是高职院校战略构成要素优化之后相互融合交织而成的关系状态及其结构。从优化目标、内容和实质来看，战略优化是高职院校战略管理顺利推进的重要基础，优化结果将产生于具有各自特质、潜能和价值的差异化实体所构成的整体绩效。如果高职院校仅仅以战略规划、战略实施和战略评价为重点，忽视战略优化，将使得高职院校战略缺乏持久性。

事实上，在高职院校战略实施过程中，只有某些特定的关键环节能够创造重要价值。高职院校要保持持续有效的竞争优势，重在把握好关键环节的竞争优势。由于战略优化往往能够突破某一个结构层面，通过众多结构层面优化的相互交错影响，在与外部环境作用过程中不断提升竞争力。因此，战略优化是从一个更高的层面上对高职院内外环境、结构和功能进行系统优化与全面规整，将高职院校战略置于协同演进环境，通过将单层面思考提升到多元化、网络化思维，把各维度、层面的构成要素有效链接以形成更大的价值网络与发展空间。

二、战略优化是高职院校扩大影响范围的主要方式

作为高职院校战略管理的重要环节，战略优化是高职院校有效解决战略实施阶段存在问题，保持实现持续发展的有效途径；作为体现高职院校与外部环境之间关系的特殊形式，战略优化是高职院校战略与环境实现充分连接、沟通的桥梁纽带。战略优化的价值语境意义在于它构造了一种多维立体化的关系模式，改善了高职院校内部结构要素之间关系，强化了高职院校各职能部门之间关系，推动了高职院校与外部环境的协调互动，营造了一个由高职院校与外部环境多重内容交织影响、渗透的能动场。

影响力和辐射力的效应外溢开始成为战略优化的特征。由战略优化所创造的影响效应，将高职院校更大程度、更大范围地置身于一个与战略管理活动相关的内外环境诸要素及其相互关系构成的多维度、多层次的生态系统中，进而突破了若干个要素沟通协作的时空边界与组织边界，在实现高职院校发展价值、资源能力和组织管理之间及与外部环境之间信任沟通、合作竞争、控制优化的同时，也不断扩大了高职院校的品牌力和影响力。所以，战略优化不仅仅是高职院校战略实现持续发展的有效方式，在其表象的背后还蕴含着丰富深刻的影响意义和发展价值。

三、战略优化是高职院校实现生态演进的内在需求

虽然实现高职院校战略创新发展是战略优化的价值所在，但是，高职院校偏重于追求战略创新而忽视自身结构、功能以及外部关系的整合优化，并不有利于战略规划和实施，甚至会对高职院校健康生存和持续发展产生负面影响。对于高职院校而言，合理的内部结构、健全的功能机制、丰富的外部关系、稳定的营养格局是它实现生存发展的基本要求。在这一点上，不同规模和类型的高职院校对结构、功能和环境条件具有不同的要求。然而，所有形态高职院校的战略管理都要求设置清晰的优化愿景、明确的优化方向和有效的优化模式，这样，通过优化环境、优化创造过程及优化行为准则的选择，就可以直接或间接地进行结构优化、功能优化或环境条件优化。而且，通过战略优化来提高高职院校战略的方向性、准确性与科学性，可以提高高职院校对环境因子的设别、选择和消化能力，这对于高职院校战略顺利实施具有重要意义。同时，优化过程使得高职院校战略不断适应内外环境，不容易因某一环境因子和条件变化而受影响，有助于保持高职院校战略的稳定推进。

四、战略优化是高职院校防止战略衰退的有效途径

组织演化理论揭示，组织演化的持久深入离不开组织在资源选择取向、空间选择模式和经营管理方式等方面的惯例性行为的有力支撑，组织惯例性行为充当着组织的记忆载体，通过复制、学习等进行"遗传"，推动组织不断发展和演化。[①]高职院校作为组织的存在形态之一，同样会在发展过程中形成惯例性行为。然而，也正是由于高职院校的惯例性行为，使其对外部环境的能动适应会相对持久地固化在某一个范围、层面或水平，当这种固化积累到一定程度便有可能产生足够的"刚性"，进而弱化高职院校的适应能力、创新能力和竞争能力，影响高职院校战略管理的有效推进，加之战略管理过程充满了复杂性与多变性，尤其当外部环境变动致使战略管理处于不稳定或边缘的临界状态时，战略管理便会受到阻碍，甚至出现衰退。

因此，高职院校战略衰退就成为高职院校战略管理过程中无可规避的生理现象。为了预防高职院校战略管理衰退现象的出现，减缓高职院校战略管理衰退带

---

① 李钢. 基于企业基因视角的企业演化机制研究[M]. 上海：复旦大学出版社，2007：17.

来的负向影响，高职院校需要相机做出优化策略，依靠战略优化来实现战略管理的稳步推进。应当说，高职院校生存力、发展力和竞争力的构建与保持大都是从高职院校内外环境系统中，通过改变高职院校内部结构功能各层面之间相互联结的关系方式或高职院校与外部环境关系优化而来的。

第二节　高等职业院校战略优化的理论基础

战略优化是高职院校增强与外部环境联系，探寻自我发展的能动过程，是高职院校调整战略内容结构的复杂过程，也是高职院校塑造竞争优势、推进创新发展的动态过程。战略优化的提出为人们认识高职院校战略管理过程提供了新视角。系统梳理和深刻认识战略优化的思想渊源和理论基础，有助于高职院校准确把握战略发展计划，自觉调整战略实施过程，正确处理与外部环境之间关系，在市场竞争中获得持续的竞争优势和较强的发展动力。与高职院校战略优化密切相关的理论主要包括组织演化理论、组织能力理论和组织生态位基本原理。

一、组织演化理论

作为组织战略与组织理论发展的集中体现，组织演化理论主要以达尔文的生物进化论和拉马克的遗传基因理论为理论渊源，以变异——选择的不确定性为理论基础，以组织、组织种群及其与周围环境之间的互动关系为中心思想。[①]在组织演化理论视域中，组织的生存环境更多体现出开放性、复杂性和多元性，组织发展和行为演变规律也表现出动态性与演化性特征。学者们围绕组织演化的概念、形成的过程机制以及影响因素展开了广泛研究，形成了演化过程和演化因素两大主流理论。

演化过程理论的研究集中在组织演化过程的运作机制上，而具体到决定组织演化过程主导力量的问题时，又逐渐发展出达尔文理论和拉马克理论两大思想体系。达尔文理论的基本规则是变异、环境选择、保留与传衍和生存竞争，其核心思想是环境对组织的自然选择过程，以及组织竞争的"适者生存"和环境选择的"优胜劣汰"观点；拉马克理论强调组织对环境的主观适应性的作用，认为组织

---

① 钱辉. 生态位、因子互动与企业演化——企业生态位对企业成长影响研究[M]. 杭州：浙江大学出版社. 2008：21.

在自身演化过程中具有主导性地位。从研究内容上看，达尔文理论重点探讨环境对组织自然选择过程的运作机制，而拉马克理论则重视研究组织能动适应环境的行为选择、价值取向和方法路径如何影响组织演化过程。

与演化过程理论有别，演化因素理论将研究视角锁定在影响组织演化的关键因素的识别上，研究结论也越来越呈现出多元化的特点，形成了资源因素观、能力因素观、知识因素观、创新因素观、搜索因素观、技术因素观、需求因素观和竞争因素观。资源因素观认为组织演化由使用自己拥有的资源所产生的服务或能力所推动；能力因素观认为组织能力决定了组织成长的速度、方式和界限；知识因素观认为组织集体知识或社会知识决定组织的资源利用和配置，进而影响组织演化路径和速度；创新因素观认为创新是组织成长的最重要动力之一；搜索因素观认为组织演化过程就是通过搜索不断地适应环境的变化；技术因素观认为技术变化是组织演化的重要环境约束因素；需求因素观认为组织只有不断地发现顾客、满足顾客的现实和潜在需求，并在此过程中培养自己的资源和能力，才能不断发展和演化；竞争因素观认为竞争是推动组织演化的重要因素，组织应该勇敢地选择和面对竞争，只有这样才能保持长期良好的演化态势。

二、组织能力理论

组织能力理论认为组织竞争优势绝不仅仅来源于组织外部，而是由组织内部一系列独特资源与能力的积累所决定。组织能力理论的主要范式包括组织资源、组织核心能力、组织动态能力和组织知识。

1. 组织资源。包括资产、能力、组织过程、企业特征、信息和知识等，具有价值性、稀缺性、独有性、可控制性、异质性、稳定性、难以模仿、不可替代以及难以交易等特征，能够对制定和执行改进效率和效能战略产生重要影响。组织既可以通过外部战略要素市场获取资源，也可以借助内部积累和培养。

2. 组织核心能力。是一组能够给组织带来长期竞争优势的技能与技术流的集合体，而非单纯的组织资源。具有延展性、用户价值和独特性三个重要特征。在组织竞争过程中，竞争对手只可能会获得构成核心能力的某项技术，而有关组织内部不同生产技能和技术流的协调与学习的整体模式则不容易模仿。

3. 组织动态能力。是组织在长期发展演进中形成的学习能力、适应能力、变化能力和变革能力，主要包括组织惯例、技能和互补资产三方面内容。该理论认为，组织竞争优势的根源在于动态能力，组织为了满足健康发展需求和持续演进要求，获得持续长久的竞争优势，就需要适应不断变化的市场环境，通过技术获取、知识管理和诀窍学习来更新自己的能力。

4. 组织知识。是很难被竞争对手所模仿的隐性知识以及与知识紧密相关的认识学习。组织知识理论认为，组织是知识的集合体，组织能力来源于组织的独特资源，即组织所拥有的难以交易和模仿的知识。正如斯宾德所理解的，组织是一个动态的、演化的和半自治的知识生产和使用的系统，是一种基于知识的活动系统。

三、组织生态位基本原理

为了协调组织竞争关系，避免过度竞争影响，提高竞争优势，增强发展态势，维持生态系统，组织需要在管理理念、组织结构、产品特色、市场划分、技术优势、管理手段上有别于同类行业系统中的其他组织，这就要求组织必须具有保持自身生态位的优势特色。组织生态位基本原理主要包括生态位重叠与竞争、生态位维度、生态位宽度、生态位动变和生态位错位五个方面。[①]

1. 组织生态位重叠与竞争。组织作为产品生产、满足需求、服务社会的中心，其成长过程实质上就是对外部环境系统中生态因子的积累过程和生态空间的利用或占有过程。由于一定时期优质生态因子和高适合度生态空间的稀缺性，不同层次、性质、类型和规模的组织为了积累和拥有更多的生态因子与生态空间，必然展开激烈竞争，这就是所谓的组织生态位重叠现象。如果同一生态位中两个组织的生理机制和营养结构完全相同，则竞争程度愈加激烈。

2. 组织生态位维度。由能力维度、环境维度、空间维度和方向维度组成。能力维度指组织以生产能力、技术能力和制造能力为构架，通过优化内部结构、整合管理层次而形成的生存力、发展力和竞争力。环境维度包括组织的内部环境和外部环境，内部环境指组织内部结构关系，是组织内部结构组成要素之间的特定关系的集合体；外部环境指组织生存发展的外部空间。空间维度是指组织的资源基础及所处的特定位置状况，包括组织规模、组织品牌、组织影响力、组织效益等方面。方向维度是指组织未来发展方向和趋势，包括组织发展历史、发展速度、发展阶段、发展趋势、发展规划等。

3. 组织生态位宽度。是指组织对所处环境中各种资源利用的总和。组织生态位宽度值越大，表明该组织对环境资源的可利用程度越高，对环境的适合度就

[①] 张志宇，刘志峰. 基于企业生态位理论的企业竞争策略研究[J]. 商业时代，2008（34）：48-49.

越高，在竞争中获胜的几率也就越大。

4. 组织生态位动变。包括组织生态位压缩、伸展和移动。生态位压缩是指一个原本生态位宽度较大的组织，当遇到其他竞争组织的入侵时，就会限制生存空间，压缩生态位宽度，将自己固定在可提供最适资源的高适合度空间范围内。生态位伸展是指由于组织可以利用和占有以前不能被它汲取的资源因子和环境空间而使空间面积得到了扩大。生态位移动是指组织竞争者施加竞争压力致使生态位一直处于不断变化的状态。

5. 组织生态位错位。现实中，处于在同一生存环境组织之间的生态位都具有明显的差异，即每一个组织的生态位都同其他组织的生态位相错位，这种现象就称为生态位错位。现实中，组织之间在资金、技术、人才、产品、市场以及管理等维度上经常会因重叠而发生竞争排斥现象。为了避免恶性的、无谓的竞争排斥作用，组织群落环境中的每一个组织基于生态位在内部层面将各自的组织结构、运作机制和功能地位进行有机整合，在外部层面积极营造有利于自身发展的生态空间，旨在汲取优质的生态因子，探寻和学习竞争对手的竞争优势，提高组织的竞争力和发展力。

第三节　高等职业院校战略优化的基本途径

一、注重把握优化过程，协调各优化环节关系

涉及要素及相互间关系的多样性决定了战略优化过程的复杂性。现实中，高职院校能够首先选择战略内容的一部分予以优化，随后逐步推进，从而使得战略结构得到优化。对于多数高职院校而言，这样的优化方式不仅有助于及时发现和解决优化过程出现的问题，也有利于高职院校集中利用现有资源来提高优化的针对性。但是，过度偏重某个层面的优化则很有可能忽视优化过程的整体性，各优化环节之间实质上是一种纵横交错的复杂关系。

这种复杂性使得优化过程成为一个整体，各优化环节之间不是若即若离的线性关系，取而代之的是关联紧密的非线性关系。任何一个优化环节都不可能完全脱离其他环节独立运行。否则，就会割裂优化环节之间的内在关系，影响高职院校战略优化的整体水平。如何在突出重点优化环节的基础上，保持整个优化过程的协调性和一体性，就成为实施战略优化的核心问题。协同论观点揭示，要素之间的协同与合作有助于促进系统的发展演化。保持优化环节之间的配合与协作，

增进优化环节之间的"相互促进""相互支持"能够提高战略优化水平，能够促使各优化环节朝着彼此依存、交互作用的方向发展。所以，避免优化过程整体性弱化的有效方法就是在强调重要优化环节的同时，注重协调与其他优化环节的关系，促使优化过程成为一个有机整合的动态过程。

二、合理调整优化内容，防止优化层面之间的妨害与冲突

在战略优化过程中，人力资源、资金、信息等维度以多样化的形式在网络空间中互动催化，并借助物能流转的通道进行广泛联系，现代网络技术的飞速发展则进一步加快了彼此之间的沟通交流。同时，正是由于不同纬度之间交流互动的方便性和即时性，在一定程度上造成彼此的功能妨害与冲突，使得战略优化处于各层面相互摩擦、不协调的境遇。各纬度之间的冲突越多，优化产生的绩效就越低，这就是所谓的优化层面妨害现象。为此，要合理调整各优化层面之间的结构。

战略优化不仅会涉及诸多的优化内容，而且还会改变这些内容层面之间的关系状态，增强各层面之间的有机性。优化层面之间关系的改善对于推进优化进程具有重要作用，可以合理调整各优化内容之间的关系，拓展优化层面之间的交流。也要合理排列各层面之间的优化顺序。仅仅局限于某个内容层面的优化往往会引起其他内容层面的不满和反对，如果确立好各层面之间的优化顺序，则可以保证优化秩序，增强优化层面之间的协调性，促进优化过程的递进发展。

三、科学设置优化机制，保持与战略发展需求相一致

不同高职院校的战略需要不同的优化机制，战略优化作为解决战略实施问题的有效途径之一，应该与高职院校战略发展需求相协调。动力机制、整合机制、协调机制和保障机制等都是战略优化机制的重要组成部分，都能够有效解决优化动力不足、优化秩序紊乱、优化节奏不协调、优化保障滞后等问题，但若利用不好则会造成现有问题的恶化和优化资源的浪费，进而影响战略优化的持续开展。不同优化机制的运作需要依附不同的条件，所涉及的内容也有所差异，但都需要与高职院校发展战略相匹配，需要有相应的成本投入。

为了实现优化目标，推进优化过程，高职院校应该根据实际需要科学设置优化机制，了解不同优化机制之间的区别和联系，注重不同优化机制层面的综合使用；明确各个优化机制使用的背景条件，清楚每个优化机制实施的重难点及所要

解决的问题；注重每个优化机制运作的全程监控，发现偏差，及时解决，并详细做好监控记录；构建优化机制评价体系，对每一个阶段的运作情况进行客观公正的评价，要将评价结果公布，随时接受各方面的监督和意见。只有这样，才能提高不同优化机制之间的协调度，形成有利于促进战略优化的推动力。

四、准确选择优化主体，充分调动优化主体的积极性

任何高职院校战略优化过程都离不开一定的优化主体，特别是优化主体积极性和能动性的发挥程度、水平，往往制约和影响优化过程的开展以及优化绩效的取得。战略优化是一个多主体协同作战、相互配合的过程，它并不是某个优化主体智力发挥的结果体现，而是在充分挖掘、有效组织与合理引导所有优化主体能力的基础上，促成团队合力并作用于优化过程的能动表现。战略优化过程的团队合力不是各个优化主体能力、智慧的简单相加，而是各优化主体之间的协作配合。因此，首先，要准确选择优化主体，构建优化主体团队，注意考虑优化主体团队的性别结构、学历结构、年龄结构、知识结构和技能结构等；其次，要采取有效的激励手段，调动优化主体的积极性，激发优化主体的参与热情，降低优化主体的消极心理；最后，要注重优化团队的激励和奖励，培养优化主体的团队意识和贡献意识，对表现优秀、成绩突出的优化团队要进行适当的物质或者精神奖励。优化主体对优化过程的价值，不仅在于其个体能力的发挥，在于作为优化团队必不可少的组成部分所具有的贡献水平，还在于其为优化团队参与优化过程提供了重要的动力支持，更在于其发挥自身能动性可不断激发周围主体乃至整个团队合力的提升。

五、突出强调优化信息，不断满足战略优化的信息要求

在外部层面，高职院校既表现出相对独立性，也与环境中其他信息人存在着广泛联系。每一个高职院校的信息活动必然有一定的轨迹可循，高职院校信息活动所特有的价值取向、模式结构、运行机制、形成机理等内部生态因子，与经济环境、政治环境、教育环境、文化环境等外部生态因子共同组成了高职院校及战略管理的信息基础。严格地讲，信息基础是高职院校在所依存环境中以信息收集、整理、创新和共享为主导，通过与外部环境的物质循环、能量流动和信息传

递以及其他信息人的交流互动所形成的相对地位和功能作用。[①]

作为随着高职院校内外环境变化而逐渐形成的功能体，信息基础既是高职院校发展完善化、成熟化、健全化的推动结果，也是高职院校与外部环境信息交流纵深化、扩大化、全面化的互动结果。在此过程中，高职院校战略内部结构之间相互作用并与外部环境发生联系，从而获取战略管理发展创新、遗传演进所必需的信息资源和信息流，以及选择信息生成、信息创新的方向。通过探寻与获得外部信息，营造与拓展信息生态空间，高职院校能够广泛联系外部环境因子，在高职院校战略优化过程中传递有价值的知识信息。信息基础之所以是高职院校战略优化的重要内容，一方面是由于优化信息的传递需要随时获取保持与外部信息源、信息链、信息网络的联系；另一方面是由于优化信息基础的构建能够克服战略优化过程中不可回避的弊端，增强高职院校与外部环境互动，实现优化信息的发酵增长与有效转移。

---

① 刘志峰，李玉杰. 信息生态位的概念、模型及基本原理研究[J]. 情报杂志，2008，（5）：28.

参考文献

政策文件

1. 胡锦涛. 在庆祝清华大学建校 100 周年大会上的讲话. 2011.4.24.
2. 国务院. 国家中长期教育改革和发展规划纲要（2010—2020 年）.
3. 教育部. 关于全面提高高等职业教育教学质量的若干意见. 教高[2006]16 号.
4. 教育部, 财政部. 关于进一步推进"国家示范性高等职业院校建设计划"实施工作的通知. 教高函[2010]8 号.
5. 教育部. 关于推进中等和高等职业教育协调发展的指导意见. 教职成[2011]9 号.
6. 教育部, 财政部. 关于支持高等职业学校提升专业服务产业发展能力的通知. 教职成[2011]11 号.
7. 教育部. 关于推进高等职业教育改革创新引领职业教育科学发展的若干意见. 教职成[2011]12 号.
8. 教育部. 关于全面提高高等教育质量的若干意见. 教高[2012]4 号.
9. 教育部办公厅, 财政部办公厅. 关于启动 2012 年度"国家示范性高等职业院校建设计划"骨干高职学校项目建设工作的通知. 教职成厅函[2012]18 号.

文集著作

1. 马克思恩格斯全集[M]. 北京：人民出版社，1976.
2. 邓小平文选[M]. 北京：人民出版社，1974.
3. 教育部社会科学研究与思想政治工作司. 马克思主义哲学原理[M]. 北京：高等教育出版社，2003.
4. 马树超. 中国高等职业教育历史的抉择[M]. 北京：高等教育出版社，2009.
5. 马树超. 高等职业教育：跨越·转型·提升[M]. 北京：高等教育出版社，2008.
6. 马树超. 区域职业教育均衡发展[M]. 北京：科学出版社，2011.
7. 刘献君. 高等学校战略管理[M]. 北京：人民出版社，2008.
8. 周兵. 企业战略管理[M]. 北京：清华大学出版社，2006.
9. 王前新. 高等职业技术院校发展战略研究[M]. 武汉：华中科技大学出版社，

2005.

10. 贺祖斌. 高等教育生态论[M]. 桂林：广西民族大学，2006.

11. 钱民辉. 教育社会学[M]. 北京：北京大学出版社，2004.

12. 杨克瑞，谢作诗. 教育经济学新论[M]. 北京：人民出版社，2007.

13. 上海市教育科学研究院，麦可思研究院. 2012 中国高等职业教育人才培养质量年度报告[M]. 北京：外语教学与研究出版社，2012.

14. 邱柏生. 高校思想政治教育的生态分析[M]. 上海：上海人民出版社，2009.

15. 梁嘉桦等. 企业生态与企业发展[M]. 北京：科学出版社，2005.

16. 柴福洪，陈年友. 高等职业教育名词研究[M]. 北京：高等教育出版社，2012.

17. 王孝坤，李维维. 高职教育强校实践与战略理论探索[M]. 杭州：浙江大学出版社，2011.

18. 钱辉. 生态位、因子互动与企业演化——企业生态位对企业成长影响研究[M]. 杭州：浙江大学出版社，2008.

学术论文

1. 林苏. 高等职业教育集约化发展的思考[J]. 教育研究，2007，（5）.

2. 田鹏颖. 社会工程——现代社会把握世界的基本方式[J]. 中国社会科学，2008，（4）.

3. 周宁宁. 论高等职业教育的性质、特征与功能[J]. 职大学报，2008，（3）.

4. 杨金土，孟广平，严雪怡. 论高等职业教育的基本特征[J]. 教育研究，1999，（4）.

5. 何七荣，韦红星. 高职教育内涵建设再思考[J]. 中国电力教育，2009，（6）.

6. 商迎秋. 企业战略管理理论演变与战略风险思想探析[J]. 技术经济与管理研究，2011，（3）.

7. 李援越. 高等职业教育生态失衡的分析与对策[J]. 黑龙江高教研究，2011，（1）.

8. 张庆辉. 生态学视野中的大学战略管理[J]. 华中科技大学博士论文，2010.

9. 李景春. 论邓小平的教育经济价值观[J]. 教育科学，2000，（1）.

10. 李玉杰. 论高等教育对社会分层与社会流动的影响[J]. 教育科学，2009，（1）.

11. 马金虎，李景春. 高等教育资源配置的市场化欠缺与对策研究[J]. 燕山大学学报（哲学社会科学版），2005，（4）.

12. 程伟. 中国经济转轨中高等教育变革的特征[J]. 辽宁大学学报（哲学社会科学版），2006，（5）.

13. 南佐民. 区域创新文化环境建设中的层次机制[J]. 宁波大学学报（人文科学版），2003，（4）.

14. 田先钰. 论科技生态系统、结构、动力机制与干预[J]. 科技管理研究, 2007,（1）.

15. 陈于仲, 李正华, 钟黎川. 论大学校园文化建设[J]. 理论与改革, 2007,（6）.

16. 刘向兵. 大学核心竞争力概念辨析[J]. 中国人民大学学报, 2006,（2）.

17. 张武超, 齐宪代. 高职院校核心竞争力的培育和提升[J]. 北京教育学院学报, 2006,（2）.

18. 李惠玲, 王生卫. 论大学的核心竞争力及其培育[J]. 中国电力教育, 2003,（2）.

19. 许桂清, 张立新. 论高等学校核心竞争力的实现[J]. 教育评论, 2003,（3）.

20. 杨运星. 简论培育高校核心竞争力[J]. 中国成人教育, 2005,（1）.

21. 楼锡锦. 高校发展与战略规划制定[J]. 教育发展研究, 2006,（8A）.

22. 刘义山. 解读高校核心竞争力密码[J]. 现代教育科学, 2005, 191（1）.

23. 黄蕾. 高职院校教师退出制度研究[J]. 教育与职业, 2012,（6）.

24. 杨理连. 国家示范性高等职业院校建设内涵分析[J]. 承德石油高等专科学校学报, 2007,（2）.

25. 吴启迪. 实施"国家示范性高等职业院校建设计划", 引领高等职业教育质量的全面提高[J]. 中国高教研究, 2007,（7）.

26. 李光. 建设示范性高职院校的质性思考[J]. 番禺职业技术学院学报, 2007,（1）.

27. 欧阳恩剑. 浅论高职院校内涵式发展的特点及要求[J]. 职业教育研究, 2008,（3）.

28. 王小梅, 陈解放, 刘志国, 等. 高等职业教育院校管理模式研究与实践[J]. 中国高教研究, 2007,（5）.

29. 刘志国. 我国企业战略成本管理应用中的问题及策略探讨[J]. 经济师, 2004,（12）.

30. 刘志国. 高职院校青年教师素质分析及培养途径[J]. 中国高教研究, 2004,（11）.

31. 刘志国. 政府投资项目绩效评价现状分析及对策措施[J]. 经济师, 2008,（9）.

32. 刘志国. 浅谈加强高校内部审计工作[J]. 中国高教研究, 2006,（6）.

33. 刘志国, 刘志峰. 中高职衔接人才培养质量保障体系构建研究[J]. 中国高教研究, 2014,（7）.

34. 刘志峰. 高职院校战略管理的概念内涵、基本特征和主要功能研究[J]. 教育与职业, 2013,（8）.

35. 刘志峰. 生态位理论视野下职业教育发展定位的内涵与类型[J]. 教育与职业, 2011,（9）.

36. 刘志峰. 紧密型校企合作特征、类型和机制研究[J]. 职业技术教育, 2012,（23）.

37. 刘志峰, 李玉杰. 信息生态位概念、模型及基本原理研究[J]. 情报杂志, 2008,（5）.

38．李玉杰，刘志峰．基于新农村建设的农民创业教育研究[J]．安徽农业科学，2008，（5）．

39．孙卫等．基于制度的战略观：战略理论的新发展[J]．科研管理，2008，（2）．

40．谈松华．人才培养模式变革与教育制度创新[J]．职业技术教育，2006，（16）．

41．靳启颖．高职教育内涵式发展与外延式发展的比较研究[J]．职教通讯，2011，（21）．

42．周游．我国高等学校市场化经营：特征、障碍及路径分析[J]．辽宁教育研究，2003，（1）．

后　记

　　本书主要以企业战略管理、大学战略管理、高等职业教育管理等理论为参考，以高等职业院校改革发展实际要求为立足点，结合我院全国文明单位和国家骨干高职院校建设情况、以及中共河北省委人才工作领导小组《关于建立实施高层次人才帮带机制的意见》要求，对高等职业院校战略管理理论体系展开探讨。本书经过十余次交流研讨，历经一年多研究时间，于2014年1月形成初稿，初稿几经修改和完善。刘志峰负责后期修改和文字校对，之后由刘志国统稿、定稿。本书写作分工按照任务量排序为：刘志国承担第一、三、四、五、六章和前言、后记、摘要的编写，刘志峰承担第二、七、八、九、十章的编写。

　　在利用战略管理理论指导办学实践和本书研究写作过程中，得到了河北省教育厅领导、各兄弟院校领导的大力支持和鼓励，感谢他们提出了许多建设性、指导性和可操作性的意见。秦皇岛职业技术学院各级领导为本书出版给予了巨大支持，付出辛勤劳动。燕山大学文法学院李景春教授参与了初稿的审阅工作，提出了具体修改建议。在写作过程中，我们参考了大量学术界已有研究成果，为尊重和感谢专家学者的辛勤劳动，在行文中已注明出处，因疏忽可能个别地方未注明，恳请大家谅解。在此，一并表示诚挚的感谢。

　　限于作者水平，书中立论、观点上难免存有许多不妥之处甚至谬误，恳请领导、专家和广大学者们惠予批评，不吝赐教。

作　者

2015 年 1 月 16 日

作者简介

刘志国，1958—，男，中共党员，博士，教授。1982 年 1 月大学毕业以来一直从事高校教学、科研和管理工作。2001 年 8 月任秦皇岛职业技术学院首任院长，2009 年 12 月任学院党委书记。享受国务院政府特殊津贴，河北省有突出贡献中青年专家，秦皇岛学术技术带头人，教育部高职高专人才培养工作水平评估专家，河北省高职高专人才培养评估委员会委员，河北省高职高专教学指导委员会委员，河北省高等学校管理学专业教学指导委员会委员中国高等职业技术教育研究会副会长，中国高教学会产学研分会副会长，中共秦皇岛市十一届市委委员，秦皇岛市十三届人大常委，秦皇岛市科协副主席，秦皇岛市劳动模范。先后发表论文 50 余篇，主持和主研省市级课题 20 余项，先后获省部级科技进步奖、教学成果一、二、三等奖等多项奖励。

刘志峰，1981—，男，中共党员，硕士，副教授。秦皇岛职业技术学院思想政治教育教学部副主任、党支部书记。河北省"三三三人才工程"第三层次人选。2004 年以来一直研究企业生态学、教育生态学和职业教育学，先后发表第 1 作者核心论文 18 篇，出版专著 2 部，主持和主研省市级课题 16 项，获得省市级奖励 12 项。